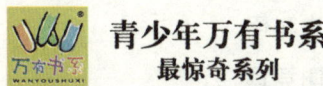 青少年万有书系
最惊奇系列

神秘莫测的
中国之谜

SHENMI MOCE DE ZHONGGUO ZHI MI

青少年万有书系编写组 编写

北方联合出版传媒(集团)股份有限公司
辽宁少年儿童出版社
沈阳

编委会名单（按姓氏笔画排序）

方　虹　冯子龙　朱艳菊　许科甲
佟　俐　郎玉成　钟　阳　谢竞远
谭颜葳　薄文才

图书在版编目（CIP）数据

神秘莫测的中国之谜/青少年万有书系编写组编写.
—沈阳：辽宁少年儿童出版社，2014.1（2021.8 重印）
（青少年万有书系.最惊奇系列）
ISBN 978－7－5315－6034－0

Ⅰ.①神…Ⅱ.①青…Ⅲ.①中国历史－古代史－青年读物
②中国历史－古代史－少年读物 Ⅳ.①K220.9

中国版本图书馆CIP数据核字(2013)第003936号

出版发行：北方联合出版传媒（集团）股份有限公司
　　　　　辽宁少年儿童出版社
出 版 人：胡运江
地　　址：沈阳市和平区十一纬路25号
邮　　编：110003
发行（销售）部电话：024-23284265
总编室电话：024-23284269
E-mail：lnse@mail.lnpgc.com.cn
http://www.lnse.com
承 印 厂：三河市嵩川印刷有限公司

责任编辑：朱艳菊　谭颜葳
责任校对：贺婷莉
封面设计：红十月工作室
版式设计：揽胜视觉
责任印制：吕国刚

幅面尺寸：170mm×240mm
印　　张：12　　字数：330千字
出版时间：2014年1月第1版
印刷时间：2021年8月第3次印刷
标准书号：ISBN 978－7－5315－6034－0
定　　价：45.00元

版权所有　侵权必究

全案策划　唐码书业（北京）有限公司
WWW.TANGMARK.COM

图片提供　台湾故宫博物院　时代图片库　等
www.merck.com　　www.netlibrary.com
digital.library.okstate.edu　　www.lib.usf.edu　　www.lib.ncsu.edu

版权声明

经多方努力，本书个别图片权利人至今无法取得联系。请相关权利人见书后及时与我们联系，以便按国家规定标准支付稿酬。

联系人：刘　颖　联系电话：010-82676767

ZONGXU 总 序

  青少年最大的特点是多梦和好奇。多梦，让他们心怀天下，志存高远；好奇，让他们思维敏捷，触觉锐利。而今我们却不无忧虑地看到，低俗文化在消解着青少年纯美的梦想，应试教育正磨钝着青少年敏锐的思维。守护青少年的梦想，就是守护我们的未来。葆有青少年的好奇，就是葆有我们的事业。

  正是基于这一认识，我社策划编写了《青少年万有书系》丛书，试图在这方面做一些有益的尝试。在策划编写过程中，我们从青少年的特点出发，力求突出趣味性、知识性、神秘性、前沿性、故事性，以最大限度调动青少年读者的好奇心、探索性和想象力。

  考虑到青少年读者的不同兴趣，我们将丛书分为"发现之旅系列"、"探索之旅系列"、"优秀青少年课外知识速递系列"、"历史地理系列"、"最应该知道的为什么系列"和"最惊奇系列"六大系列。

  "发现之旅系列"包括《改变世界的发明与发现》《叹为观止的世界文明奇迹》《精彩绝伦的世界自然奇观》和《永无止境的科学探索》。读者可以通过阅读该系列内容探究世界的发明创造与奇迹奇观。比如神奇的纳米技术将如何改变世界？是否真的存在"时空隧道"？地球上那些瑰丽奇特的岩洞和峡谷是如何形成的？在该系列内容里，将会为读者一一解答。

  "探索之旅系列"包括《揭秘恐龙世界》《走进动物王国》《打开奥秘之门》。它们将带你走进神奇的动物王国一探究竟。你将亲临恐龙世界，洞悉动物的奇趣习性，打开地球生命的奥秘之门。

  "优秀青少年课外知识速递系列"涵盖自然环境、科学科技、人类社会、文化艺术四个方面的内容。此系列较翔实地列举了关于这四大领域里的种种发现和疑问。通过阅读此系列内容，广大青少年一定会获悉关于自然以及人类历史发展留下的各种谜团的真相。

  "历史地理系列"则着重于为青少年朋友描绘气势恢宏的世界历史和地理画卷。其中《世界历史》分金卷和银卷，以重大历史事件为脉络，并附近千幅珍贵图片为广大青少年读者还原历史真颜。《世界国家地理》和《中国国家地理》图文并茂地让读者领略各地风情。该系列内容包含重大人类历史发展进程的介绍和自然人文风貌的丰富呈现，绝对是青少年读者朋友不可错过的知识给养。

"最应该知道的为什么系列"很好地满足了广大青少年朋友的好奇心和求知欲。此系列分生物、科技、人文、环境四卷,很全面地回答了许多领域我们关心的问题。比如,生命从哪里来?电脑为何会感染病毒?为什么印度人发明的数字会被称作阿拉伯数字?厄尔尼诺现象具体指什么?等等,诸多贴近我们生活的有意义的话题。

"最惊奇系列"则为广大青少年读者朋友介绍了许多世界之最和中国、世界之谜。在这里你会知晓世界上哪种动物最长寿,宇宙是如何起源的,中国人的祖先来自哪里,传说中的所罗门宝藏又在哪里等一系列神秘话题。这些你都可以通过阅读《青少年万有书系》之"最惊奇系列"找到答案。

现代社会学认为,未来社会需要的是更具有想象力、创造力的人才。作为编者,我们衷心希望这套精心策划、用心编写的丛书能对青少年起到这样的作用。这套丛书的定位是青少年读者,但这并不是说它们仅属于青少年读者。我们也希望它成为青少年的父母以及其他读者群共同的读物,父女同读,母子共赏,收获知识,收获思想,收获情趣,也收获亲情和温馨。

谁的青春不迷茫?愿《青少年万有书系》能够为青少年在青春成长的路上指点迷津,带去智慧的火花,带来知识的宝藏。

Contents
目录>>

SHENMI MOCE DE ZHONGGUO ZHI MI

PART 1
文明考古之谜 ... 1

中国人的祖先来自非洲吗 ... 2
"北京人"是食人族吗 ... 3
中华龙鸟是"龙"还是"鸟" ... 4
半坡人面鱼纹盆图案之谜 ... 5
良渚文化消失之谜 ... 6
远古玉琮的用途之谜 ... 7
三星堆之谜 ... 8
巴国起源与消失之谜 ... 10
夜郎古国究竟在哪里 ... 11
楼兰古国消亡之谜 ... 12
尼雅文明之谜 ... 13
西藏古格王国之谜 ... 14
扶桑国究竟在哪里 ... 15
越王古剑之谜 ... 16
秦始皇十二铜人之谜 ... 17
秦始皇陵盗焚之谜 ... 18
秦始皇陵兵马俑之谜 ... 20
北京古崖居之谜 ... 21
金缕玉衣之谜 ... 22
马王堆女尸不腐之谜 ... 23

曹操七十二疑冢之谜 ... 24
西夏王陵之谜 ... 25
敦煌莫高窟开凿之谜 ... 26
敦煌藏经洞之谜 ... 27
乾陵无头石人之谜 ... 28
武则天无字碑之谜 ... 29
栖霞寺千佛岩之谜 ... 30
龙游地下石窟之谜 ... 31
红崖天书之谜 ... 32
抚仙湖水下古城之谜 ... 34

PART 2
历史悬案之谜 ... 35

"帝"从何来 ... 36
女娲之谜 ... 37
战神蚩尤之谜 ... 38
尧舜禅让之谜 ... 39
"涂山"之谜 ... 40
商纣王是暴君吗 ... 41
古代帝王的九鼎之谜 ... 42
卧薪尝胆之谜 ... 43
传国玉玺下落之谜 ... 44

秦始皇坑杀儒生之谜 45
秦始皇死因之谜 46
赵高扰乱秦政之谜 47
佛教何时传入中国 48
昭君之谜 49
匈奴民族西迁之谜 50
赤壁古战场位置之谜 51
后主刘禅真的是昏君吗 52
隋炀帝开凿运河之谜 53
谁是玄武门之变的始作俑者 54
武则天长住东都洛阳之谜 55
契丹国号之谜 56
宋太祖死亡之谜 57
狸猫换太子疑案 58
谁是杀害岳飞的元凶 59
成吉思汗墓葬之谜 60
元宪宗蒙哥死因之谜 61
明朝国号之谜 62
建文帝生死之谜 63
明成祖生母之谜 64
郑和为什么七下西洋 65
明光宗暴死"红丸案"之谜 66
宫女刺杀明世宗之谜 67
努尔哈赤死因之谜 68
闯王李自成结局之谜 69
顺治帝消失之谜 70
雍正帝继位之谜 71
雍正帝死亡之谜 72
贪官和珅受宠之谜 73

同治帝死因之谜 74
翼王石达开出走之谜 75
忠王李秀成"自供状"之谜 76
光绪帝暴死之谜 77
慈禧太后随葬珠宝遗失之谜 78
北洋水师致远舰沉没之谜 79
"北京人"化石失踪之谜 80

PART 3 历史名人之谜 81

姜太公的故里在何方 82
神医扁鹊之谜 83
老子之谜 84
圣人孔子的身世之谜 85
美女西施魂归何处 86
爱国诗人屈原死因之谜 87
秦始皇的生父是吕不韦吗 88
徐福东渡日本之谜 89
孟姜女哭长城之谜 90
貂蝉身世之谜 91
刘备死后葬在哪里 92
诸葛亮迎娶丑女之谜 93
诸葛亮真的写过《后出师表》吗 94
唐太宗李世民是胡人吗 95
鉴真和尚真的失明了吗 96
诗仙李白出生地之谜 97
李师师晚年之谜 98

岳母刺字之谜 99
马可·波罗真的来过中国吗 100
大将徐达死亡之谜 101
名妓陈圆圆归宿之谜 102
柳如是自缢身亡之谜 103
庄妃下嫁之谜 104
年羹尧被杀之谜 105
董鄂妃到底是谁 106
乾隆帝出生地之谜 107
香妃之谜 108
郑板桥"难得糊涂"之谜 109
珍妃坠井之谜 110
慈安太后死因之谜 111
国学大师王国维沉湖之谜 112

PART 4
自然奇观之谜   113

长江、黄河的源头在哪里 114
峨眉山佛光之谜 115
"世界屋脊"在悄悄迁移吗 116
鄱阳湖"魔鬼三角"之谜 117
西湖是怎样形成的 118
哈纳斯湖水怪之谜 119
罗布泊游移之谜 120
金沙江大拐弯之谜 121
中国奇石之谜 122
神农架白色动物之谜 123
神农架野人之谜 124

圣地香格里拉在哪里 125
小雁塔"神合"之谜 126
庐山千年"佛灯"自燃之谜 127
怪雨之谜 128
鸣沙山鸣沙之谜 129
泰山回马岭来历之谜 130
天池湖怪之谜 131
"活化石"大熊猫之谜 132
蛇岛上为什么只有蝮蛇 133
动物"集体自杀"之谜 134
新疆虎灭绝之谜 135
动物预报地震之谜 136
钱塘涌潮之谜 137
"景山坐像"之谜 138
自贡"恐龙坟墓"之谜 139
乐山卧佛是自然的巧合吗 140
令人却步的黑竹沟 141
冬暖夏寒的怪井之谜 142

PART 5
古代科技之谜   143

西周微刻甲骨文之谜 144
谁发明了毛笔 145
古代指南车之谜 146
阿房宫得名之谜 147

阿房宫焚毁之谜 148
候风地动仪运作之谜 149
造纸术起源之谜 150
诸葛亮八阵图之谜 151
诸葛亮木牛流马之谜 152
桃花源究竟在何处 153
针灸铜人流落何方 154
郑和宝船的形制之谜 155
永乐大钟铸造之谜 156
中医经络之谜 157
麻沸散之谜 158

PART 6 文化民俗之谜 159

华表用途之谜 160
《洛神赋》写的到底是谁 161
《兰亭序》之谜 162
"二十四桥"之谜 163
《清明上河图》之谜 164
北宋官窑之谜 165
《水浒传》作者之谜 166
《永乐大典》正本下落之谜 167

《金瓶梅》作者身份之谜 168
二郎神到底是谁 169
八仙人物原型之谜 170
对联是怎么来的 171
高崖悬棺之谜 172
端午节的来历之谜 173
古代妇女缠足之谜 174
闹洞房的习俗源于何时 175
"女儿国"摩梭人走婚之谜 176
江永女书之谜 177
花山崖壁画之谜 179
龙图腾起源之谜 180
神鸟凤凰的原型是什么 181
史诗《格萨尔》千年传承之谜 .. 182
佛家舍利子之谜 183

Part 1
文明考古之谜

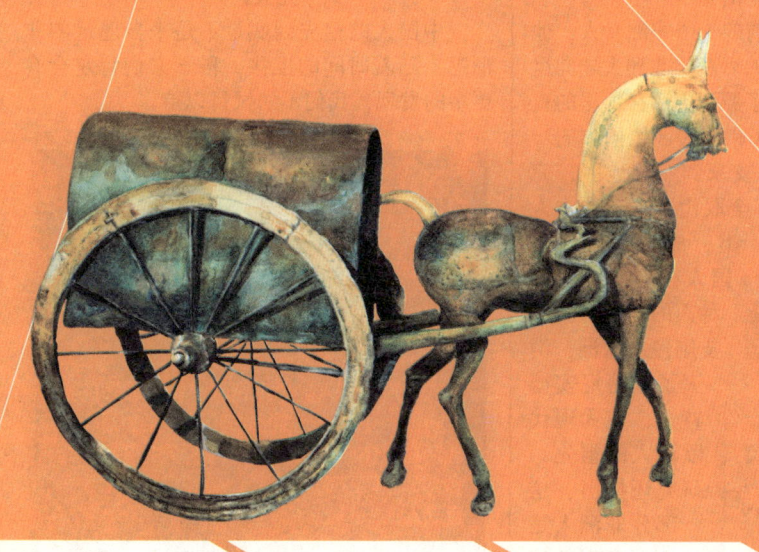

你知道吗：2006年，由多国科学家组成的一个科考小组宣布，他们在埃塞俄比亚境内发现了一具年代最久、保存最完整的古人类化石，其年代距今约330万年。

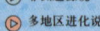
▶ 非洲起源说
▶ 多地区进化说

中国人的祖先来自非洲吗

说到中国人的起源，人们也许会首先想起女娲造人的传说。这个故事虽然浪漫，但毕竟只是神话。中国人的祖先究竟来源于哪里呢？

目前学术界普遍认为，地球上最早的人类起源于约750万至500万年前的非洲。

但是对于中国人的起源，却存在两种说法，很多科学家支持"非洲起源说"，而少数科学家则支持"多地区进化说"。

■ 非洲起源说

1987年，美国科学家华莱士和威尔逊通过检测细胞线粒体DNA发现，所有现代人的祖先都可追溯到大约15万年前的一个非洲女人，他们称之为"夏娃"。她的后裔从非洲大陆向世界其他大陆迁移，取代了原先生活在那里的直立人和智人。他们中的一支来到亚洲地区，完全取代了那里的古人类，成为了包括中国人在内的现代黄种人的祖先；另一支则侵入欧洲，消灭了土著尼安德特人，成为现代欧洲人的祖先。研究还指出，这一部分非洲人是从亚洲东南部往北迁移到达中国的，他们越过长江进入华北和东北平原，他们就是现代中国人的祖先。

造人补天的女娲

女娲是中国上古神话中的创世女神。传说女娲用黄土仿照自己捏成了人，创造了人类社会。后来又炼石补天，为人类免除了一场灭顶之灾。

■ 多地区进化说

东亚及中国的学者则提出了"多地区进化说"。他们认为，大约在200万至100万年前，直立人由非洲扩展到其他大陆后，分别独立演化为现代非洲人、亚洲人、大洋洲人、欧洲人。中国目前发现的古人类化石，从200万年前到1万多年前的都有，可见从原始人类到现代人类的演化进程是连续的，因此中国人的祖先是由中国"本土人"演化而来的，与"非洲人"无关。

中国人的祖先到底是不是来自遥远的非洲呢？随着时间的推移，科学家们肯定会有更多的发现，我们不妨拭目以待。

南方古猿头骨化石

南方古猿是迄今发现的最早的人科动物，大约生活在400万至300万年前，分布在非洲各地。被称为"人类的祖母"的"露西"，就属于南方古猿，她的头骨化石就发现于南非的汤恩采石场。

【百科链接】

DNA：
脱氧核糖核酸的英文名称缩写，是遗传信息的主要携带者——染色体的主要化学成分。

智人：
出现于人类发展的晚期阶段，分为早期智人和晚期智人。早期智人还保存较多的猿类特征，生存年代距今约50万年至10万年；晚期智人体质特征接近现代人，生存年代距今约5万年至1.8万年。

直立人：
出现于人类发展的早期阶段，已经能够直立行走并且制造石器，仍带有猿类特征，但比猿人脑容量增大很多。生存年代距今约80万年至50万年。

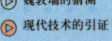

你知道吗："北京人"的寿命很短，专家对38个"北京人"个体进行过研究，结果显示：死于14岁以下的多达15人，活到50岁至60岁的只有1人。

文明考古之谜

"北京人"是食人族吗

"北京人"复原头像
　　这座头像是古人类学家于1959年根据北京人头骨化石复制而成的，是一个中年妇女头像。可以看到，其头部仍然保留了不少猿的特征。

　　1921年，人们在北京房山区周口店村西龙骨山的山洞里偶然发现了古人类遗骨化石、石器工具和用火遗迹，并为这些古人类取名"北京人"。从此，这个寂静了几万年的山洞吸引了世界的目光。

　　最早也是最科学地研究"北京人"头骨化石的是德国人魏敦瑞，他是国际知名的古人类学家。得知"北京人"的消息之后，他在1935年的春天赶到了中国，并在此后全面负责周口店北京猿人的发掘和研究工作。

■ 魏敦瑞的猜测

　　魏敦瑞发现了一个奇怪之处，"北京人"头骨上总有一些裂纹和孔洞，看起来像是伤痕。同时，周口店出土的北京猿人化石中，头盖骨化石明显比其他部分骨骼化石多出很多，而且头骨中头盖骨部分保留得比面部骨骼更完整。魏敦瑞认为，从结构上说，人的颅骨主要由前面的面颅和后上方的脑颅组成，而北京猿人的颅骨只剩下了头盖骨，这其中一定有某种特殊的原因。

　　结合自己的研究，魏敦瑞在1943年出版的《中国猿人头盖骨》一书中猜测道："猿人猎食自己的亲族，正像他猎食其他动物一样。因为古猿人意识到后脑较其他部位更易置人于死地，于是就用锋利的石器敲打同类的头部，然后吸干脑髓，再慢慢割下其他部位的肉吃。"这就使得面骨和颅骨被敲碎，而坚硬的头盖骨保存完好，进一步解释了头盖骨数量多并相对完整的原因。

■ 现代技术的引证

　　近几年，又有许多来自国际科学界的新的研究成果使得"古人类是食人族"成为热门话题。

　　2000年，美国科罗拉多大学生物学教授马拉在《自然》杂志上公布，他已通过DNA生命科学的手段找到古人类是食人族的物证。马拉教授从科罗拉多大峡谷的印第安人粪便化石中提取出了人类的肌红蛋白，这表明粪便的主人在排泄前36至12小时内吃过同类的肉。

　　借助DNA生命科学技术，2003年美英科学家又发现，世界各地不同种族的DNA样本中还有抗食人基因，这表明"人吃人"现象可能曾经是人类祖先的一种习俗。

　　由于没有充分的证据，"北京人"是不是食人族的问题目前还没有定论。

"北京人"生活遗址
　　"北京人"生活的时代属于旧石器时代，主要靠狩猎和采摘获得食物。当时生产工具简陋，食物来源没有保障。和世界其他地方的同时期古人类一样，"北京人"很可能也有食人的陋俗。

1

你知道吗：辽西化石群至今已经出土了中华龙鸟、原始祖鸟、尾羽鸟、孔子鸟等许多重要的过渡种类动物化石，其种类之繁、数量之多、保存之精、科研价值之高堪称世界之最。

▶ 鸟类的始祖
▶ 带羽毛的恐龙

中华龙鸟是"龙"还是"鸟"

1996年，中国辽西北票上园乡出土了一种奇异的动物化石，它的骨架长度在1米左右，前肢粗短，爪钩锐利，全身还披覆着一层原始绒毛。考古测定它生存于距今约1.4亿年的早白垩纪。科学家们初步认定它是一种原始鸟类，于是把它定名为"中华龙鸟"。

■ 鸟类的始祖

从特征来看，中华龙鸟比德国的始祖鸟更加古老和原始。中华龙鸟的脊柱和体表有着流苏一样的纤维状结构，这种结构是羽毛的雏形，但并不能用于飞翔，主要作用是保护皮肤和维持体温。大多数科学家根据它全身披有原始羽毛这一重要特征，把它归入鸟类而不是恐龙类。

■ 带羽毛的恐龙

另一些古生物学家则认为，这种原始绒毛不具备羽毛的特征，而类似于现生的某些爬行动物背部的表皮衍生物——角质刚毛。

从骨骼化石来看，中华龙鸟具有很多恐龙

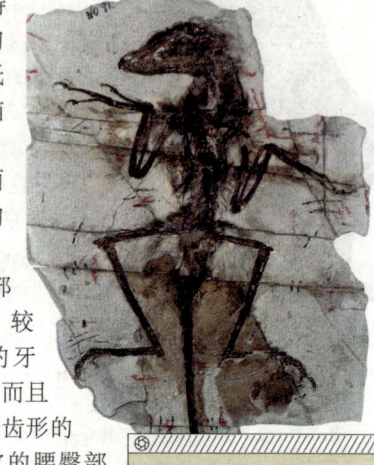

的典型特征：它的头骨又低又长，脑壳很小，眼眶后面有明显的眶后骨，下颌后部的方骨较直；它的牙齿侧扁，而且边缘有锯齿形的构造；它的腰臀部骨骼中耻骨粗壮，尾巴由60多个尾椎骨组成，尾椎骨上还有发达的神经棘和脉弧构造；它的前肢特别短，前肢

中华龙鸟化石
中华龙鸟化石于1996年在中国辽西化石群中被发现，一些科学家认为其是一种原始鸟类的化石，而另一些科学家则认为这是一种小型兽脚类恐龙的化石。

的特征显示它的生活时代要比德国的美颌龙晚。有些科学家据此认为，中华龙鸟是一种小型的兽脚类恐龙。

中华龙鸟既保留了小型兽脚类恐龙的一些特征，又具有鸟类的一些基本特征，对于它的归属，科学界尚无定论。

始祖鸟复原图
始祖鸟是鸟类的祖先，生活于侏罗纪，距今约1.55亿年。其羽毛与现今鸟类羽毛在结构上相似，但它又有很多兽脚类恐龙的特征。

【百科链接】

流苏：
一种下垂的以五彩羽毛或丝线等制成的穗子，常用于舞台服装的裙边下摆等处。

兽脚类恐龙：
恐龙家族中的掠食者，具有快速奔跑和掠食的能力，分为体型轻巧的虚骨龙和庞大的肉食龙两大类。

- 半坡人的图腾
- 夭折儿童的葬具

你知道吗，1988年，专家在陕西省西安市半坡村出土的陶罐碎片上发现了6000年前的人类指纹。这些指纹比现代人的密一些，上面的汗孔也比现代人的大一些。

文明考古之谜

半坡人面鱼纹盆图案之谜

半坡文化属黄河中游地区新石器时代的仰韶文化，距今约6800到6300年，其遗址位于陕西省西安市半坡村。半坡村的原始居民过着定居的生活，经济生活以农业为主。他们以氏族或部落为单位建立村落，形成了一个没有贫富差别的原始社会。半坡人的彩陶十分出色，红地黑彩，花纹简练朴素，绘有人面、鱼、鹿、植物枝叶及几何形纹样。其中最著名的，要数人面鱼纹盆了。

人面鱼纹盆高16.5厘米、直径39.8厘米，由细泥红陶制成，敞口卷唇，盆内壁用黑彩绘有两组对称的人面鱼纹。人面概括成圆形，额部涂成黑色，眼睛细而平直，鼻梁挺直，神态安详，嘴旁分置两个变形鱼纹，鱼头与人嘴外廓重合，加上两耳旁相对的两条小鱼，构成形象奇特的人鱼合体。人头顶的尖状角形物可能是发髻，加上鱼鳍形的装饰，显得威武华丽。

半坡遗址

半坡遗址是中国首次大规模挖掘的一处新石器时代村落遗址，共发现房屋遗迹45座、圈栏2处、窖穴200多处、陶窑6座、各类葬墓250座以及生产工具和生活用具近万件。

■ 半坡人的图腾

古代半坡人在许多陶盆上都画有鱼纹和网纹图案，一些考古学家认为，这与当时的图腾崇拜和经济生活有关。半坡人在河谷营建聚落，过着以农业生产为主的定居生活，兼营采集和渔猎，这种鱼纹装饰是他们生活的写照。人头上奇特的装束大概是进行某种宗教活动时的特殊装饰，而稍有变形的鱼纹很可能是代表人格化的独立神灵——鱼神，这一切表现了古代半坡人以鱼为图腾崇拜的主题。

■ 夭折儿童的葬具

还有一种说法认为，人面鱼纹盆是儿童瓮棺的棺盖。仰韶文化流行瓮棺葬的习俗，即把夭折的儿童放在陶瓮中，以瓮为棺，以盆为盖，埋在房屋附近。有的学者根据《山海经》中某些地方曾有巫师"珥两鱼"的说法，认为"人面鱼纹"的寓意正是巫师请鱼附体，进入冥界为夭折的儿童招魂。

【百科链接】

半坡文化遗址：
1953年春发现于陕西省西安市东6千米处的半坡村，距今约6800至6300年，隶属于黄河中游地区新石器时代的仰韶文化，是我国目前唯一保存完好的原始社会遗址，也是黄河流域规模最大、保存最完整的母系氏族公社村落遗址。

此外，在先秦典籍《诗经》、《周易》中，鱼有隐喻"男女相合"之义。有人以此推之，认为人面鱼纹图案有祈求生殖繁衍、族丁兴旺的含义。

人面鱼纹盆

红色陶胎上用黑彩绘有人面纹和鱼纹，对称排列。人面纹的眼、鼻、嘴皆备，头部有三角形饰物，耳旁有小鱼，构成一幅形态奇妙的人鱼合体图。

1.

你知道吗：在良渚文化遗址中，发现了较多的石制农具，这表明良渚时期的农业已发展到犁耕农业阶段，这是古代农业发展的一大进步。

▶ 气候变化引起海侵
▶ 洪水引发瘟疫
▶ 战争说

良渚文化消失之谜

通过对良渚文化遗址的发掘，考古学家发现，距今5250至4150年前的良渚先民已经掌握了用石犁种水稻、用麻和丝编织衣裳以及制作精美的黑陶作为生活器皿等技术。他们居住在干栏式的房屋中，在夯建的土墩高台上构建了雄伟的宫殿，并雕琢了大量精致的玉器。

但是随着发掘的深入，人们发现，这样一个高度成熟和发达的文明却在距今4000年左右的时候突然消失了。是什么原因使良渚文化在短时间内突然消失的呢？

良渚文化陶袋足
胎呈红色并夹有细砂，器口外侈，中间凹入形成一捏流。短颈，鼓腹，由3个高袋足组成器身，腹侧附一宽环形把手。造型丰润敦厚，是良渚文化的典型器物。

■ 气候变化引起海侵

有些专家认为，气候变化和海面波动是影响沪杭和环太湖地区先民活动的两个主要因素。全新世中期有4个千年尺度暖湿气候和高海平面时期，良渚文化是被第四个即最后一个千年尺度暖湿气候和高海平面时期的海侵（钟家塥海侵）摧毁的。长达数百年的暖湿气候导致海平面持续上升，良渚先民赖以生存的绝大部分地区都被海水淹没了，这是良渚文化被迫中断的根本原因。

■ 洪水引发瘟疫

有学者认为，是古代淮河流域到太湖地区发生的特大洪水冲毁了即将成熟的良渚王朝。而特大洪水所引发的瘟疫应是造成良渚文化消失的根本原因。良渚文化末期，特大洪水退走之后，太湖流域可能出现了某种瘟疫，由于瘟疫的影响，良渚先民被迫逃亡别处，良渚文化因此衰落。

■ 战争说

有人认为，良渚文化的始创者就是我国古代传说中的蚩尤部落，在败于炎黄部落之后，它以一种文化汇入的方式融入了中原文化。一个明显的例证就是，良渚的玉器文化被后来的夏、商、周全面继承，形成了今天中华文明的特征之一。

【百科链接】

良渚文化：
我国长江下游太湖流域一支重要的古文明，属于铜石并用时代的文化，因发现于浙江余杭良渚镇而得名。

蚩尤：
远古传说中东方九黎族的首领，有兄弟81人，蚩尤铜头铁额，神通广大，能呼风唤雨，以金属制造兵器，最后在涿鹿大战中败于黄帝。

良渚文化石犁
犁由耒耜发展而来。耒耜是手推足蹠式的翻土农具，犁则由人力或畜力等作为牵引，将间歇翻土改为连续翻土，它的出现极大地提高了耕种效率。良渚文化的许多遗址中都发现了犁耕，是中国最早实现犁耕农业文化的部分。

不管是气候变化引起海侵说，还是洪水引发瘟疫说，或者是战争说，都还只是学者们的猜测和推论。良渚文化究竟是怎么消失的，还有待于进一步的考古发掘。

- 良渚玉琮什么样
- 生殖崇拜
- 祖先崇拜
- "天圆地方"的宇宙观

你知道吗,浙江杭州反山遗址出土的神兽纹玉琮为现今所见良渚文化中最大的玉琮,高8.8厘米,重6.5千克,被称为"琮王"。

文明考古之谜

远古玉琮的用途之谜

三叉型玉饰
这件玉饰短叉顶端有一圆孔,可能是与其他物件组成某一器物的部件。人兽面结合图案在良渚玉器中多有发现,应为原始崇拜的一种神灵象征。

1936年,在浙江余杭市良渚镇发现了距今约5000年的良渚文化遗址。玉器文化是良渚文化突出的代表,其玉器种类有珠、管、璧、璜、琮、蝉等。其中,玉琮是良渚文化中最具特点的玉器,不仅形体最大,而且出土数量较多。但是玉琮在远古时代到底有何用途,到目前还是一个谜。

■ 良渚玉琮什么样

良渚玉琮从形状上一般可分为扁圆筒形和方柱形两大类。扁圆筒形玉琮外壁突出、琮身低矮,状如手镯,故又称镯式琮。方柱形玉琮数量很多,琮身外表呈正方形柱体,上部比下部稍大,四面正中各琢刻有一道竖向的凹槽,同时又多在两侧刻出等距的横向凹槽,把琮身分成若干节,每节相邻的两个凸面上对称琢刻有兽面纹。

■ 生殖崇拜

瑞典学者高本汉认为,琮是盛男子性器之函,是祖(或主)的宗器。台湾凌纯声先生认为琮"象征女阴与男根,代表最原始的祖先崇拜的性器对象"。

著名文物鉴定学家石志廉先生指出,琮最初起源于母系社会对女性生殖的崇拜,器形越高大,器身节数越多,象征着持有者的权势越大,财富越多,身份地位也越高。

良渚玉琮难道真的是古人生殖崇拜的神器吗?

■ 祖先崇拜

日本著名考古学家林已奈夫教授主张,玉琮便是"主",又称为"宗",是宗庙祭祀中神明祖先灵魂降临时的凭依之物。而琮上的中心圆孔是神明祖先灵魂驻留的小屋。祖灵既可从天而降,亦可从地而出,所以中孔自上而下贯穿。玉琮上不规则的带蛋形眼的脸则是太阳神的原型。而器表所刻的"神面",既可以保护死者灵魂,又可以为生者纳福消灾。

■ "天圆地方"的宇宙观

美国著名学者张光直教授则根据琮呈"内圆外方"的特点,认定它是原始先民"天圆地方"的宇宙观的体现。他指出:"方器象地,圆器象天;琮兼方圆,正象征天地的贯通。"琮的方、圆表示地和天,中间的穿孔表示天地之间的通道,从孔中穿过的棍子就是天地柱。在许多琮上有动物图像,表示巫师在动物的协助下通过天地柱沟通天地。因此可以说,琮是中国古代宇宙观与通天行为的象征物。

以上几种说法并未形成定论,要想解开玉琮的用途之谜,尚需学者们进一步努力。

【百科链接】

玉钺:
钺是一种古代兵器,式样与斧相似,但比斧大。玉钺是良渚文化中常见的随葬品,形体一般宽而薄,上部有较大的穿孔,是一种显示权势和身份的礼器。

原始宗教:
人类宗教发展的最初形态,表现形态多为植物崇拜、动物崇拜、天体崇拜等自然崇拜以及与原始氏族社会存在结构密切相关的生殖崇拜、图腾崇拜和祖先崇拜等。

1. 三星堆之谜

你知道吗，1983年，考古学家在三星堆遗址二号祭祀坑中发现了硕大的青铜耳朵和嘴巴。据此推算，原来的青铜面具大约高80厘米，宽138厘米，重100千克。

- 三星堆文化来自何方
- 居民的族属之谜
- 宗教形态之谜

三星堆遗址位于中国四川省广汉市南兴镇北，这里有一条古河道叫"马牧河"，河道北岸的地形像月牙，人们便给它起了个美丽的名字——月亮湾。河道两岸，有3座突兀在成都平原上的黄土堆，这就是三星堆。

三星堆青铜鸟形器

此器由青铜铸成，用抽象的线条铸刻了神鸟的形象。此鸟应该是古代三星堆人崇拜的偶像。

■ 三星堆文化来自何方

三星堆的发现将古蜀地区的历史推到了5000年前。但三星堆遗址出土的数量庞大的青铜人像、动物铜像，却不归属于中原青铜器中的任何一类，而且这些青铜器上没有留下一个文字，故而三星堆文化的来源也就无从查起。有人根据三星堆出土的小而扁薄的磨制的斧、锛、凿等石器和夹砂灰褐陶器、平底器等陶器以及这些器具上的纹饰特征，认为其来源与岷江上游的新石器文化有关。也有人认为，三星堆遗址出土的鸟头把勺等器物与川东鄂西的史前文化或者山东的龙山文化有关。

一般认为，三星堆文化是土著文化与外来文化彼此融合的产物，是多种文化交互影响的结果。但这个"外来文化"究竟来自何方，却一直是个悬而未决的问题。

■ 居民的族属之谜

三星堆出土的青铜人像高鼻深目、颧面突出、阔嘴大耳，耳朵上还有穿孔，不像中国人，倒像是西方人。他们究竟属于什么民族？许多学者认为，三星堆与岷江上游石棺葬文化颇有关系，因此，三星堆主体居民可能来自川西北及岷江上游，族属为氐羌系。

三星堆菱形矛

三星堆遗址出土的青铜菱形矛和当时中原地区的兵器有很大区别。菱形矛是指长杆上装有扁长矛头的矛，矛头上饰有图案、徽志等。此矛制作精良，出土时仍锋利异常。

■ 宗教形态之谜

三星堆人的宗教形态是自然崇拜、祖先崇拜还是神灵崇拜或是兼而有之？

多数人认为，三星堆原始宗教崇拜是一个复杂的系统，既有自然崇拜，又有祖先崇拜，更有神灵（包括泛神及主神）崇拜。专家通过对三星堆遗址出土的祭祀品分析认为，三星堆古国的祭祀方式可能是多样的，这时已产生了许多神灵，并代表不同的宗教崇拜对象，反映出三星堆人复杂的信仰观念。而且他们此时已经具有了一个比较完整的神灵系统，形成了一个具有天神（太阳神）、地祇（社、山）和人鬼（王国的始祖神、先公先王、组成王国的各族群的祖先）的3层神灵结构。

三星堆青铜尊

尊是商周时期重要的礼器。三星堆遗址出土了许多青铜尊，其造型、形制和中原地区的铜尊差别不大，但其功用如何，不得而知。

- 青铜冶炼之谜
- 古国消亡之谜
- "巴蜀图语"之谜

你知道吗，据文献记载，古蜀国最早的帝王是蚕丛，他教会了蜀地先民种桑养蚕，在成都平原发展生产，并且建立了古蜀国的都城。

文明考古之谜

三星堆铜人头像

从人种学角度来说，此形象不像蒙古人种，反而更像欧洲或西亚的白色人种。此类铜人头像在三星堆发现很多，更增添了三星堆的神秘性。

但这也只是一种猜测，难以令人完全信服。

■ 青铜冶炼之谜

三星堆出土的众多青铜器可谓技艺精湛，而且材料中不存在锌。具有化学常识的人都知道，锌通常和铅伴生，这些青铜器中的铅和锌是怎样分离的？三星堆的冶炼技术来自何方？是独自产生发展起来的，还是受中原文化、荆楚文化或西亚、东南亚等外来文化影响的产物？

对此，许多专家有不同的猜测。有人认为，三星堆冶炼技术是本地独自产生和发展起来的；有人认为是受周边邻国尤其是中原文化影响而产生的；有人认为主要是受荆楚文化影响而产生的；有人认为，三星堆青铜器颇受西亚、东南亚等地的外来因素的影响；更多的学者认为，三星堆青铜器群的产生因素，有中原文化及其他地区文化的影响，但更主要的还是属于自身发展，即本地因素。

■ 古国消亡之谜

学者们认为，三星堆古国有一个发展壮大再由盛转衰的过程，立国时间在千年以上，与传说中的几代蜀王均有关系。关于古国的灭亡，人们假想了种种原因，但都证据不足，因此这一问题始终悬而未决。

水患说：三星堆遗址北临鸭子河，马牧河从城中穿过，因此有学者认为其消亡是洪水肆虐的结果。但考古学家并未在遗址中发现洪水留下的沉积层。

战争说：遗址中发现的器具大多被破坏或烧焦，似乎印证了这一解释。但后来人们发现，这些器具的年代与古国存在时间相差数百年。因此战争说也站不住脚。

迁徙说：这种说法无须太多考证，因为它实际上仍没有回答根本问题：人们为什么要迁徙？

■ "巴蜀图语"之谜

三星堆出土的金杖等器物上刻有许多神秘的符号，被称为"巴蜀图语"。这些符号是文字还是族徽？是图画还是某种宗教符号？一个民族必备的文明要素，三星堆都已具备，只缺文字。可以说，如果解开"巴蜀图语"之谜，将极大促进三星堆之谜的破解。

三星堆给今天的我们留下了太多的难解之谜，我们期待有一天科学家们能揭开它的真面目。

三星堆博物馆

三星堆遗址位于四川广汉南兴镇，属全国重点文物保护单位，是中国西南地区的青铜时代遗址。三星堆博物馆是在三星堆遗址上兴建的一座现代化博物馆，呈螺旋式结构，占地10万平方米。

【百科链接】

青铜：

红铜和锡、铅的合金，也是金属冶铸史上最早的合金。青铜冶炼术的发明和应用，使金属冶炼业得到大力发展，促进了社会大分工和农业生产技术的革新，提高了社会生产力。

9

你知道吗：战国时，巴人的民间乐曲曾经在楚地广泛流传，后来还演变为成语"下里巴人"，泛指通俗普及的艺术形式。

▶ 民族的发源地
▶ 战争引向灭亡

巴国起源与消失之谜

巴人船棺葬遗迹

船棺葬是一种古老的葬俗，就是把死者遗体放进形状似船的棺材里，再行安葬，盛行于战国至西汉前期古代巴蜀民族中。

传说中，巴国是一个：不种而食、不织而衣、百兽相处、百谷所聚的国度。巴人刚勇尚武，老虎是他们的祖先和图腾。巴人自认为是虎之族，故以虎为崇拜对象，自称"虎（音巴）人"。于是，中原人将与巴族为邻的人，皆称其为"巴人"。

■ 民族的发源地

关于巴人的起源，众说纷纭。多数学者认为，巴人来自汉水中上游区域。但也有人考证说，在早期的姓氏书中，巴与秦、徐、钟离等一样，同源于一个"嬴"姓祖先或氏族部落。而秦、徐、钟离等是源出"东夷"的民族，其发源地在今淮河流域至山东半岛一带。既然巴与秦、徐、钟离皆出于"嬴"姓，那么巴人最早的居住地，就不言自明了。

■ 战争引向灭亡

公元前316年，秦灭掉川西的蜀国后挥师剑门关，直取长江中游的巴国。几个月后，夹在楚秦之间被楚军逐到嘉陵江流域的巴国无声地灭亡了，

结束了作为一个国家的历史。但秦人并没有将巴人赶尽杀绝，秦惠王设置巴郡后作出了"以巴氏为蛮夷君长"的决定，巴作为一个独立的民族直到西汉时期才渐渐退出历史舞台。

巴人铜带钩

此带钩发现于四川省什邡市船棺葬内，战国时期制作。钩体呈蝉状，做工精美。既然有带钩，说明巴人一定会织造衣物，并不像传说中那样是"不织而衣"的民族。

传说汉高祖立国后，为保持臣子们的战争意识，时常在宫廷内安排巴人表演临阵战前鼓舞士气之舞，并为其名曰"巴渝舞"。可见，虽然巴国已经消失得无影无踪，但是巴人的骁勇彪悍还是名留青史了。

实际上，除了史籍上留下的只言片语，我们对于这个古老的国度知之甚少，零散的考古资料无法拼出有关巴人的完整面貌。

虽然一直有学者提出各种见解，但因为缺少确实的证据，巴国的图腾、起源、民族构成等仍然是未解之谜。

巴人铜龙形饰

四川省什邡市船棺葬内发现，战国时期制作。

- 历史上的夜郎
- 夜郎在哪

你知道吗：史籍上第一次提到夜郎之名，大约是在战国时期，楚襄王派将军庄蹻"溯沅水，出且兰（今贵州福井县），以伐夜郎王"。

文明考古之谜

夜郎古国究竟在哪里

夜郎是我国秦汉时期在西南地区由少数民族建立的一个国家。汉武帝开发西南夷后，为寻找通往身毒（今印度）的通道，于公元前122年派遣使者到达滇国（今云南）。使者返回长安时，经过小国夜郎，夜郎国君自大地问道："你们汉朝和我们夜郎，究竟哪个国家更大呢？"从此，夜郎国在历史上留下了见识浅薄的笑柄。夜郎这个国度到底是什么样的呢？

■ 历史上的夜郎

大约在战国时代，夜郎成为雄踞西南的一个少数民族君长国。

司马迁《史记·西南夷列传》也曾提到夜郎："西南夷君长以什数，夜郎最大。"

夜郎灭亡于西汉末期。汉成帝河平年间，夜郎与南方小国发生了争斗，但不服从汉廷调解。汉廷新上任的牂牁郡守陈立深入夜郎腹地，果断地斩杀了名叫兴的夜郎末代国王。此后，夜郎不再见于史籍。

■ 夜郎在哪

夜郎国的具体位置，史籍记载都很简略，只说："临牂牁江，其西是滇国。"牂牁江是汉代以前的水名，今人根据其"向西南通南越国都邑番禺（今广州）"的记载，考订其为贵州的北盘江

和南盘江。多数人认为，夜郎国的地域，主要在今贵州西部一带，可能还包括云南东北部、四川南部及广西西北部的一些地区。

2004年10月至2005年1月，贵州省考古所联合四川大学考古系组成考古队对贵州省中水古文化遗址进行第一期大规模考古发掘。在那次发掘中，不仅发现了大量商周时期的祭祀坑，还出土了一组完整的、可复原并具有鲜明地域特征的陶器。据此，专家们

云南楚雄石棺墓

此墓为战国时期夜郎人墓葬。滇中和滇西北地区分布着大量用石板或石块砌成的石棺，时代早至新石器时代，晚至西汉。

【百科链接】

滇国：

我国西南边疆古代民族建立的古王国，存在于战国秦汉时期，疆域主要在以滇池地区为中心的云南中部及东部地区，境内的主体民族是中国古代越系民族的一支，史家称为滇族。

南越国：

公元前203年至公元前111年存在于汉朝境内岭南地区的割据政权，国都位于番禺（今中国广州市内）。秦朝灭亡后，南海郡尉赵佗于公元前203年起兵兼并桂林郡和象郡后建立了南越国。

铜车马

贵州省兴义市墓葬出土。该铜车马长112厘米，宽53厘米，高88厘米，为夜郎时期文化遗存。

大胆推测，贵州是夜郎文化的主要源头。但是还需要大量考古的事实依据来证明考古学家们的这个推论。

1.

你知道吗：楼兰古城遗址最早被瑞典探险家斯文·赫定于1900年发现。在20世纪初的考察过程中，大量楼兰文物被国外考察团掠走。

▶ 战争瘟疫说
▶ 气候恶化说

楼兰古国消亡之谜

楼兰古国遗址位于今新疆巴音郭楞蒙古族自治州若羌县北境，散布在罗布泊西岸的雅丹地貌之中，已经被黄沙掩盖大半。这个丝绸之路上的美丽国度为什么会突然消失得无影无踪呢？

■ 战争瘟疫说

一些专家推测，可能是战争直接导致了楼兰古国的消亡。他们认为，楼兰是被丁零（我国古代北方一个庞大的游牧民族，曾协助汉朝灭匈奴，是突厥、回纥的祖先）所灭，或者是被北方的匈奴所灭。

而有些专家则认为，给楼兰人最致命一击的是一场大瘟疫——"热窝子病"。这是一种可怕的急性传染病。考古学家在楼兰附近曾发现过一些群葬坑，里面男女老少的遗骸层层叠叠。有些幸免于难的楼兰人选择了逃亡，盲目的逃亡人群最后也被沙漠吞没了。至此，楼兰国彻底消失了！

■ 气候恶化说

近年来，人们在研究中国西部地质变迁的过程中，发现气候与水源的变化可能是造成楼兰衰落和最后消亡的主要原因。

4世纪以来，塔里木盆地气候趋于干旱，气候变化引起地理环境的变化，面对连年的干旱，古楼兰人被迫大批

毛毯残片
楼兰遗址出土，东汉时期制作。残片两侧为深蓝色，中央为黄、褐、红、绿相间的花纹，有鲜明的西域特色。

迁移。中国古书《水经注》也记载，东汉以后，由于塔里木河中游的注滨河改道，导致楼兰严重缺水。敦煌的索勒率兵1000人来到楼兰，又召集鄯善、焉耆、龟兹三国兵士3000人，不分昼夜横断注滨河，引水进入楼兰，暂时缓解了楼兰的缺水困境。但楼兰古国最终还是因断水而消亡了。

也有人认为，是气候恶化与丝绸之路的变化共同造成了楼兰的消亡。楼兰一线沿途缺乏水草，多风沙，还要经受匈奴的侵扰，动荡不稳。4世纪后，丝绸之路上原本经过楼兰的一段被高昌所取代。楼兰丧失了中西交通中转站的地位，于是"路断城空"。

然而，这些说法都只是学者们的猜测，缺乏足够的证据。因此，楼兰消亡之因，至今还是一个谜。

楼兰古城遗址
楼兰古城遗址西北距库尔勒市350千米，西南距若羌县城330千米，整个遗址散布在罗布泊西岸的雅丹地貌群中，几乎全部被流沙所掩埋。遗址占地面积12万平方米，接近正方形，边长约330米。

【百科链接】

雅丹
又名"雅尔丹"，是维吾尔语中"陡壁的险峻小丘"之意。泛指干燥地区的一种风蚀地貌。

高昌
丝绸之路上的名城重镇，始建于公元前1世纪的汉代，因其"地势高敞，人广昌盛"而得名。汉唐以来，高昌是连接中原与中亚、欧洲的枢纽。

12

- 精绝古国
- 佉卢文
- 外敌入侵

你知道吗：当年的尼雅居民很注意保护树木，曾有律条曰："活树，应阻止任何人将树连根砍断，否则罚马一匹；若砍断树枝，则应罚母牛一头。"

文明考古之谜

尼雅文明之谜

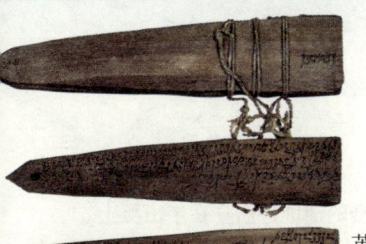

尼雅木简
尼雅遗址出土，佉卢文书写，内容为国王的敕谕。木简为楔形，双块合用，使用时文字书写的一面和在一起，用绳子捆绑，以便保密。

20世纪初，英国人斯坦因在新疆塔克拉玛干大沙漠南缘的尼雅河畔发现了一座古城遗址，这就是被称为"东方庞贝城"的尼雅遗址。近几年大规模的科学考察和考古发掘，已经证实尼雅属于汉晋时期西域古国精绝国的故址。

■ 精绝古国

据《汉书·西域传》记载，精绝国位于昆仑山下塔克拉玛干大沙漠南缘，接受汉王朝西域都护府统辖，国王属下有将军、都尉、驿长等。精绝国虽是小国，但它位于丝绸之路上的咽喉要地，地理位置十分重要。当时的精绝国是一片绿洲。3世纪以后，精绝国突然消失了，直到斯坦因发现才使它重见天日。

精绝国是如何从历史上消失的？许多人认为，尼雅之所以埋没于沙海之中，是因为尼雅人大肆砍伐树木，破坏了当地的生态环境，致使水源枯竭，风沙肆虐，绿洲消失。

■ 佉卢文

考古学家在尼雅遗址发现了用佉卢文书写的木简。佉卢文是公元前3世纪印度孔雀王朝阿育王时期的文字，最早在今印度西北部和巴基斯坦一带使用。4世纪中叶贵霜王朝灭亡，佉卢文也随之消失了。18世纪末，佉卢文已经成了一种无人能识的死文字，直至1837年才被英国学者普林谢普成功解读。佉卢文怎么会在尼雅遗址出现？这着实让历史学家们摸不着头脑。

■ 外敌入侵

考古学家解读佉卢文木简内容后发现，精绝国长期受到来自西南方的SUPIS人的威胁与入侵。可以说，精绝国是在大难临头的预感之中，忧心忡忡地度过了最后的日子。

考古学家们在这个沉睡了1600年的废墟上，看到宅院四周尸骨累累，内部各种遗物四处散落，房门敞开或半闭。用来存放佉卢文木简的陶瓮密封完好没有拆阅，储藏室里有大量食物，纺车上甚至还有一缕丝线。这一切似乎告诉人们，精绝国在面临长期的入侵威胁后，又遭到了致命一击，尼雅人甚至没有来得及留下最后的文字记载。

但是在各种史书上从来没有关于SUPIS人的任何记载。这个凶猛好战而富于侵略性的民族来自何方？尼雅人后裔的命运如何？这些谜题让历史学家们百思不得其解。

尼雅遗址
尼雅遗址位于新疆维吾尔自治区民丰县，因长期风化，原建筑已经消失，只剩下木建筑构架。

1.

你知道吗，历史上西藏西部有"黄金之乡"的美誉，据说这里差不多每条山沟都有矿藏。有人认为，古格王国的富强与它盛产黄金白银不无关系。

▶ 以宗教为名的内战
▶ 古格的彻底消失

西藏古格王国之谜

　　古格王国遗址位于西藏阿里地区的札达县境内、象泉河南岸。一座高300多米的黄土山，曾经是古格王国的宫堡。古格王国没有自己的国史，对于古格王国的探究，考古学家几乎完全没有头绪。

■ 以宗教为名的内战

　　10世纪中叶至17世纪初，古格王国雄踞于西藏西部。古格人弘扬佛法，抵御外侮，在近700年的历史长河中创造了灿烂的文明，在西藏吐蕃王朝以后的历史舞台上扮演了重要的角色。

　　据历史记载，17世纪时古格开始出现西方传教士。为了巩固自己的势力，古格国王开始借助西方传教士的力量来削弱佛教的影响。1633年，古格僧侣发动叛乱，古格国王的弟弟勾结与古格同宗的拉达克王室，利用拉达克的军队攻打古格都城。建在山上的古格王宫是王国中防守能力最强的建筑之一。战斗持续了很长时间，后来拉达克军队驱使古格百姓在半山腰修建石头楼，并借此拿下了古格都城。现在这座石楼的遗址还矗立在半山腰上。

　　拉达克人攻入古格都城以后，古格王国被并入拉达克人的王国。此后古格都城开始衰落，并最终废弃。

■ 古格的彻底消失

　　据史料记载，古格的最后一个国王及家眷被拉达克人带回拉达克都城列城后关进了监狱。

　　在古格王宫遗址下面的山洞里，考古学家还发现了一个藏尸洞，几十具无头尸骨横七竖八地排列着。人们猜测，那是当时拉达克人处死的古格百姓和战士。

　　从资料记载和考古的结果上看，战争造成的屠杀和掠夺并不足以毁灭古格文明。

　　也有人说，地理环境的迅速恶化才是古格消亡的主要原因。今天来看，古格遗址的沙化程度已经非常严重。难道真是黄沙覆灭了古格文明？

　　另外，史书上记载的古格百姓有10万之众，他们后来到了哪里？是被拉达克人驱赶到了拉达克，还是环境恶化后集体迁徙到了别处，诸如此类的疑问一直困扰着人们。

【百科链接】

拉达克：
　　今天克什米尔东部范围内以列城为中心的地区，原是西藏的一部分。据藏文文献记载，很早以前，拉达克的统治者是格萨尔王的后裔，他们各自为政，互不统属，并时常发生战争。

古格王国都城遗址一角
　　古格王国都城遗址除几间寺庙外，全部房舍已塌顶。遗址的外围建有城墙，四角设有碉楼。整个城市建在一座小土山上，建筑分上、中、下3层，依次为王宫、寺庙和民居。

古格王国舍利塔
　　古格王国以佛教立国，历代国王和王后都是虔诚的佛教徒。

- 日本说
- 墨西哥说

你知道吗，扶桑还是一种锦葵科落叶灌木的名称，学名朱槿，树形优美，花朵硕大，色彩鲜艳，是马来西亚的国花。

文明考古之谜

扶桑国究竟在哪里

富士山

富士山是日本的最高峰，也是日本的象征。"日本"二字的意思，就是"日出之国"、"太阳升起的地方"。

在我国古代传说中，东方的大海尽头有一棵巨大的扶桑树。它有几千丈高，耸立在波涛汹涌的大海之中。在它的枝头上住着10个太阳，它们轮流到空中巡行。这棵神奇的扶桑树距离中国十分遥远，久而久之，人们便把扶桑树所在的国度称为扶桑国。但是扶桑国究竟在哪里，不同史籍记载的却不尽相同。

■ 日本说

许多学者认为，扶桑指日本。这一观点以《辞海》（1989年版）为代表："按其方位，约相当于日本，故后相沿用为日本的代称。"

此种说法的主要依据是中国古代许多诗人称日本为"扶桑"。例如唐代诗人王维曾为日本友人作过一首诗《送秘书晁监还日本国》，有"乡树扶桑（国）外，主人孤岛中"之句。我国著名学者鲁迅和郭沫若在诗文中也曾一再用"扶桑"代称日本。

■ 墨西哥说

最早提出扶桑国在墨西哥这一说法的是法国汉学家金涅，他于1761年提交了一个研究报告指出：根据中国史书记载，在5世纪时已有僧人惠深到达扶桑，而这个僧人描述的扶桑就是今天的墨西哥。

金涅提到的中国史书是指《梁书》。《梁书》载惠深的描述，扶桑国内遍布扶桑。扶桑是一种树，幼苗时可以吃，皮可以织布、造纸。书中指出扶桑国在倭国（日本古称）东面1.6万多公里的地方。据考证，扶桑树就是墨西哥特产的龙舌兰。而且惠深描述的扶桑国习俗和古墨西哥也多有相同之处。

18至19世纪，许多近代西方学者发现，美洲大陆考古出土的文物（如碑刻、带有象形文字的陶器、古钱等）与中国上古的文物十分相似，而有些史书上有关扶桑国地理位置的记叙又与墨西哥相吻合，于是人们大胆推测，中国汉代以后文献中所记载的扶桑，很可能就是指墨西哥。

但是，不论是日本说还是墨西哥说，其证据都不确凿。扶桑国是人们想象的国度还是确切存在的国度，到目前为止，也还没有定论。

龙舌兰

有人认为，所谓"扶桑木"就是古代墨西哥人所说的龙舌兰。它到处生长，高达十几米。

15

1

你知道吗：我国最早的剑出现于商末周初。春秋战国时，由于步兵和骑兵的兴起，剑作为一种近身格斗的短兵器也随之发展起来，并成为贵族的佩饰之一。

- ▶ 宝剑重现人间
- ▶ 超越时代的铸剑术
- ▶ 稀有金属的提炼之谜

越王古剑之谜

越王勾践"卧薪尝胆"的故事不知激励了古往今来多少身处逆境的人们，如今这故事的主人公早已化为泥土，但他的名字和事迹却因这个成语而不朽。而当代的一项考古发掘也印证了这位古代枭雄名字的"不朽"。

越王亓北古剑
于安徽省安庆市王家山的战国古墓中发现。亓北古，越王勾践的孙子。古越人的铸剑技术已臻化境，此剑出土时锋利异常，不逊于勾践剑。

■ 宝剑重现人间

1965年，一支考古队在挖掘春秋古墓时，意外发现了一把沾满泥土的长剑，剑身上刻有一行古篆——"越王勾践自用剑"。这把剑全长55.6厘米，其中剑身长45.6厘米，剑宽5厘米。剑身满饰黑色菱形几何暗花纹，剑格正面和反面还分别用蓝色琉璃和绿松石镶嵌成美丽的纹饰，剑柄以丝线缠缚，剑首向外翻卷作圆箍，内铸有极其精细的11道同心圆圈。这柄古剑虽然在地下埋藏了2000多年，却依然寒光四射、锋利无比。

■ 超越时代的铸剑术

越王勾践剑
据研究，越王勾践剑的主要成分是铜和锡，还含有少量的铝、铁、镍和硫。剑身的黑色菱形花纹是经过硫化处理的，剑刃精磨技艺可同现在精密磨床生产技术相媲美，充分显示了当时越国铸剑工匠的高超技艺。

为解开勾践剑的铸造之谜，1977年12月，科学家对越王勾践剑进行了科学检测，数据显示，越王勾践剑的主要成分是铜和锡，另外还有少量的铝、铁、镍、硫。

剑的各个部位作用不同，因此各部位铜和锡的比例不一。剑脊含铜较多，使剑韧性好，不易折断；刃部含锡量高，硬度大，非常锋利。

进一步研究发现，越王勾践剑千年不锈的原因在于剑身镀有一层含铬的金属。此外，越王勾践剑出土时紧插于黑漆木制剑鞘内，在剑鞘的保护之下，又处于含氧量极少的中性土层中，并且它所处的环境与外界基本隔绝，这也是它没有生锈的重要原因。

■ 稀有金属的提炼之谜

铬是一种极耐腐蚀的稀有金属，在地球上的分布虽然比较广泛，但是提取十分不易。铬还是一种耐高温的金属，熔点大约为1857摄氏度。德国和美国分别在1937年、1950年才先后发明了铬化处理技术，并申请了专利。然而在2000多年以前，人们究竟是用什么方法将这种金属提取出来并镀到剑上的呢？

难道铬化技术曾经在2000多年前出现过？这的确是个难解之谜。

【百科链接】

卧薪尝胆：
公元前494年，吴王夫差率兵击败越国。越王勾践为报仇雪恨，励精图治，晚上睡在柴草之上，又时尝苦胆，以激励自己。后来越国终于强大起来，灭了吴国。

琉璃：
用某些矿物原料烧成的半透明釉料，常见的有绿色、蓝色和金黄色等，多加在黏土的外层，烧制成缸、盆、砖瓦等。

- 为何铸铜人
- 铜人今何在

你知道吗：据史书记载，铜人背后铭刻着"皇帝二十六年初兼天下，改诸侯为郡县，一法律，同度量"等字样，是李斯和蒙恬所写。

文明考古之谜

秦始皇十二铜人之谜

秦始皇为了巩固王朝政权，在平定天下后，除了建立完善的国家机器和严密的统治制度外，还采取了其他一系列安定天下的措施，其中一条就是下令收缴全国兵器，铸成十二铜人，立于咸阳。

■ 为何铸铜人

秦始皇为什么要铸造十二铜人呢？历来主要有两种说法。

一种说法是：有一天，秦始皇梦见天象大变，鬼神作怪，醒来后惊恐不已。在惊恐万分之际，有一个方士前来为其指点迷津，让他铸造十二铜人，方可稳坐天下。秦始皇立即下令将全国兵器收缴集中于咸阳，铸成十二铜人。

另一种说法是：秦始皇统一全国后，始终在忧虑刀兵之祸，思考着如何长治久安。据说有一天，秦始皇在群臣陪同下观看杂耍，正在兴高采烈之时，忽见一队手执刀剑的武士杀气腾腾地上场表演。秦始皇一见就触动了心病，寝食难安。这时候，临洮一农民带来一条消息，说是见到了12个巨人，当地还盛传童谣："渠去一，显于金，百邪辟，百瑞生。"秦始皇听后正中下怀，于是假托征兆，下令收缴全国所有兵器，集中于咸阳，铸成十二铜人，以此削弱可能存在的民间反抗力量。

■ 铜人今何在

可惜的是，今人已见不到这十二铜人的踪影了。它们究竟到哪里去了呢？

有人认为，楚霸王项羽在攻克秦都咸阳火烧阿房宫时，将这十二铜人也一起烧了。由于此说在史书上没有记载，所以赞同者甚少。

有的学者指出，十二铜人毁于东汉末董卓和前秦王苻坚之手。汉末，董卓率兵攻入长安，将其中的10个铜人销毁后铸成铜钱，剩下的两个被他迁到了长安城清门里。三国时魏明帝也曾命人运送铜人到洛阳，因为太重难以搬动而放弃。东晋十六国时，后赵的石季龙把这两个铜人运到了邺城。前秦国王苻坚统一北方后，又从邺城将这两个铜人运回长安销毁。至此，十二铜人全部被销毁了。

还有一种说法认为，在秦始皇陵墓造好后，十二铜人和其他物品一起被当作随葬品葬于陵墓之中了。由于技术等方面的原因，秦始皇陵墓的发掘工作还不能全面展开，因而十二铜人的下落至今仍是未解之谜。或许到了秦始皇陵墓开掘的那一天，这个谜就会解开。

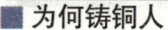

秦始皇陵出土的铜车马

此车从秦始皇陵的陪葬坑兵马俑坑出土，通体施以白色为底色的彩绘，配有1500余件金银构件和饰物，显得华丽富贵，可能是供秦始皇灵魂出游时乘坐的。

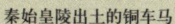

秦始皇塑像

秦始皇（前259～前210年），姓嬴，名政，是首位完成中国统一的皇帝，后人称之为"千古一帝"。

你知道吗：据《水经注》载，秦始皇陵所在地区的地层多砂石，缺乏纯净的黄土，修建封土堆的土是从陵冢东北五里的低洼地带运来的。

▶ 防盗机关
▶ 牧羊儿无意焚毁说

秦始皇陵盗焚之谜

历代皇帝在为自己修造陵墓时，为了使自己在另一个世界过得像在世间一样奢华安逸，肯定会在墓中随葬大量的奇珍异宝，这就使皇陵成了历代盗墓者的主要目标，所以在防盗的问题上，皇帝们往往都是煞费苦心。面对恢弘庞大的秦始皇陵，人们不免会产生疑问：地宫中那数不清的奇珍异宝是否还存在？

■ 防盗机关

秦始皇陵地宫以水银（汞）为"江河大海"，除象征气势恢弘的自然景观外，还有一个目的就是防盗。因为水银在常温液态下极易挥发，而水银本身有剧毒，人一旦吸入高浓度的水银蒸气，就会因肌肉震颤而瘫痪，以致死亡。秦始皇地宫中"以水银为池"，便可扩大汞的蒸发面积，使毒气发挥更大的作用。

有些史书还记载，秦始皇陵地宫安装了自动弩弓用以防盗。秦始皇陵兵马俑坑中曾出土一种远射程、大张力的劲弩，单靠人的臂力恐怕难以将其拉开。但如果把装有箭矢的弩一个个连接起来，通过触发机关使之连发，就可达到无人操作、自行警戒的目的。秦始皇陵为了防盗，完全有可能在墓门内、通道口等处安置这种触发性的武器，一旦有盗墓者进入墓穴，就会被这些暗箭杀死。

秦始皇陵兵马俑

秦始皇陵兵马俑于1974年2月在秦始皇陵东侧1500千米处被发现，一个埋藏了2000多年的庞大军阵从此展现在世人面前。这里已建立起规模宏大的博物馆，并于1979年10月1日对外开放。

■ 牧羊儿无意焚毁说

据《汉书》记载，地宫棺椁曾被一个牧羊儿无意中焚毁。当年，一个小孩在秦陵一带牧羊，有几只羊掉入了地洞中。牧羊儿打着火把到地洞中去找羊，不料糊里糊涂地走进了秦始皇陵的地宫，最后火把失火，洞内烧成一片，竟把秦始皇的棺椁点着了，墓内所有的奇珍异宝也在大火中消失了。不过有专家认为，这种传说缺乏最基本的常识，牧羊儿不可能单凭一支火把照明就独自进入地宫，并烧掉埋藏在地下数十米的棺椁。何况地宫内严重缺氧，水银弥漫，牧童也许还没接近地宫就一命呜呼了。

骊山秦始皇陵

秦始皇陵位于陕西省临潼县东5千米的骊山北麓，是世界上规模最大、结构最奇特、内涵最丰富的帝王陵墓之一。

- 项羽盗掘说
- 葬礼仪式说

你知道吗，1974年，中国考古工作者把沉睡千年的7000多件兵马俑发掘出土，这是20世纪最壮观的考古发现。秦始皇陵兵马俑被誉为"世界第八大奇迹"。

文明考古之谜

■ 项羽盗掘说

班固的《汉书》曾记述了项羽率兵30万搬运地宫内的宝物之事。

许多专家认为班固的记载有夸大的地方。秦陵地宫构造复杂，警戒严密，处于乱世的项羽根本没有足够的时间和精力去寻找和盗掘地宫，更何况地宫的防盗措施非常严密。而在班固的记述中，却对盗墓时盗墓贼是否受暗箭射杀、是否水银中毒这类人们感兴趣的内容只字不提，看来他也只是以讹传讹罢了。近年考古工作者对秦始皇陵的勘探资料表明，秦始皇陵地宫上的封土并未发现局部下沉的迹象，夯土层也没有较大的变动。目前在整个封土上仅发现两个直径不足1米、深不过9米的小盗洞，而且远离地宫。

如果当年项羽以30万兵卒挖掘地宫，地宫绝对不会是今天的样子。而且历代王朝对秦始皇陵都大加守护，如果地宫已经被盗空了，还有守护的必要吗？所以不少人认为，秦始皇陵并没有被盗或被焚毁。

■ 葬礼仪式说

秦陵兵马俑是秦始皇陵的陪葬坑，共由3个坑组成，总面积达2万多平方米。其中，一号坑的全部和二号坑的一部分有明显的因火焚烧而塌陷的痕迹，里面的兵马俑有的东倒西歪，有的身首异处，有的头破腹裂，有的臂断腿折。陶俑、陶马身上的彩绘经火焚烧后大都脱落，而且坑上面架设的棚木、芦席、顶梁木等也都成了灰烬或者焦炭，坑周围到处是经过大火焚烧而成的赤红色的红烧土。这证明秦陵曾经经历过一场大火。

兵马俑坑一角

秦始皇陵有陪葬坑和墓葬400多个，范围广及56.25平方千米，主要陪葬坑有铜车马坑、珍禽异兽坑、马厩坑以及兵马俑坑等，历年来已有5万多件文物出土。

项羽像
西楚霸王项羽于公元前206年率兵进入咸阳，大肆烧杀，咸阳火三日不绝。

有人提出，在兵马俑坑中放火的正是陵墓的修建者。因为在古代丧葬礼仪中，放一把火烧毁祭葬物品和墓前建筑物是很常见的风俗。

不过，这种说法也有不合理的地方。既然要烧，为什么只烧一号坑和二号坑，而三号坑却幸免于难？如果真是秦人自己放火烧的，那么从建成到焚烧的间隔时间应该不会太久，奇怪的是，根据现场考古发掘来看，俑坑底下普遍都有二三十厘米厚的淤泥层，这种淤泥层绝非短时间内就能够积累起来的。这也说明了在秦朝灭亡之前兵马俑是安然无恙的。那么，秦兵马俑坑到底是怎么起火的，或者说究竟是被谁焚毁的呢，这一直是个难解之谜。

【百科链接】

弩：

中国古代装有张弦结构（弩臂和弩机）可以延时发射的弓。射手使用时，将张弦装箭和纵弦发射分解为两个单独动作，无须在用力张弦的同时瞄准，比弓的命中率显著提高；还可借助臂力之外的其他动力（如足踏）张弦，射程比弓更远。

1.

你知道吗：2003年初，秦始皇陵考古队在发掘曾遭到严重破坏的秦陵七号坑时，出土了15件不知名的陶俑，后经研究证实为乐手俑。

▶ 目的之谜
▶ 建造之谜

秦始皇陵兵马俑之谜

1974年，在陕西临潼县西杨村，秦始皇陵东侧1.5千米的一片荒原上，考古工作者发掘出被称为"世界第八大奇迹"的秦代大型地下兵马俑军阵，引起了世界性的轰动。

■ 目的之谜

大多数学者认为，秦陵兵马俑是秦始皇陵的一部分，反映的是秦始皇生前的军事情况，但在具体问题上观点又不一致。有人认为，这支秦俑军队是秦始皇加强中央集权的象征，大批兵马俑的军事阵容正是秦王朝强大军事实力的形象再现。还有人说，兵马俑军阵是一项未完的工程，全部建成应有5万个兵马俑，这个庞大的军阵按前、后、左、右、中配置兵力，实为秦军演习所用的8种阵法里最基本的方阵。

兵马俑军阵的建造和排列到底出于何种目的？又蕴含着什么深意？一时还无法确证。

■ 建造之谜

兵马俑坑中的陶人和陶马均为泥制灰陶，火候高、质地硬。经观察，没有发现模制迹象，因此兵马俑肯定是一个个雕塑而成。陶俑、陶马身上原来都绘有鲜艳的颜色，现在虽几乎全部脱落，但从局部残留的颜色仍可窥见当初颜色的种类繁多。

一号坑内的将军俑

秦始皇陵兵马俑中有许多将军俑。这些将军俑身材高大，前庭饱满，二目炯炯有神，颇具身经百战、临危不惧的大将风度。

这些陶人陶马在暗无天日的地下掩埋了20多个世纪，出土后仍然保持了色泽纯、密度大、硬度高的特点，真正达到了"炉火纯青"的境界。当代的制陶工艺大师经过十多年的努力，仅能仿造一些简单的陶人，而想要复制陶马的实验竟无一成功。秦代这种杰出的泥塑工艺和制陶工艺也成了最大的一个谜。

而且，建造数量如此巨大的兵马俑，只能就地取材、就地烧制，学术界一直认为兵马俑系用竖穴式窑炉烧制而成。可令人疑惑不解的是，人们至今没发现一处烧制兵马俑的窑址。

时至今日，对于兵马俑是如何制成的这一疑问还停留在猜想阶段。

庞大的兵马俑阵

秦始皇陵兵马俑是秦陵的陪葬坑，是世界最大的地下军事博物馆。俑坑布局合理，结构奇特。在深5米左右的坑底，每隔3米架起一道东西向的承重墙，兵马俑排列在墙间空当的过道中。

- 古崖居里的矮人
- 军事要塞说

你知道吗，专家发现，古崖居的房间都是坐东向西，在北方比较冷的环境中，建造者居然舍弃阳坡，而把房子盖在背阴处，实在让人难以理解。

文明考古之谜

北京古崖居之谜

在北京郊区延庆县西北部的一个山谷里，坐落着148个古代洞穴。它们开凿在陡峭的岩壁上，因而得名"古崖居"。

古崖居分为前、中、后3部分，全部开凿在砂砾花岗岩壁上，洞口毗邻，错落有致，呈自然村落状。人工刻凿的石室有方形，有长形，有单间，有套间，还有颇具特色的"三居室"。全部洞穴内都有门窗、炕灶、壁橱、烟道，还刻凿了石灯台、石灶台、石槽、石炕等，就像现代家居一样方便实用。其中，有一石穴分为上下两层，还配了耳房和廊柱，考古学家推测这里曾是穴居主人集会或祭祀之地。

古崖居石室内部
古崖居全部的洞穴内都有门窗、炕灶、壁橱、烟道，还刻凿了石灯台、石灶台、石槽、石炕等，就像现代家居一样方便实用。

古崖居里的矮人

在考察古崖居的过程中，研究人员发现，从居室层高以及家具大小可以透射出古崖居主人的身材并不高大。洞室净高最低为1.45米，最高为1.90米，一般在1.65米至1.85米之间。另外，学者认为火炕的宽度往往与居住者的身高直接相关。洞室内的火炕并没有一个标准尺寸，长度有1米多的，也有2米多的，平均宽度为1.6米左右。由居室的高度与火炕的宽度可以推测：古崖居主人的平均身高可能在1.5米左右。

史书记载，奚族曾于唐末五代时期出没在妫州的北山附近，在山中定居的奚人是"行岩穴居"，而妫州指的就是今天的北京延庆一带。因此有人认为古崖居的主人是避祸定居的奚人。

军事要塞说

近几年，人们又对古崖居的功用提出了新的观点，认为其很有可能是汉代一处中等规模的军事要塞，当年驻军达到200人左右。根据北魏郦道元所著的《水经注》记载，现今延庆、怀柔一带山涧东崖壁存有人工开凿的"石室三层"，其具体描述的地理位置和石室形制与古崖居的地理位置、外貌形制基本吻合。郦道元当时了解到这是"故关之堠台"，也就是旧时居庸关前沿守候瞭望敌情的烽火台。

实际上，关于古崖居的开凿年代、目的和用途、最终遗弃等问题的研究还在继续。要想彻底解开这些难解之谜，还有待于科学家们的进一步探索和研究。

古崖居遗址
古崖居位于北京延庆西张山营西北一条幽静的峡谷中，是古代先民在陡峭的山崖上凿建的居室。

你知道吗，据汉代文献记载，汉代皇帝死后使用金缕玉衣，诸侯王、公主等使用银缕玉衣，大贵人、长公主（汉朝以后，称皇帝的姐妹为长公主）使用铜缕玉衣。刘胜使用金缕玉衣属于越级。

▶ 规格最高的殓服
▶ 玉衣的制作之谜

金缕玉衣之谜

1968年，考古学家在河北省满城县发掘出一座汉代王公陵墓——中山靖王刘胜墓。就在这座皇家陵墓里，人们发现了令人叹为观止的金缕玉衣。整件玉衣做工细致，玉片排列整齐，对缝严密，着实令人惊叹。

■ 规格最高的殓服

金缕玉衣是汉代规格最高的丧葬殓服，大致出现在西汉文景时期。据《西京杂志》记载，汉代帝王下葬都用"珠襦玉匣"，就是人们日常说的金缕玉衣。汉代人认为玉是"山岳精英"，将玉放置于人体上，可以使人的精气不外泄，这样就能保持尸骨不腐，期待来世再生。所以玉在汉代玉器中占有重要的地位，经常作为一种高贵的礼器和身份的象征出现。汉代皇帝和贵族死时穿玉衣入葬。这些玉衣是用金丝、银丝或铜丝将许多四角穿有小孔的玉片编缀起来做成的，分别称为"金缕玉衣"、"银缕玉衣"、"铜缕玉衣"。

用金缕玉衣作葬服不仅没有实现王侯贵族们保持尸骨不坏的心愿，反而招来盗墓毁尸的厄运，许多汉王帝陵往往因此而多次被盗。到三国时期，魏文帝曹丕下令禁止使用玉衣，玉衣从此在中国历史上消失了。

金缕玉衣配件
金缕玉衣的形状几乎和人体一模一样，分为头部、上衣、裤筒、手套和鞋5大部分。

■ 玉衣的制作之谜

如此精美的玉衣，在2000多年前的西汉时代是如何制作出来的，确实让我们现代人琢磨不透。根据当时的生产水平，制作一套金缕玉衣是十分不易的。从遥远地方运来的玉料，经过开料、锯片、磨光及钻孔等工序，加工成数以千计的、大小和形状合乎规范的玉片。每块玉片都经过严密的设计和细致的加工，据测定，玉片上有些锯缝仅0.3毫米长，钻孔直径仅1毫米，工艺繁难与精密程度之高令人惊讶。另外，编缀玉片用的金丝还需要特制。

整个玉衣制作过程所耗费的人力和物力是相当惊人的。据推算，汉代制作一件玉衣约需一名玉工花费十余年的时间。

金缕玉衣由何人所设计？如何制作？并无史料记载，这些还都是未解之谜。

中山靖王刘胜的金缕玉衣
此玉衣用1000多克金丝连缀起2498个大小不等的玉片，由上百个工匠花了2年多的时间完成。整件玉衣设计精巧，做工细致，是旷世难得的艺术瑰宝。

- 独特的墓室环境
- 神秘的防腐液体

你知道吗：据考证，马王堆女尸系西汉时长沙国丞相利苍的夫人，名叫辛追，死时约50岁。

文明考古之谜

马王堆女尸不腐之谜

马王堆出土的帛画

这幅帛画全长205厘米，为T字形，画面完整，形象清晰。自上而下分段描绘了天上、人间和地下的景象。

1972年，长沙马王堆一号汉墓的发掘，震惊了中国考古界。人们在2000多年前的墓葬中发现了保存完好的墓室女主人的尸体。那么，古人采用何种办法使尸体保存得如此完好呢？

■ 独特的墓室环境

经过分析研究，人们发现，近似真空的墓室条件，可能是女尸不腐的原因之一。

墓室建在深达16米的地下，上面还有直径50至60米、高20多米的大封土堆，不透气，不渗水，封闭极严。而尸体又殓入多达6层的厚木板涂漆棺椁之中，棺椁四周采用黏性和致密性很强的白膏泥、吸湿性很强的木炭填实。这层层"关卡"，使得水与空气的侵蚀无能为力，从而造成了一种与外界隔绝的独特的墓室环境。

密封不但可消除外界光线、温度、湿度等对葬具、随葬品和尸体的损害，而且在墓室里形成了恒温和相对稳定的湿度，使整个墓室处于一个固定的环境之中。

更绝妙的是，当初考古发掘的时候，人们用探铲往墓室里打洞，结果从里面喷出了很强的气流。有气流急速喷出，说明墓室内的大气压高于墓室外面。这种气流的"始作俑者"是下葬时带进去的细菌，细菌作用产生沼气，沼气逐渐积聚达到饱和，从而加大了墓室内的压强。饱和的沼气对于细菌有杀伤作用，而高压也同样使细菌无法生存，这与充气罐头的杀菌道理是一样的。

■ 神秘的防腐液体

人们在棺椁中还发现了一种红色的液体。这种液体无疑具有防腐作用，是入葬时特意注入的防腐剂，可以杀死尸体和随葬品入葬时附带的细菌。但是，这种红色液体究竟是由哪些物质构成的，至今还是个未解之谜。

对女尸进行X光检查

科学家正在利用X光对这具有2100多年历史的尸体进行研究，他们在这位夫人的胃里发现了100多粒香瓜子。

你知道吗，曹操虽然至死也没有废汉称帝，但他曾感慨地说："使天下无有孤，不知当几人称帝，几人称王。"

▶ 疑冢的由来
▶ 文人的想象

曹操七十二疑冢之谜

220年，一代枭雄曹操走完了自己辉煌繁忙的一生。临终之前，他嘱咐自己的儿子，墓葬一切从简。

但是，很多人不信曹操会如此简化自己的后事，于是就有一则"曹操七十二疑冢"的传说开始流传。

有人推断，曹操墓在漳河河底。又有人据《彰德府志》载，认为曹操墓在铜雀台正南5千米的灵芝村。还有一种说法是，曹操墓在其故里谯县的"曹家孤堆"。千百年来，盗墓者不计其数，但谁也没发掘出真正的曹操墓。

■ 疑冢的由来

据说，生性多疑的曹操为了防止陵墓被盗，临终前向儿子布置了"疑冢"措施。传说，在安葬他的那一天，有72具棺木从东南西北四个方向同时从各个城门抬出，埋在不同的方位。曹操墓的真正所在，随着曹操的死去而成为千古之谜。

曹操大宴铜雀台
此图反映的是铜雀台建成后曹操在此大宴群臣的情景。

■ 文人的想象

追根溯源，人们不难发现，七十二疑冢的说法更多地见于文学作品中，这可能是文人的杜撰之词。但是，曹操的陵墓直到现在也没有被找到，所以更多人相信这种说法，相信这个历史上有名的奸雄的确是"狡兔三窟"，连死后都要布置一场精彩的演出，戏弄后人一把。

不过，曹操七十二疑冢之谜，在曹操陵墓"真身"被发现的那一天终究会被解开。

【百科链接】

铜雀台：
建安十五年（210年），曹操击败袁绍，平定北方，于是在邺建都，于漳河畔大兴土木修建铜雀台。铜雀台高十丈，分三台，各相距六十步远，中间各架飞桥相连。

邺城三台遗址
三台指金凤台、铜雀台和冰井台，位于古邺城。遗址附近出土了可证明曹操墓位置的石碑、石刻，虽然还不能确定曹操墓的准确位置，但基本上可以认定其大致范围应该在河北省邯郸市临漳县一带的古邺城之西。

- 陵塔之谜
- 碑文之谜

你知道吗：西夏末期，朝政长期处于内乱之中。蒙古汗国几次征讨西夏，经过长期的抗争，西夏终被蒙古所灭。

文明考古之谜

西夏王陵之谜

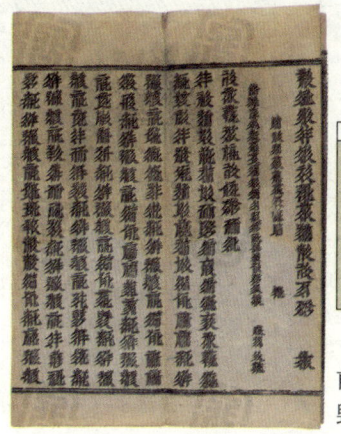

西夏文佛经

西夏文是西夏景宗李元昊于1036年命大臣野利仁荣创制的，共5000余字，形体方整，笔画繁冗，结构仿汉字，又有其特点。

1000多年前，西夏文明毁于蒙古铁骑之下，而西夏王陵无疑是解读西夏文明的化石。西夏王陵坐落在银川西郊的贺兰山下，是中国现存遗迹中保存最完整的帝王陵园之一。

■ 陵塔之谜

这里共有9座皇帝陵园和250多座达官贵人的墓葬。陵园内最为高大醒目的建筑，是一座高23米的夯土堆，状如窝头，上有层层残瓦堆砌，建于陵园的西北隅。

有学者认定，这座夯土堆在未破坏前是一座八角五层的实心密檐塔，"陵塔"之说便屡见报端。但塔式建筑缘何立于陵园之内，其功用如何，则少有人说得清楚。至于这座陵塔为什么要建在陵园的西北隅，学术界意见不一。

■ 碑文之谜

西夏王陵内还发现了很多残碑，这是西夏王陵惨遭蒙古军队破坏的见证，也是研究西夏历史不可多得的珍贵文物。从目前收集的3300多块西夏残碑来看，除了仁孝寿陵残碑可缀合出一块能读通的16字西夏篆文碑外，其他大量的残碑竟不能拼集出一篇完整的碑文来。于是人们猜想，陵区内有碑家存在，蒙古军队来不及砸碎的碑石，可能集中埋放在一个或几个大坑里。至于陵区出土的八九座石像座，有人说是碑座，有人猜想是柱础，至今没有定论，依然蒙着一层神秘的面纱。

西夏王陵遗址

西夏王陵是西夏历代帝王和贵族的埋葬地，陵园内200余座陪葬陵如众星拱月，围绕着9座帝陵。帝陵各自为一个完整的封闭式建筑群，分别由角楼、门阙、碑亭、外郭、内城、南殿、塔式灵台和神墙组成。

【百科链接】

西夏：

古代少数民族羌族中的党项族在1038年至1227年间在中国西部建立的政权。原是唐代的一个藩镇，北宋时夏国公李元昊正式称帝，国号大夏，史称西夏。

西夏文：

又名河西字、番文、唐古特文，是西夏党项族的文字，属表意体系。西夏景宗李元昊在大庆元年（1036年）命大臣野利仁荣创制，共5000余字，形体方整，笔画繁冗。

25

你知道吗，中国石窟艺术源于印度，印度传统的石窟造像以石雕为主，而敦煌莫高窟地区岩质不适合雕刻，故造像以泥塑、壁画为主。

▶ 石窟的开凿
▶ 躲避风沙
▶ 丝路重镇

敦煌莫高窟开凿之谜

莫高窟又名"千佛洞"，位于敦煌市东南25千米处鸣沙山东麓的断崖上，是我国三大石窟艺术宝库之一。保存有十六国时期至元代多种类型的洞窟700多个，壁画50110平方米，彩塑2700余身，唐宋木结构建筑5座，莲花柱石和铺地花砖数千块，是一处由建筑、绘画、雕塑组成的博大精深的综合艺术殿堂。这样一个令全世界瞩目的艺术明珠为什么会出现在如此偏僻荒凉的地方呢？

■ 石窟的开凿

关于莫高窟的选址与开凿，有一个流传很广的传说。在东晋十六国时期，一个名叫乐僔的和尚不畏路途艰险，一路从东往西参拜名山圣迹。366年，他到达敦煌，来到鸣沙山东麓的断崖前时，已是夕阳西下。乐僔看到落日在山背后放出奇异绚丽的光芒，给与鸣沙山相对的三危山抹上了玫瑰色的红妆，仿佛西方极乐世界。乐僔就在断崖前住了下来，一边坐禅修行，一边在峭壁上架空凿险、开凿石窟。

■ 躲避风沙

西北民族学院的胡孝宏副教授介绍，敦煌地处荒漠戈壁腹地，为使洞窟免遭风沙侵蚀，古人将莫高窟修建在鸣沙山砂砾岩上，坐西朝东，与东面的三危山隔河相望，呈蜂窝状排列的洞窟最高不超过40米。冬季，风沙主要从洞窟背面刮来，经过窟顶时，呈45度角吹下，与洞窟之间形成"死水区"，吹不到洞窟；夏季，东风盛行，莫高窟对面的三危山又成为天然屏障，使风沙无法直接威胁到

敦煌莫高窟外景
敦煌莫高窟俗称"千佛洞"，位于今敦煌市鸣沙山东麓的断崖上，有十六国时期到元代的洞窟735个，壁画50110平方米，泥塑彩塑2700余尊，集建筑、雕塑、壁画于一体，是中国规模最大、历史最悠久的石窟。

洞窟。因此，莫高窟成为风沙区域里一个最安全的地带。这是莫高窟之所以在此处开凿并能够保存下来的重要原因。

■ 丝路重镇

胡孝宏副教授还从社会经济角度分析了莫高窟开凿的原因。他说，敦煌在唐代是与长安、扬州齐名的全国大都市之一，丝绸之路开通之后，敦煌作为汉唐帝国通往西域的门户、中西文化的交汇点，成为繁华一时的贸易中转城市，各国商贾云集。来往商人为祈求生意兴隆、人身平安，需要高级道场举行祈祷仪式，加之当时佛教盛行，于是，一些世俗大户纷纷出资开凿石窟。一代复一代，终于形成了莫高窟千窟争荣的鼎盛局面。

以上观点皆为猜测，尚需考古发现印证。

敦煌壁画《张骞出使西域》
张骞出使西域本为贯彻汉武帝联合大月氏抗击匈奴的战略意图，但出使西域后汉夷文化交流频繁，中原文明通过丝绸之路迅速向四周传播，这恐怕是汉武帝没有料到的。

【百科链接】

极乐世界：
佛教术语，也称净土、乐邦，是佛教徒所信仰的没有苦难的理想世界，是相对于世俗众生所居的"秽土"而言的。

石窟：
原是印度的一种佛教建筑形式。佛教提倡遁世隐修，因此僧侣们选择崇山峻岭的幽僻之地开凿石窟，以便修行之用。中国的石窟起初是仿印度石窟开凿的，多在北方的黄河流域。

你知道吗，除了斯坦因和伯希和洗劫了藏经洞里的文书绢册之外，美国人华尔纳还用特殊的化学溶剂，剥走了7个洞中的26方壁画。

文明考古之谜

敦煌藏经洞之谜

伯希和在藏经洞中翻检经卷

伯希和于1906年至1908年间进入西域，深入敦煌莫高窟，对全部洞窟进行编号，并抄录题记、摄制大量壁画照片。伯希和熟悉中国古典文献，将藏经洞中的遗物全部精选一遍，廉价骗购了大量的藏经洞文献及绢画、丝织品。

敦煌莫高窟是集建筑、彩塑、壁画为一体的文化艺术宝库。这批时代不一、或整或残，佛道儒法、经史百家、律令俗书，幡绢绘画、铜佛法器兼而有之的藏品何以聚集，何故封存？

■ 废弃说

第一个来掠取这批宝物的外国人是匈牙利考古学家斯坦因。斯坦因从中挑选了许多写本、绢画，装了满满29箱，于1909年运到了英国伦敦，藏入伦敦大英博物馆。他对这批写本和绢画进行了研究，认为它们是当时敦煌各寺院中的废弃物。因为这些写本和绢画及佛教法器等都是宗教用品，非常神圣，是不可随意毁弃的，于是僧人们就把这些没多大用处的东西集中保存了起来。

■ 避难说

法国人伯希和并不同意废弃说。1908年，伯希和进入藏经洞时，虽然洞内的宝物已被斯坦因洗劫了一部分，但剩下的东西也

足以让这位法国人大饱眼福。因为伯希和是一位汉学家，比较内行，所以他掠取的文物虽然数量上没有斯坦因多，但质量远远高出斯坦因所洗劫的。

伯希和研究了他所掠取的文书，认为这些文物是当时为了躲避战乱而被封存起来的。唐代安史之乱爆发后，驻扎在敦煌的军队被调入内地平定叛乱，生活在青藏高原的吐蕃乘机占领了敦煌。唐宣宗时，敦煌一带的人民发动起义，摆脱了吐蕃的控制。党项人建立的西夏政权经过先后两次战争，最终于1068年攻占了敦煌。但藏经洞中没有西夏文书，而且藏品的堆放也比较杂乱。所以伯希和认为，在党项人第一次攻打敦煌时，为避免兵灾，僧人匆忙将这些东西堆入洞中，封了起来。

以上说法，似乎都有一定的道理，但都证据不足。看来，要想解开敦煌藏经洞之谜，还需要专家、学者们的进一步努力。

敦煌九层楼

第96窟是莫高窟最高的一座洞窟，其外附岩而建的"九层楼"是莫高窟的标志性建筑，内有弥勒佛坐像，高33米，由石胎泥塑彩绘而成，是中国国内仅次于乐山大佛和荣县大佛的第三大坐佛。

1

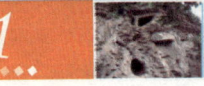

你知道吗：据考古学家勘察，乾陵从墓道口到墓门长631米，共39层，全用石条填砌，各层石条再用铁栓板固定，并灌注了铁汁，坚固异常，所以从未被盗过。

▶ 蕃臣列队
▶ 头颅何在

乾陵无头石人之谜

乾陵是唐高宗李治与女皇帝武则天的合葬之地，是世界上唯一的一座夫妻皇帝合葬陵。它凿山建穴，规模宏大，收藏丰富，1000多年间，原封未动。特别引人注目的是乾陵南门朱雀门外东西两侧的两组石人群像，石像整齐恭敬地排列于陵前。令人不解的是，这些石像都没有头颅。这些石像为什么没有头颅？它们的头颅去哪儿了呢？这些都是未解之谜。

■ 蕃臣列队

很长时间以来，人们根据乾陵的建造背景与石像背部的文字记载进行考证，认为它们大约建成于武则天去世前后，这些神态各异的石人都是依照当时唐王朝属下的一些少数民族酋领、朝廷文武官员和外国国王、王子以及特使的真人雕刻而成的。石人有的身穿圆领口、紧袖口的武士袍，有的身穿宽袖、圆领褶袍，有的身穿翻领的窄袖短袍，有的肩挂弓，有的腰佩刀，服饰不同，形态各异。统治者安放这组群雕的用意在于宣扬大唐王朝国力雄厚、统治四夷，表明蕃臣归命中央、宿卫宫阙的历史事实。

六十一蕃臣石像

六十一蕃臣石像是依当时唐王朝属下的少数民族官员和邻国王子、使节而制，石人像背部刻有国别、官职和姓名，今字迹可辨认者有"木俱罕国王斯陀勒"、"盛于阗王尉迟"、"吐火罗王子持羯达犍"、"默啜使移力贪汗达干"、"播仙城主何伏帝延"等。

■ 头颅何在

可这些石像为什么都没有头颅呢？

一种说法是，这些石像的头被八国联军砍掉了。民间传说清朝末年八国联军侵华时，见乾陵前立有外国使臣的石像，各个毕恭毕敬，觉得这有辱洋人的脸面，于是把它们的脑袋统统砍掉了。但据史书记载，八国联军侵华时足迹并未到过陕西，更不要说乾县的乾陵了。看来此说不确。

另一种说法是，石像的头颅是被明朝的百姓砸掉的。据说明朝末年乾县暴发瘟疫，死去的百姓不计其数。百姓认为瘟疫可能是乾陵中的这些少数民族首领和洋人在作祟。还有谣言说，每当日落西山、天渐黄昏之后，乾陵旁的石人就会变成面目狰狞的妖怪，这些妖怪践踏庄稼，吃牛、吃猪，还害人得病，使路上行人断绝，市井萧条。于是大家纷纷用铁锹、锄头等猛砸这些石人，使它们身首异处。这种说法虽然有一定的可信性，但尚未找到确实的证据，地方志上没有记载，后人也没发现石人头颅的踪迹。所以直至今天，这个谜仍无人能解。

乾陵

乾陵是中国乃至世界上独一无二的一座两朝帝王、夫妻皇帝合葬陵，是唐代帝王"因山为陵"葬制的典范。帝陵神道两侧矗立有石翁仲，几乎完整无缺。

28

敷衍罪孽
任人评说

你知道吗：自宋金开始，无字碑上出现游人题字，历经宋、金、元、明、清各代，上面镌刻了许多文字，自然形成了评价武则天的"碑文"。

文明考古之谜

武则天无字碑之谜

武则天像
武则天前后执政近半个世纪，上承"贞观之治"，下启"开元盛世"，史称"贞观遗风"，她是我国封建时代杰出的女政治家。

在乾陵北侧的司马道上，有两块高7.53米的石碑，西面为"述圣碑"，碑文由武则天拟定，唐中宗书写，内容是为唐高宗歌功颂德；东面则是武则天为自己所立的无字碑，碑由一块巨大的整石雕成，宽2.1米，重98.8吨。碑头雕有8条互相缠绕的螭兽，饰以天云龙纹；碑座刻有骏马饮水、雄狮、云纹等图案；碑体无一字。武则天为何要为自己竖一块"无字碑"呢？

■ 敷衍罪孽

有人认为，武则天立无字碑是因为自知罪孽太大，感到还是不写碑文为好。第一，武则天以阿谀奉承的手段骗取高宗信任，从地位较低的才人爬到掌握大权的皇后，最后窃据皇位；第二，她培植党羽、建立宫廷奸党集团，打着"李唐朝廷"的旗号，消灭异己；第三，她任用酷吏，实行告密和滥刑的恐怖政策；第四，唐初社会经济发展呈马鞍形，而武则天当政时期处于最低处；第五，她当政期间失掉了安西四镇，危害了国家的统一。因此，武则天上台是"历史的一次逆转"，她是无颜为自己立传的，只能用无字碑来敷衍搪塞。

■ 任人评说

还有人认为，武则天是一个聪明的人，立无字碑也是聪明之举——功过是非让后人去评论，这是最好的办法。因为武则天执政期间，施政有值得肯定的地方，同时也有应该否定的地方。武则天当政时期，贞观以来经济发展的趋势仍在继续；在处理唐高宗去世前后复杂的局势中，她表现出不凡的政治才干，就"纳谏"和"用人"这两点，连许多具有封建正统思想的人也赞叹不已。但是，武则天执政期间的消极面也十分突出，她为了巩固个人的地位，任用酷吏，滥杀无辜，崇信佛教，奢侈浪费；特别是统治后期，朝廷政治日趋腐败，形成了一批因自己的纵容支持而得势的新的特权贵族。武则天逝世当年已被迫交出权力，还政于唐中宗。她知道对于自己的一生，人们会有各种各样的评价，碑文写好写坏都难封众口，因此决定立无字碑，功过是非由后世去评说。

武则天立的无字碑为后世出了一道难题，关于立碑的原因，人们至今仍争论不休。

无字碑
整个无字碑高大雄浑，雕刻精美。竖碑时不铭唐人一字，为后世留下诸多待解之谜。

【百科链接】

述圣碑：
武则天为纪念唐高宗李治而立的一通功德碑，立于乾陵的司马道上，通高7.53米，碑顶、身、座正好为七节，表示日月金木水火土，故又名"七节碑"。

安西四镇：
唐朝前期在西北地区设置的由安西都护府统辖的4个军镇，包括龟兹（今新疆库车）、焉耆（今新疆焉耆西南）、于阗（今新疆和田西南）、疏勒（今新疆喀什）。

29

你知道吗：栖霞山西侧称枫岭，生长着成片的枫树，每到深秋，漫山红遍，景色十分迷人，是栖霞山吸引游人的主要景致。

▶ 栖霞佛龛知多少
▶ 御牌石刻失踪之谜
▶ 栖霞飞天壁画之谜

栖霞寺千佛岩之谜

栖霞山风景迷人，山上的栖霞寺千佛岩更是被誉为"江南云冈"。关于栖霞寺千佛岩也有众多不解之谜。

■ 栖霞佛龛知多少

据史书记载，栖霞寺千佛岩石窟共有佛龛294个，佛像515尊，号称千佛。近年来，考古学家又在龙山、中峰、栖霞行宫等处岩壁发现大小不等的佛龛近30处。栖霞山除栖霞寺千佛岩外，其他地方究竟还有多少佛龛恐怕一时间没人能说清楚。

■ 御牌石刻失踪之谜

传说清朝乾隆皇帝第一次南巡至栖霞寺时，曾赐刻数块御碑，不过据传第一块御碑已经在千佛岩纱帽峰佛龛被盗了。直到2002年栖霞寺装修时，这块御碑才从寺墙中惊现于世。相传乾隆在栖霞山留下御碑达8块之多，现在发现的仅有4块。那么是何人、在何时、又是出于什么目的将御碑砌入寺墙的？余下的御碑又在哪里？

■ 栖霞飞天壁画之谜

2000年，栖霞寺发现了两处飞天形象。一处在千佛岩中的第102窟，其形象与莫高窟隋代飞天相似；另一

栖霞寺
栖霞寺历史上几易其名，最初称栖霞精舍，唐时改名功德寺，五代十国时改为妙因寺，宋代又改名为普云寺、栖霞、崇报寺、虎穴寺，明代复称栖霞寺。

处飞天形象出现在舍利塔横楣的石雕上，其形象近似于莫高窟第161窟窟顶的天宫伎乐飞天。有人认为，栖霞飞天是隋唐石窟艺术最成熟时期的作品。但也有专家认为，栖霞飞天是唐代或唐代以后的作品。

日本奈良法隆寺也有类似莫高窟、云冈、龙门、栖霞的飞天壁画，部分学者认为它们的源头就在栖霞寺。因为唐天宝年间鉴真和尚东渡日本时，曾在栖霞寺逗留了3天，很可能是鉴真将栖霞飞天带往日本的。但这也只是推测，尚待考证。

【百科链接】

摩崖石刻：
石刻中的一个类别，就是利用天然的石壁刻文记事的石刻。

飞天：
佛教传说中乾闼婆和紧那罗的化身。乾闼婆为天歌神，紧那罗为天乐神，他们原是古印度神话中的娱乐神和歌舞神，后被佛教吸收为天龙八部众神之一。他们的任务是在佛国里散发香气，奏乐歌舞。

栖霞寺千佛岩石窟
栖霞寺千佛岩石窟始凿于南齐永明二年（484年），现有石窟佛龛200多个，石像500多尊。

- 神秘而精确
- 谜团重重

你知道吗：凤凰山上原本有许多无底深潭，潭中有不少鱼鳖。1992年，村民把一处深潭的水抽干，没有发现一条鱼，却发现了一个地下洞窟。

文明考古之谜

龙游地下石窟之谜

1992年6月2日，浙江省龙游县石岩村的几位村民将凤凰山上一个地下洞窟的水抽干时，发现洞下面竟是一处庞大的地下工程，这就是龙游地下石窟群。该石窟群包括近80座石窟，体积约为160万立方米，被人惊叹为"世界第九大奇观"。

■ 神秘而精确

已发掘的石窟洞内四壁从上到下笔直而平整，洞顶切割得非常精确，凿痕线条清晰，匀称细密。从洞口至洞底均有一条宽大石阶，石阶呈波浪形；每个洞窟的底部均有一两个凿挖而成的石池和人工斜坡；洞窟唯一的出入口均在顶部，洞口呈长方形，左侧有一道直达窟底的梯级；石窟在进入洞口之后向下、向前和向右扩展开去，除了几根支柱之外，窟里没有其他的间隔。到深约30米窟底的时候，这些石窟的平均面积已达到1000平方米，平均体积达到3.5万多立方米。这些石窟有些相邻，有些分散，相邻的并不相通，高高低低布满山中。整个石窟的整体建造工艺水平相当高。遗憾的是，洞内没有任何文字提供给后人，只是在

龙游石窟

龙游石窟每个洞窟顶部呈漏斗形，洞窟内科学地分布着3根至4根巨大的石柱，与洞顶浑然一体。更让人叹为观止的是洞壁、洞顶和石柱上都均匀地留下了古人似乎带有装饰意图的凿痕。

洞壁上有一些奇特的符号和图腾，如石刻的马和鸟等。

■ 谜团重重

石窟究竟是谁、在哪个年代、为什么而造这些疑问至今没人能解释清楚。根据洞壁上的图腾和符号，有人认为此石窟是古代越人所造。但也有人认为那些符号是甲骨文之前的象形文字，据此判断，石窟是比甲骨文更早的史前时代的产物。然而，即使是现代工程师，利用现代机械化的工具，要想开凿出80座石窟来，其工程难度也相当大，而早在几千年前，开凿者是怎样解决如此庞大工程的设计、勘探、测量、照明、废料运输、地下抽水、排水等一系列难题的呢？他们又是用什么工具和设备来切割洞顶和洞壁的？真是有点令人百思不得其解。

至于龙游石窟的建造用途，有人说它本是古代的"采石场"，有人说它是"帝侯墓穴群"，有人说它是"古代宫殿"，也有人说它是"官方战备仓库"、"道家福地"、"军事基地"、"巨石文化"……说法虽多，但基本上都是一些猜测，没有多少确凿的依据。

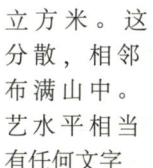

龙游石窟入口

石窟的出入口均在顶部，呈长方形，面积约为20平方米。出入口的左侧有一道直达窟底的梯级。

1.

你知道吗：为早日破译神秘的红崖天书，贵州省关岭布依族苗族自治县悬赏100万元征集破译解释。

▶ 与诸葛亮有关
▶ 少数民族古文字

红崖天书之谜

红崖位于贵州省关岭县城东约7.5千米的晒甲山上，它是一面绯红的石崖，长约100米，高30余米，远远望去很像一幅巨大的红色横幅悬挂在晒甲山山顶上。在石崖右方宽10米、高6米的范围内，刻着十几个奇形怪状的古文字，没人认得，被称为"天书"。这些字共有19个，不成行排列，错落参差，大小不一，大者1米见方，小者十几平方厘米，若篆若隶，古朴浑厚。

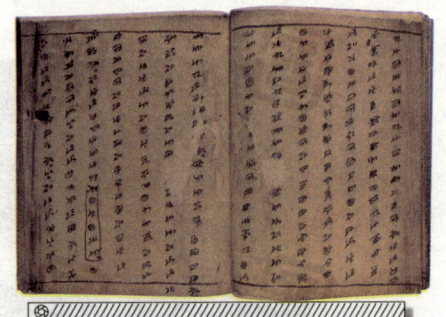

彝文古籍
彝族生活在我国四川、贵州、云南等地，有自己的语言和文字。彝文是一种音节文字，约形成于13世纪，明清时有记载古彝文"字如蝌蚪"。

■ 与诸葛亮有关

相传关岭县是三国时期诸葛亮南征的宿营地，至今这里还有许多当年蜀军屯兵打仗的遗迹。那么，晒甲山上的红崖天书会不会与诸葛亮有关呢？

红崖天书
红色岩壁上那些褐红色的神秘符号非雕非凿，了无刻痕，经数百年风雨剥蚀，却能依然如故，色泽似新。

晒甲山也被当地人称为红岩山。现在我们所能找到的有关红崖天书的最早文字记载，是《黔语》里的一首诗，其作者是邵元善，是一位举人。邵元善是贵州盘县人，他在贵州生活多年，必然听说过诸葛亮的一些事迹，在看到红崖天书后，也必然做过一些考证，他的一些见解应该是可信的。邵元善的诗中提到，红崖天书是当年诸葛亮与当地少数民族结盟纪念的一种图谱。这种说法在明代以后的地方志中都有转述，因此红崖天书又被称为"诸葛碑"。

■ 少数民族古文字

虽然天书难以解读，但大多数学者都认为天书属于汉文字。而清代学者赵之谦根据关岭地区自古少数民族聚居的特点，提出了天书文字是苗民古语的看法。

《贵州通史·金石志》的作者不仅认为天书是苗民古书，而且更具体指出是古彝族古文。民国初年的著名学者姚茫父还写了一首诗："何时济火碑重出，汉刻非遥或可搜"诗中的"济火"，就是当年助诸葛亮南征的彝族首领，是当今贵州境内彝族的始祖。数年前，贵州大方县出土了济火记功碑，碑中书刻乃原始变异的古彝文。这块古彝文记功碑的出土，为破解红崖天书带来了振奋人心的消息，可至今史学界对此碑产生的年代仍然争论不休。证物尚且阙疑，又怎能以此为准破解天书呢？

- 殷高宗伐鬼方
- 建文帝讨逆檄文
- 天然形成

你知道吗：红崖天书并非镌刻在山崖上的，所以无法拓取，曾有人用桐油石灰填糊字画四周，成其阴文拓取，致使岩面铲脱，字形也失去了本来面目。

文明考古之谜

■ 殷高宗伐鬼方

湘籍学者邹汉勋则认为红崖天书的内容"当为殷高宗伐鬼方还，经其地记功之石，世人以其在诸葛营旁，称之为'诸葛碑'，非也！"同时，邹先生将天书之文训释为25字，并破译其意为：殷高宗攻克鬼方，除暴安良，东还经卤，这里的郡长都归顺了，殷高宗又分兵东进义播，南去自由（指缅甸）。邹汉勋又从金石学角度指出，红崖天书"结体之古茂，文义之雅奥，非尚质之世，断不能为，观其磅礴之气，盖已上侪禹碑，下陋秦石"。此论赢得了金石学家潘祖荫、汉学家祁寯藻的赞许。

所以，红崖天书又有"殷高宗伐鬼方记功之石"说。但是殷高宗时期距离现在已经有很长时间，而发现红崖天书不过是明朝时期的事，那么在明朝之前为什么没有人发现呢？显然这种说法还有待于进一步考证。

■ 建文帝讨逆檄文

1999年11月，江南造船集团公司高级工程师林国恩发表了他对红崖天书的最新破译成果。他认为，红崖天书是明建文四年（1402年），建文帝被朱棣篡夺了皇位逃到贵州后，使用变体组合文字所书写的讨伐朱棣篡位的檄文。他的译文是这样的："燕反之心，迫朕逊国。叛逆残忍，金川门破。杀戮尸横，罄竹难书。大明日月无光，成囚杀之地。须降伏燕魔做阶下囚。丙戌（年）甲天下之凤凰（御制）。"

林国恩的说法得到了当时许多学者的赞同，因为据有关史料记载，靖难之役后，建文帝的确逃遁到了贵州某地出家隐居以避灾难。但这一观点并无有力的直接证据支持。

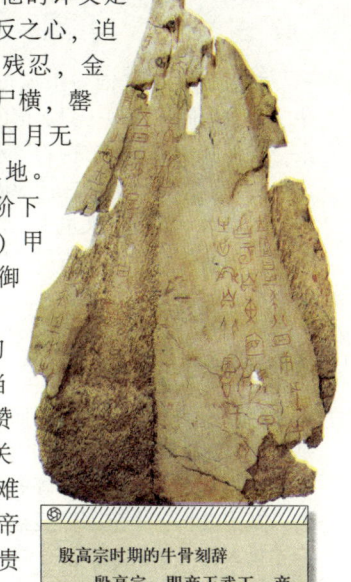

殷高宗时期的牛骨刻辞
殷高宗，即商王武丁，商代的中兴之君。他曾对殷商西北的少数民族连年用兵，对鬼方的战争持续了3年，从而扩展了商的版图。

布满"天书"的山壁
红崖天书以其神秘的魅力吸引了众多学者对其进行孜孜不倦的研究。

■ 天然形成

有一位叫周继厚的专家通过实地考察后著文指出，红崖天书是沉积岩风化形成的，是自然界固有的。因为关岭县一带在地质史上是寒武纪康滇古陆东面的潟湖区，在远古时期，溶于水的或被水冲来的各种矿物质和有机质大量沉淀于湖底，经过许多年的地质变化，水退后，这些沉淀物在风化作用和火山作用下形成了沉积层，再经过不断的风化改造，就成了现在的样子。

尽管红崖天书新解不断，但目前仍没有一个令人信服的解释。看来，要想真正破译红崖天书，还需要专家学者们付出更大的努力。

1

你知道吗，抚仙湖水质清澈，其中生长着一种特有的鱼，通体银白，每逢风浪起时就集群于水面迎风搏浪，呼吸清新的氧气，被称为抗浪鱼。

▶ 众说纷纭
▶ 最新探测结果

抚仙湖水下古城之谜

　　抚仙湖位于云南省玉溪市澄江、江川、华宁三县之间；形似一只放倒的葫芦。长久以来，抚仙湖一带一直流传着"水下古城"的传说。1992年，从小生活在抚仙湖边的职业潜水员耿卫在水下发现了大量人工建筑的遗迹。一时间，国内传媒界、考古界热闹起来，形成了一股水下古城热。

■ 众说纷纭

　　近年来，有人提出，抚仙湖水下遗迹可能是古滇国都城或者西汉俞元古城的遗址。

　　根据司马迁《史记》等史书记载，战国时期，楚国欲将势力范围扩展到西南，便派出大将庄蹻率领大军来到滇地（今云南地区），征服了当地的少数民族。正当庄蹻准备班师回朝之际，偏偏赶上秦国入侵楚国，切断了他回国的道路。庄蹻索性在滇地称王建国，史称"庄蹻王滇"。到了汉武帝元封二年（公元前109年），中央王朝把滇国所在区域设为益州郡，下辖24个县，滇王成了名义上的统治者，古滇文明逐渐衰弱，渐渐融入中原文明。由于缺少文字记载，关于古滇国的一切逐渐湮没，成为一个历史之谜。

抚仙湖
抚仙湖风光秀美，其水下古城更加吸引人。

　　至于俞元城，在有关的史料记载中曾有描述，西汉王朝在抚仙湖一带设立了俞元城，可是这个城市到隋唐以后就再没有任何记载。澄江当地一直都传说俞元古城和城内的人都沉到了湖底。

水下的石板
经专家鉴定，这块出自抚仙湖水底的石板明显有人工加工的痕迹。

■ 最新探测结果

　　2006年，有关部门组织了抚仙湖水下探秘活动，找寻到了更多可以佐证水底古建筑群归属的文物。专家们研究后认为，这片水下聚落并不是古滇国都城或者俞元古城，它的建造时间可能比这两者更早。

　　首先，通过声呐探测扫描，确定这片水下遗迹的面积大致为2.4平方千米，这么大的城市规模不是一般都城或者郡县所能达到的。

　　其次，建筑结构不一致。无论古滇国国都还是俞元城，建筑结构都应为土木结构，而水下古建筑群结构以石砌为主。

　　第三，出土文物的符号、图案与前两者的时代不太吻合。这次探秘发现的许多文物图案都只是简单的勾勒，看上去更原始、古老。

　　看来想要解开抚仙湖水下古城之谜，还有待于更长期艰苦而细致的考古发掘和研究。

Part 2
历史悬案之谜

你知道吗：三皇五帝是中国在夏朝以前出现在传说中的"帝王"。一般认为三皇包括神农氏、燧人氏、伏羲氏，五帝有黄帝、颛顼、帝喾、帝尧、帝舜。

▶ "帝"是什么
▶ 源于"花蒂"
▶ 来自太阳

"帝"从何来

中华民族上古时代的历史起源于"三皇五帝"。自古以来，人们都把其中的炎帝和黄帝看作我们的老祖宗，看作中华民族的源头。但是你知道"帝"这个字最初是什么意思，又是怎么来的吗？学术界对此也是众说纷纭。

■ "帝"是什么

历史学家金景芳认为，我国古籍中，帝、后、伯、王这几个表示首领的概念原本是有区别的。"帝"是部落联盟军事首长的称呼，而"后"与"伯"指的是部落首长，"王"则是奴隶制国家最高君主的称号。他认为，尧舜禹时代的所谓"帝"，和希腊英雄时代的巴赛勒斯、罗马王政时期的勒克斯一样，都是军事民主制时期军事首长的名称。

而另一位学者刘复则认为，"帝"最早是用来指称天神的，古人心目中的帝就是"天帝"。到了秦朝，秦始皇自称"皇帝"，帝才慢慢变成了对人间之王的称呼。

■ 来自太阳

学者张舜徽则认为"帝"来自"太阳"。我国古代用"帝"字来代表天神和统治者的尊称，是以自然界威力最强、造福人类最大的东西来命名的。他认为，"帝"字字义的根源，是由"日"字来的。就文字形状说，卜辞中的"帝"字很像日光四射的样子，后来刻写的人为了书写方便，才把圆形写成方形。由于日光的威力在自然界中最为巨大，人们使用它来代表天神和统治者，便不难理解了。所以被统治者怨恨统治者的严重剥削时，便有"时日易丧"（这太阳什么时候灭亡）的诅咒。

八角星纹彩陶豆

豆是一种敞口喇叭足的食器。该豆通身施红色，腹部用白彩绘出八角星纹，并用黑线描边。八角星纹应该来自太阳崇拜。以农业为本的原始人对太阳极端崇拜，有的将其首领当作太阳的化身，"帝"字可能与此有关。

■ 源于"花蒂"

著名学者王国维认为，"帝"来源于"花蒂"。他说，帝者，蒂也，像花朵之形状。郭沫若继承此说，并进一步加以发挥，认为"帝"字象征花蒂，花的子房熟了就会长得很大，而且里面孕育出来的种子可以化育千万子孙。帝之所以用为"天帝"的意思，是因为天帝乃是神人，能化生万物，创造一切东西，而花蒂正有这种化生的作用，所以就借用过来了。这也是远古生殖崇拜的一部分。

【百科链接】

子房：
被子植物花中雌蕊的主要组成部分，由子房壁和胚珠组成。传粉受精后，子房发育成果实。

巴赛勒斯：
根据摩尔根以及恩格斯的研究，古代希腊人和罗马人的早期国王只是军事统帅或军事首长，并非后来拥有政治统治权力的真正国王。表示早期国王的用语，在希腊叫"巴赛勒斯"，在罗马叫"勒克斯"。

炎帝

炎帝，号神农氏，华夏始祖之一，与黄帝（轩辕氏）并称为华夏始祖。传说中上古时期姜姓部落的首领，又称赤帝、烈山氏。

- 性别之谜
- 补天之谜
- 归葬之谜

你知道吗，湖南长沙马王堆汉墓出土的帛画中，有一幅人首蛇身的神像，不少学者认为其就是目前发现的最早的女娲像。

历史悬案之谜

女娲之谜

女娲是中国上古神话中的创世女神。传说她用黄土仿照自己的样子捏成人，创造了人类社会。后人将她当作人类的始祖和婚姻之神。关于女娲也有众多未解之谜。

■ 性别之谜

女娲是男是女？古籍中有不少关于女娲为女性的记载。《太平御览》卷七十八引《帝王世纪》云："女娲氏亦风姓，承庖牺制度，亦蛇身人首，一号女希，是为女皇。"历代不少人谈及著名女性时，也往往以女娲为例。

但是清代学者赵翼认为，女娲原为男性，是被后人讹传为女性的。他指出，女娲本姓风，号为女希氏，是上古时帝王中的圣贤之君。因为当时没有文字，只有一个称呼，后人因音成字，写作女娲，并不是指他的性别为女。而且《道藏》中将伏羲、女娲、神农并称三皇，也是把女娲作为男子看待的。

■ 补天之谜

王充《论衡·谈天篇》对女娲补天提出疑问，他说，天非玉石之类，岂石所能补？女娲虽高，岂能及天？不能及天，又哪有阶梯可上？而且，断鳌足作为四极的支天柱，也甚为荒唐。又说，鳌足即能支天，其体必更大，天地间如何能容？如此大鳌，其皮肤必如钢铁之坚，女娲如何将它杀死？当然，对于神话传

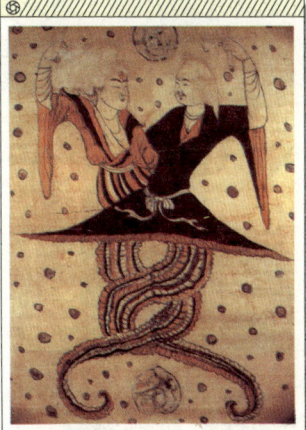

伏羲女娲图
传说女娲与伏羲是兄妹，二人交合而产生了人类。后来，女娲禁止兄妹通婚，这反映了中国原始时代由血缘婚进步到族外婚的情况。

说，王充进行如此认真而机械的驳斥，似无必要。

明代陆子渊认为，上古时人茹毛饮血，不知用火，女娲炼五色石取火，使夜得光明，食得烹饪，这实际上是补天之所不及，即后世所谓"焚膏继晷"之意。清代赵翼对陆说又提出疑问：发明使用火的是燧人氏，为何归于女娲？赵翼认为，五金有青黄赤白黑五色，皆生于石中，女娲首先识别它们，并用火锻炼出来，制为器物工具之类，此举可补天力之缺，故传为炼石补天。据此，女娲补天又被解释为原始冶金的发明和应用。

■ 归葬之谜

女娲的陵墓在何处？有人认为在山西永济县风陵渡。因为史载女娲姓风，所以女娲陵又称风陵，地名应该叫风陵陂或风陵堆。

此外，还有人认为女娲墓在陕西潼关县、河南阌乡（今属灵宝县）、山西赵城县（今山西洪洞县赵城镇西南）、山东济宁等等，众说纷纭，不一而足。

女娲像
女娲是受到中国民间广泛崇拜的创世神和始祖神，她神通广大、化生万物，每天至少能创造出70样东西。

37

你知道吗:"蚩"字在古代是贬义词。《说文解字》中释为"虫也",用今天的话说就是"小爬虫"之类。

▶ 传说中的蚩尤
▶ 是战神还是外星人

战神蚩尤之谜

蚩尤像
蚩尤相传是中国苗族的先祖,善于打仗,被称为"战神"。

关于黄帝战蚩尤的传说我们耳熟能详,但蚩尤是什么人,历来传说不一:有的说他是"古天子",有的说他是"诸侯",有的说他是"庶民"。蚩尤属于哪一个民族,也历来传说不一:有的说他是九黎族的君主,有的说他是东夷族的首领,有的说他是苗蛮族的酋长……

■ 传说中的蚩尤

传说蚩尤长相十分奇特:铜头、铁额、人身、牛蹄,四只眼睛、八个脚趾,头上有角,耳鬓像戟,身上还有翅膀,能飞空走险,能吞沙吃石,还能运用人类语言,是一种怪物,被人称为"战神"。

古书上记载蚩尤的死也十分奇特:黄帝派应龙在"凶黎之谷"杀了蚩尤,使其身首异处。蚩尤被杀后,人们为他垒了两座坟,一座在山东寿张的阚乡,高七丈,老百姓常常在十月祭拜他。他的坟头上常有赤气冒出,像一匹绛色的帛,人称"蚩尤旗";另一座肩髀冢在山东巨野的重聚,大小同阚冢相等。

也有记载说,蚩尤并没有被杀,黄帝降服了蚩尤后,派他当了军事统帅,控制八方。

■ 是战神还是外星人

《世本·作篇》说:"蚩尤作五兵:戈、矛、戟、酋矛、夷矛。"《管子·地数篇》说,蚩尤用葛卢山流出的金属水制成了剑、铠、矛、戟,又用雍狐山流出的金属水制成长戟、短戈。

经考证,在许多古代文化遗址中,仅有两处与炼铜有关:一是与蚩尤生活年代大体相同的山东龙山文化遗址,在龙山文化遗址挖掘出一些炼铜渣和孔雀石一类的炼铜原料,却没有铜制兵器;二是河南二里头文化遗址,这里发现了青铜兵器,但经过C_{14}测定,这些兵器应该是夏朝的物品,那是距蚩尤以后1000年的朝代了。而史料中的蚩尤不但有大量兵器,且能用于大规模的实战,人们不禁要问,这是当时地球人能做到的吗?

基于这样的怀疑,有人开始大胆地猜测,蚩尤是不是一台破空而来的智能机器人?涿鹿之战,是不是一场爆发在地球上的有天外来客参加的星际战争。

无论是考古学家还是普通人,都是通过神话来了解那个遥远的上古时代的,因此任何基于传说的假说和想象都拥有一定的合理性,但都难以形成定论。

黄帝战蚩尤画像石拓片
涿鹿之战奠定了华夏族据有广大中原地区的基础,并起到了进一步融合各氏族部落的催化作用。取得这场战争胜利的部族首领黄帝从此成为中华民族的共同祖先,并被逐步神化。

【百科链接】

九黎:
中国上古传说中的一个族群,居住在长江流域,共有9个部落,每个部落有9个氏族,蚩尤是他们的大酋长。九黎涿鹿大战失败后,一部分留在北方,建立了黎国;一部分参加了黄帝部落联盟,可能即"黎民",逐渐融合于华夏族;另一部分退回到南方江汉流域,建立了三苗部落联盟。

- 让贤说
- 篡位说
- 选举说

你知道吗，据记载，尧姓伊祁，名放勋，号陶唐，封于唐地，所以又称"唐尧"。

历史悬案之谜

尧舜禅让之谜

尧舜禅让画像石

禅让制实际上是以传贤为宗旨的民主选举首领制度，后被禹的儿子启破坏，代之以"家天下"的世袭制。

尧是远古时期有名的贤德之君，他不唯亲是举，而是大力举荐有才干的舜为自己的继任者，这就是历史传说中有名的"尧舜禅让"。但是现在有人开始怀疑这种说法的真实性，毕竟这仅仅是远古流传下来的一个传说，到了春秋时期才有人把它诉诸于文字。所以，关于尧舜之间权力交接的真相，就成了一个千古疑案。

■ 让贤说

传说尧86岁时觉得自己年老力衰，于是让大家推举贤能的"接班人"，大家一致推举很有威望的舜。尧决定先考验舜。尧把自己的两个女儿娥皇和女英都嫁给了舜，并且派舜到各地去同人们一起干活。舜每到一个地方，人们都愿意跟随并拥护他。

通过几年的考验，舜让即将"退休"的尧很放心，于是尧择一吉日在京城南郊举行了盛大的禅让仪式。当尧庄严地把权杖交给舜时，臣民们发出了雷鸣般的欢呼声。这就是史书所说的"尧舜禅让"。

■ 篡位说

史学家根据史书记载，得出了"禅让"实质是"篡位"的看法。舜取得了行政管理大权后，曾经进行了一系列的人事改组。例如，舜起用了被尧长期排除在权力中心之外的"八恺"、"八元"，历史上称之为"举十六相"，这表明了舜在扶植亲信；而他把尧的亲信浑敦、穷奇、梼杌、饕餮等排出权力中心，历史上称为"去四凶"，这显然是排除异己。这次人事改组后，尧大势已去，他的悲惨命运也就开始了。《括地书》中就有许多记载，如尧被舜软禁起来，不准同儿子、亲友见面，尧的儿子丹朱也被放逐到了丹水等。

■ 选举说

有学者结合社会发展史加以考证，认为"禅让"实际上是一种部落选举方式。如中国史上的乌桓族，在汉代时，若干部落为一部，推选"勇健能理决斗讼相侵犯者"为大人，大人有所召唤，部众莫敢违犯。实际上这"大人"就是我们所说的王。其他如鲜卑、契丹、蒙古等民族也是如此。由此推之，汉民族的上古时期也不会例外。只不过这种寻常的推选被后人粉饰成神圣而又光彩非凡的"禅让"罢了。

关于尧舜的权力交接，由于没有确切的历史记载，至今仍是一个未解之谜。

唐尧像

中国古代传说中的圣王，乃黄帝的后代。姓伊祁，名放勋。因封于唐，故称"唐尧"。

2.

你知道吗：有人说，大禹治的并不是滔滔的长江、黄河之水，而是海平面上升导致的海水倒灌，属于世界性灾害。

▶ 在河南　▶ 在浙江
▶ 在安徽　▶ 在四川

"涂山"之谜

相传禹30多岁时娶涂山氏女为妻，又曾为治水而会盟诸侯于涂山。然而，涂山究竟在哪里？由于文献记载简略，相同地名较多，形成了数种不同的意见。

■ 在河南

一种说法认为，传说中的涂山在伊洛、陆浑一带的三涂山，即今河南嵩县。《逸周书·度邑解》记载了周武王营建洛邑时的设想："其有夏之居，我南望过于三涂，北望过于有岳鄙，顾瞻过于河，宛瞻于伊洛。"《水经注》、《读史方舆纪要》也都说三涂即涂山，山上有王母祠、王母涧。王母即涂山之女、大禹之妻。

大禹陵

大禹陵位于浙江省绍兴城东南会稽山麓，是我国古代治水英雄大禹的葬地。

■ 在安徽

一种说法认为，涂山在寿春，即今安徽寿县。《左传·哀公七年》曰："禹会诸侯于涂山。"杜预注此涂山在寿春县东北。据说，这里是大禹会盟诸侯的地方。

■ 在浙江

还有人认为涂山在今浙江绍兴县西北四十五里处。《越绝书》、《吴越春秋》以及《史记·越王勾践世家》都说涂山在越国故都会稽（今浙江绍兴），并指出这里是大禹娶妻之处。

■ 在四川

《华阳国志·巴志》提出，涂山在江州涂山县。古之江州即今之重庆，那里有禹王祠和涂后祠。还有人认为涂山在今四川北川。汉代扬雄《蜀王本纪》和唐代地理书《括地志》都说禹生于石纽山，即今四川北川县。

以上种种说法虽都有一定的史料依据，但都无法完全令人信服。因此，关于涂山在哪，还需要史学家进一步考证。

禹王像

姓姒，名文命，夏后氏首领，传说为帝颛顼的曾孙。他的父亲名鲧，母亲为有莘氏女修己。相传禹治黄河水忠有功，受舜禅让继帝位。禹之子启是夏朝的第一位天子。

【百科链接】

候人兮猗：

传说大禹和涂山氏之女女娇婚后不久，就又到别处巡视灾情去了。女娇思慕大禹，便开口唱道"候人兮猗"，其中"候人"就是"等人"的意思，"兮猗"是语气词。据说，这就是中国第一首情诗。

- 纣王的本来面目
- 暴君的诞生

你知道吗：据说纣王是历史上第一个使用象牙筷子的人。

历史悬案之谜

商纣王是暴君吗

在文学典籍中，商纣王是一个人人痛恨的无道荒淫的暴君。然而商纣王的本来面目真如史籍描述的那样吗？

■ 纣王的本来面目

据《史记》记载，商纣王博闻广见、思维敏捷、身材高大、臂力过人。他的才智足以对复杂的事情迅速作出准确的判断，他的气力足以徒手杀虎。他一手抓9条牛的尾巴，往后一拉，能使九条牛向后倒退。

利簋

这件利簋出土于陕西临潼，高28厘米，内底镌刻着周武王在讨伐商纣之前占卜问神的铭文，共32字。

他曾经攻克东夷，把疆土开拓到中国东南一带，开发了长江流域。当时的东夷常向商朝发动进攻，掳去大量百姓做奴隶，对商朝是巨大的威胁。纣王的父亲帝乙和东夷大战过，但没有取得胜利。

纣王登基之后，铸造了大量兵器，亲率大军出征东夷。东夷各部联合起来进行抵抗，但仍然挡不住纣王的攻势。据说，商军势如破竹，一直打到长江下游。从此以后，中原地区的文化逐渐传播到东南地区。实事求是地说，这个历史贡献，应该记到纣王头上。

早在春秋时期，孔子的得意弟子子贡就曾说过："纣之不善，不如是之甚也，是以君子之恶居下流，天下之恶皆归焉。"意为商纣王虽然暴虐，但绝非人们所想的那样，是后世将天下的罪责都加到了他一个人的头上。

但他仍然是个亡国之君。据说他拒谏饰非、耽于酒色、暴敛重刑，导致民怨四起，周武王趁机兴兵伐商。牧野之战中，商军倒戈，纣王惨败，自焚于鹿台。

■ 暴君的诞生

近代历史学家通过考察发现，商纣王的罪行随着时间的推移越加越多。也就是说，有许多罪行是后人编造的。那么，人们为什么要有意丑化商纣王呢？

原因之一，他的政敌别有用心地宣传。

比如奢侈腐化、暴虐荒淫、镇压反叛、剪除异己，这是一切帝王的共性，并非商纣王独有。这些劣迹为什么表现在商纣王身上就那样骇人听闻、令人发指呢？也许，是他的政敌在对其搞丑化宣传。

原因之二，把罪恶之源引到女人身上。

妲己本来是纣王剿灭苏部落的战利品，也是纣王的玩物。可是，武王伐纣1000年后的《列女传》把劣迹都归于妲己一人，这就是"妲己亡国论"。

所以，在商纣王的故事中，将妲己作为最重要的角色，这既是小说家的调味品，也是封建文人为昏君开脱、愚弄人民的阴暗心理的表露。

比干像

比干是商王太丁之子，因劝谏纣王而被挖心致死，被称为"天下第一仁"。

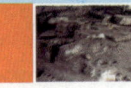

你知道吗：九鼎即冀州鼎、兖州鼎、青州鼎、徐州鼎、扬州鼎、荆州鼎、豫州鼎、梁州鼎、雍州鼎。九鼎象征九州，其中豫州鼎为中央大鼎，豫州即为中央枢纽。

▶ 一统天下的象征
▶ 九鼎的下落之谜

古代帝王的九鼎之谜

几千年来，九鼎一直被人们视为中华民族的传世国宝。令人遗憾的是，在2000多年前，它就早已不知去向了。九鼎到底是什么东西？它的下落如何？这些问题一直困惑着人们。

■ 一统天下的象征

《春秋左传》中记载，夏朝初年，朝廷划天下为九州，州设州牧。夏王令九州州牧贡献青铜，铸造九鼎，一鼎象征一州，鼎上图形亦反映该州山川名胜之状。九鼎象征九州，反映了全国的统一和王权的高度集中，显示夏王已成为天下之共主，是顺应"天命"的。从此，九州成为中国的代名词，"定鼎"也成为全国政权建立的代名词。

■ 九鼎的下落之谜

关于九鼎的下落，史家众说纷纭。

司马迁在《史记》中对九鼎的记述就前后不一。如在《史记·周本纪》和《史记·秦本纪》中说，秦昭王五十二年（公元前255年），周赧王死，秦从雒邑掠九鼎入秦。但在《史记·封禅书》中说："周德衰，宋之社亡，鼎乃沦没，伏而不见。"由后者分析，九鼎在秦灭周之前就已经不见了。那么，前者所述秦昭王五十二年秦从雒邑掠九鼎归秦，岂不是自相矛盾？司马迁之后，东汉的史学家班固在《汉书》中，对九鼎下落这一问题的处理采取兼收并著的做法，收录了司马迁的上述两种说法，同时又补充了一条史料，说是在公元前327年，九鼎沉没在彭城（今江苏徐州）泗水之下。后来秦始皇南巡之时，派了几千人在泗水中进行打捞，但江水滔滔，无处可寻，只得无功而返。

《泗水捞鼎》画像石
此画像石发现于山东嘉祥县武氏祠，描绘的是秦始皇到峄山祭祀回来路过彭城，在泗水捞鼎的故事。

到了清代，九鼎的下落更加难以考察。王先谦在《汉书补注·郊祀志》中认为，东周王室在衰落的过程中，各个实力雄厚的诸侯国虎视眈眈，因此，象征王权和"天命所归"的九鼎，自然成为各诸侯竞相争夺的目标。加上此时周王室财政困难，可能将九鼎熔毁铸成铜钱，对外则谎称九鼎已不知去向，甚至说其中一只鼎沉入泗水之中，以免诸侯国兴兵前来问鼎。

纵观中国历代史籍，关于九鼎下落的材料虽多，但往往自相矛盾，提不出充分可靠的依据。九鼎是否仍然存在？这至今仍是一个谜。

德方鼎
九鼎代表九州，鼎成为国之重器，平定天下称"定鼎"，争夺天下为"问鼎"。此鼎为西周成王时期铸造，记载了周成王在成周为武王举行祭祀一事。

【百科链接】

鼎：
起源于夏代，本是古代的烹饪之器，相当于现在的锅，用以炖煮和盛放鱼肉，后被视为传国重器，成为国家和权力的象征。

- 不见于史书
- 卧薪尝胆的流传
- 后人的误解

你知道吗：吴亡后，勾践又进军北方，迫使宋、郑、鲁、卫等国归附，并与齐、晋诸侯会盟，成为春秋时最后一位霸主。

历史悬案之谜

卧薪尝胆之谜

春秋末年，越国在一次战争中被吴国打败。据说越王为了不忘亡国之耻，在屋中吊了一个苦胆，进出起坐、吃饭睡觉前，都要尝一尝苦胆的味道；而且他睡觉不用床铺，而是把硬柴叠起来睡在上面。这就是家喻户晓的"卧薪尝胆"的故事。那么，越王勾践真的曾经睡在柴火上品尝苦胆吗？

范蠡像
范蠡是越王勾践的大臣，足智多谋，帮助越王打败了吴王，成就了越国霸业。而后，他功成身退，泛舟五湖，成了富甲天下的陶朱公。

■ 不见于史书

在记载越王勾践活动的史料中，成书较早并且比较可信的首推《左传》和《国语》。但在这两部史籍中，完全没有勾践"卧薪"和"尝胆"的记载。而司马迁在《史记·越王勾践世家》中，也仅提到越王勾践曾经"置胆于坐，坐卧即仰胆，饮食亦尝胆"，却没有勾践"卧薪"的事。

■ 卧薪尝胆的流传

南宋时期，吕祖谦在《左氏传说》中曾谈及吴王夫差有"坐薪尝胆"之事。与此同时，南宋的真德秀在《戊辰四月上殿奏礼》、黄震在《古今纪要》和《黄氏日抄》两书中，又说越王勾践曾卧薪尝胆。明朝张溥在《春秋列国论》中又说："夫差继位，卧薪尝胆。"

到明朝末年，梁辰鱼写传奇剧本《浣纱记》，渲染了越王勾践卧薪、尝胆二事。冯梦龙的历史小说《东周列国志》中也多次提到勾践曾卧薪尝胆。这样，越王勾践卧薪尝胆的故事也就愈传愈广了。

■ 后人的误解

东汉成书的《吴越春秋》说越王勾践当时"苦身劳心，夜以接日。目卧则攻之以蓼"。什么是蓼？清人马瑞辰解释说："蓼，辛苦之菜也。""蓼"这种苦菜积聚得多了，就成为"蓼薪"。勾践为了磨炼意志，准备的蓼菜一定很多。"攻之以蓼"也可以说是"攻之以蓼薪"。这样，上述《吴越春秋》中的话语意思就十分明显：勾践日夜操劳，疲倦得想睡觉时，就用苦菜（蓼薪）来打消睡意。尝蓼是让味觉感到苦，卧薪是让视觉感到苦，卧薪的目的在于折磨眼睛而非折磨整个身体。后人把"卧薪"说成是睡在硬柴上，其实是对《吴越春秋》意思的误解。

总之，历史上究竟有没有卧薪尝胆之事，卧薪尝胆之人是勾践还是夫差，这些问题只能留待史学家进一步考证了。

卧薪尝胆
卧薪尝胆是指中国春秋时期越国国王勾践励精图治以图复国的事迹，后演变成成语，形容人刻苦自励、发愤图强。

传国玉玺下落之谜

传国玉玺是秦统一六国后秦始皇命丞相李斯以和氏璧磨刻成的一方玉玺。李斯在玉玺上以小篆刻了"受命于天，既寿永昌"8个字。秦始皇想让这块玉玺代代相传，因此称其为"传国玉玺"。中国封建王朝从此以得此玺者为正统。

康熙玺印
此玺为碧玉质地，朱文玉箸篆"康熙御笔之宝"，是康熙皇帝年号玺中体积最大的一枚。

■ 历经坎坷

秦统一六国后，秦始皇经常巡游天下。公元前219年，秦始皇龙舟过洞庭湖，遇大风浪，舟不得行，秦始皇命人将传国玉玺投入湖中以祭水神。谁知8年后，秦始皇在一次巡游返京时，在华阴道上有人却将此玺献归秦始皇。传国玉玺因此重返秦始皇手中。

秦末，刘邦先入咸阳，接受秦王子婴投降，子婴献上传国玉玺。自此，玉玺归汉。西汉末年，外戚王莽篡汉改制，向太皇太后王政君索要传国玉玺，太后一怒之下将玉玺掷在地上，磕掉了一角，王莽后来用金镶补起来。光武帝刘秀建立东汉政权后，传国玉玺复归汉室。

东汉末年，传国玉玺失踪。据说宦官之乱时，汉少帝出宫避难，回宫后玉玺便不见了。后来长沙太守孙坚的部下从投井而死的宫人身上搜出了玉玺，自此传国玉玺归孙坚。孙坚战死后，其子孙策以玉玺作抵押向袁术借兵，不久，袁术败亡，传国玉玺落入曹操手中。

三国归晋后，传国玉玺也随之归于西晋，后又被宋、齐、梁、陈相继短暂拥有。隋灭陈后，传国玉玺归隋。隋末，李渊父子乘乱而起，建立唐朝，传国玉玺归唐。李渊改"玺"为"宝"，称"传国宝"。

■ 下落不明

五代时期，传国玉玺再一次神秘失踪。936年冬，后唐末帝李从珂被后晋大兵围困，李从珂与后妃自焚而死。据说，李从珂当时随身携带着传国玉玺。可是大火过后，人们在灰烬中却看不到玉玺的踪影，甚至连一块外形稍像玉玺的石头也没找到，难道真的是"玉石俱焚"了吗？

从此，传国玉玺实物便从中国历史的记载中消失了，但它的传说却没有到此结束。宋、元、明、清各朝，均有各式各样的传国玉玺不断问世。真正的传国玉玺到底在哪里？无人能回答。

蔺相如完璧归赵
战国时，秦王曾以15座城为诱饵骗取赵国的和氏璧，而赵国使臣蔺相如不畏强暴，终于完璧归赵，成了一段佳话。

【百科链接】

玉璧：
一种中央有穿孔的扁平状圆形玉器，为我国传统的玉礼器之一。

> 你知道吗：战国时，秦昭王曾表示愿以15座城池换取和氏璧，赵国使者蔺相如奉璧出使秦国，机智勇敢，不辱使命，留下了"完璧归赵"的故事。

▶ 历经坎坷
▶ 下落不明

- 并非坑儒
- 坑儒两次

你知道吗：据说秦始皇将大权集于一身，日理万机，他规定自己每天必须批完一石公文才能休息。一石相当于现在的30千克。

历史悬案之谜

秦始皇坑杀儒生之谜

《秦始皇焚书坑儒图》

有人认为，秦始皇焚书坑儒，意在维护统一的集权政治，改变社会上是古非今的风气，打击方士荒诞不经的怪谈异说，但并未收到预期的效果。

千百年来，秦始皇在不少人的心目中是一个暴君的形象，尤其是"焚书坑儒"一事，更是成为他最大的污点之一。不过，有关秦始皇有没有"坑儒"这个问题，学术界仍然存有争议。

■ 并非坑儒

有人认为，当时秦始皇主要针对方术之士大开杀戒，儒生被坑杀者虽有，但为数不多。从历史上看，儒家在秦朝的地位比以往大有提高，秦始皇的"坑术士"行动，并未对秦代儒生的社会地位造成大的影响。因此，当时汉初的儒家学者对这一事件都不甚介意，极少有言及者，直至西汉中期，人们才有所注意，称之为"坑杀术士"。

西汉始元六年（公元前81年），桑弘羊第一次提出秦始皇"坑儒"的说法。此后，历代儒家学者为了弘扬孔孟仁义之说，都把焚书坑儒作为反面教材进行抨击。但也有不少儒家对此事持保留态度。

可见，秦始皇"坑儒"并不是一桩"铁案"。也许秦始皇是白白地承担了莫须有的罪名，被冤枉了2000多年。

■ 坑儒两次

不过也有人提出异议。东汉学者卫宏在《诏定古文尚书序》中说，秦始皇焚书坑儒之后，怕天下儒生作乱，就下令召集天下的儒生聚集骊山，前后共聚集了700多人，然后下令将这些儒生全部活埋在山谷里。这一次坑儒的规模比前一次更大，而且做得十分机密，使真相被隐瞒了250多年，直到东汉光武帝时才被揭露出来。但人们不禁要问：第二次坑儒发生在哪一年？卫宏是从哪里掌握这一史料的？这一说究竟是古人道听途说、以讹传讹，还是确有其事呢？

【百科链接】

方士：
即方术士，或称为有方之士，起源于战国时燕、齐一带濒海地区，秦汉后渐盛，他们的中心思想就是讲求长生，认为人通过服食、淫祀的方式可以成为神仙。

秦始皇坑儒谷遗址

坑儒谷在陕西临潼县西南。《史记·秦始皇本纪》云："始皇三十五年，书生议政有犯禁者四百六十余，皆坑于咸阳。"

2.

你知道吗：秦始皇死后，李斯秘不发丧，置棺木于辒凉车中，让亲信守护，又在车上载一石鲍鱼来混淆尸体的臭味。

▶ 死得蹊跷
▶ 赵高是凶手

秦始皇死因之谜

围绕着秦始皇的历史疑案太多了，秦始皇的死因就是其中之一。

关于秦始皇之死，据传是这样的：秦始皇第五次出巡，一路劳顿，到平原津时病倒了。他觉得大限已到，就令赵高写信给监军河套的长子扶苏，命他回咸阳主持丧事。信还未送出，秦始皇就死在了沙丘行宫。仔细研究记载秦始皇之死的文字，不难发现其中颇有耐人寻味之处。

■ 死得蹊跷

有人认为秦始皇死得蹊跷。理由是，秦始皇身体一向健壮，并不像历史上有些帝王那样体弱多病。查诸史籍，也未有他曾经卧床不起的记载。第五次出巡时，秦始皇才50岁，并不算衰老。在平原津得病，又走了140多里到沙丘；在沙丘平台养病时，还能口授诏书给公子扶苏，说明他当时思维清晰，并不像患有致命急病。总之，以秦始皇的体质与当时的情况来看，他还不至于在沙丘一命呜呼。

■ 赵高是凶手

有的学者把怀疑的目光投向了秦始皇身边的随从赵高，认为秦始皇之死实质上是一场宫廷政变，而这场政变的"导演"就是赵高。

赵高与蒙恬、蒙毅兄弟有宿怨。据说，赵高曾犯大罪，蒙毅依法治之，判其死刑，后因秦始皇过问，方得赦免。当时，蒙恬威震匈奴，蒙毅位至上卿，一为武将任外事，一为文臣主内谋，不仅深得秦始皇信任，还为公子扶苏所倚重。一旦扶苏继位，蒙氏兄弟的地位必将更加稳固。这样，赵高唯有投靠秦始皇最宠爱的小儿子胡亥，以胡亥来对抗扶苏。为了自身的利益，他时刻都在寻机除掉扶苏和蒙氏兄弟。

而秦始皇在沙丘养病，给赵高提供了一个绝好的机会。秦始皇口授诏书给扶苏之事，赵高参与其中。诏书封好后，赵高却扣压未发，找机会说服胡亥和李斯矫诏杀扶苏。但诏书不能扣住太久，因为万一秦始皇病情有起色，得知诏书未发，赵高就肯定是死罪；万一秦始皇弥留不死，李斯又未被说服，反而向秦始皇告发，赵高也要被杀头。所以，只有在劝说李斯之前杀了秦始皇，才能万无一失。

秦始皇是病死还是被害？目前尚无定论。沙丘疑案仍是一个未解之谜。

秦兵陶俑
秦始皇陵殉葬坑里的秦兵陶俑装束、神态各异，仅发式就有很多种，表现了秦朝陶塑技艺的高超。

秦始皇陵1号彩绘青铜车马
该青铜车马于1980年出土于秦始皇陵封土西侧约20米处。

历史悬案之谜

- 篡权误国
- 为赵国报仇

你知道吗，秦二世三年（公元前207年），刘邦攻下武关后，赵高逼令二世自杀，企图篡位自立，但因左右百官不从，只好立子婴为秦王，后被子婴计杀。

赵高扰乱秦政之谜

赵高是秦始皇和秦二世宠信的权臣，地位显赫，权倾朝野，曾经上演著名的"指鹿为马"的闹剧，他玩弄权术，蒙骗君臣。很多历史学家认为，秦王朝的短命与灭亡，多少与这个人篡权误国有关。

■ 篡权误国

司马迁在《史记·蒙恬列传》中关于赵高身世的记载说，赵高兄弟几人，都是生下来就被阉割为奴的，母亲也受刑罚，因而世世卑贱。后来秦始皇听说赵高能力很强，懂点"狱法"，就提拔他做中车府令（专管宫廷舆车与印信、墨书的宦官首领）。赵高私下侍奉公子胡亥，教导胡亥决断讼案。秦始皇出巡途中死于沙丘，临死前，曾令赵高作书通知远在边疆监军的长子扶苏到咸阳会丧，诏书未发出，秦始皇已死。赵高对李斯进行威胁利诱，一起伪造了秦始皇遗诏，立胡亥为二世皇帝，赐死公子扶苏。接着，他又设法处死了掌握兵权的大将蒙恬和上卿蒙毅。秦二世上台后，赵高又劝他"尽除先帝之故臣"，不少秦朝的宗室大臣因赵高的陷害而被杀，连李斯也未能幸免。从此，秦朝的大权完全落入赵高手中。

指鹿为马

胡亥继位后，赵高独揽大权。他曾在朝廷上当着秦二世的面指鹿为马，并问朝臣此为鹿还是马。朝中凡是答鹿的后来皆被赵高暗地诛杀。

秦二世墓

秦二世昏庸无能，最后在赵高逼迫下自尽，以平民的身份被草草埋葬。他的墓位于今陕西西安曲江池南岸、大雁塔东南。

■ 为赵国报仇

对于赵高的身世，历来有不同的看法。清人赵翼在《陔余丛考》卷四十一《赵高志在复仇》条说，赵高本是赵国的公子，因痛恨秦国灭了赵国，所以发誓要报仇，杀尽秦的子孙而颠覆秦朝的天下。这种说法，据说出自《史记索隐》，影响颇大。

也有人认为赵翼这个观点系臆说，无非是为了作惊人之论。《史记·蒙恬列传》说赵高为"诸赵疏远属也"，并不能理解为"赵诸公子"。因为"诸赵"中的"赵"乃是姓氏，并非国名。而"诸赵"指的其实就是秦国王室，因为秦王室虽姓嬴，却又以赵为氏。可见，所谓"诸赵疏远属也"，是说赵高是秦王室的本家，因而所谓为赵国报仇之说是站不住脚的。

其实，无论赵高是否为赵国公子，也无论他是否为秦王室远亲，他与秦二世胡亥盘剥百姓、诛灭异己、滥用刑戮，这是事实，这就使社会矛盾迅速激化，将刚建立不久的秦王朝推向了崩溃的边缘。

【百科链接】

宫刑： 又称"腐刑"，古代阉割男子生殖器、破坏女子生殖功能的一种肉刑。对受害者来说，不但肉体痛苦，而且心灵受辱。

2

你知道吗：东汉明帝时，秦景等人西行求法，带回了四十二章佛经和释迦牟尼的立像。汉明帝令画工绘制佛的图像，安放在清凉台和显节陵上，将佛经藏在兰台石室。

▶ 先秦说
▶ 西汉末说
▶ 东汉初说

佛教何时传入中国

产生于印度的佛教是世界三大宗教之一。自传入中国以来，产生过深刻的影响。对于佛教何时传入中国，至今众说纷纭，尚无定论。

■ 先秦说

有人认为早在先秦时期，佛教就已经传入中国。如《汉法本内传》、《周书异记》等书中有"周世佛法已来"的说法，把佛教的传入上溯到公元前10世纪的周昭王、周穆王之时。众所周知，佛教产生于公元前6世纪，公元前3世纪孔雀王朝的阿育王将佛教定为国教并开始向外传播，因此先秦时期佛教就已经传入中国不大可能。

■ 西汉末说

这种说法认为，公元前3世纪印度阿育王时期，佛教逐渐传播到印度西北地区、大夏、安息，并沿着丝绸之路向西域各国流传后传入中国。《三国志·魏志·东夷传》记载："昔汉哀帝元寿元年，博士弟子景卢受大月氏使伊存口授浮屠经。"大月氏是西域佛教盛行之地，口授佛经又是佛教的传统做法，也是我国早期翻译佛经的通行办法。因此大多数学者认为，这是佛教传入我国内地的可信记载。

■ 东汉初说

在关于佛教传入中国的故事中，东汉明帝感梦求法说最为著名。相传永平七年（公元64年），汉明帝夜梦金人飞行殿庭，翌日问梦于群臣。太史傅毅说："西方有得道者，其名号佛，陛下所梦恐怕就是他。"

于是，明帝派人去西域，访求佛道，在大月氏国遇见沙门迦叶摩腾、竺法兰两人，并得佛像、经卷，用白马驮回洛阳，明帝遂为他们建立精舍白马寺。

然而现在大多数佛教史家却对此说有所怀疑。

有些学者认为，即使佛教的确是在东汉初年传入中国的，这也是一个循序渐进的过程，无法简单地确定在某一年内。明帝感梦求法，只是神化佛教的传入而已。

究竟佛教何时传入中国，还需要史学家们进一步考证。

【百科链接】

丝绸之路： 指西汉时，由张骞出使西域开辟的以长安（今西安）为起点，经甘肃、新疆，到中亚、西亚，并连接地中海各国的陆上通道。因由这条路运输的货物中以丝绸品影响最大，故得此名。

洛阳白马寺

河南洛阳白马寺古称"金刚崖寺"，号称"中国第一古刹"，是佛教传入中国后第一所官办寺院，建于东汉明帝永平十一年（公元68年），距今已有1900多年的历史。

- 祖籍之谜
- 出塞原因之谜

你知道吗：传说昭君出塞时，曾在马上弹奏《出塞曲》，天上的大雁听到幽怨感伤的曲调，为之感动，纷纷掉落在地。

历史悬案之谜

昭君之谜

王昭君，中国古代四大美人之一，西汉人，名嫱。晋时为避司马昭讳，她又被称为明君或明妃。

昭君出塞在《汉书·匈奴传》和《后汉书·南匈奴传》等正史中都有记载。但有关她出塞的原因及其祖籍等，至今众说纷纭，莫衷一是。

西汉"单于和亲"瓦当
和亲是指封建王朝与边疆少数民族统治集团结亲和好。

■ 祖籍之谜

一般认为王昭君是湖北秭归人。但是，有人经过多方查考，认为她是四川人，而且是土家族女子：她从水路乘船入宫，就否定了其"湖北"的祖籍；入宫之后，她不愿巧言令色，献媚邀宠，更不愿贿赂画师作"美人图"以求进幸；当匈奴单于求婚时，她主动提出愿意去匈奴和番；到塞外后，又随匈奴习俗先后做了两代单于的妻子，生儿育女。这种大胆、开放、刚强不屈的个性，很难出现在一个受封建礼教束缚较深的汉族宫女身上。另外，她的家乡为"百蛮"杂居之地，女多男少，女子难嫁，所以她和番时，"靓妆"请行，唯恐不被选中，对和亲不以为苦，反当美事，说明她与汉族女子的婚嫁观念完全不同。但这一说法，还有待进一步考证。

■ 出塞原因之谜

据说，当时宫内画师很受青睐，汉元帝召幸宫女，都以画师画的宫女像为标准。而王昭君自恃貌美，不屑于买通画师毛延寿，结果被画得很丑，因此失宠。为了摆脱困境，她才主动请求出塞和亲。

还有人说，王昭君虽然出身低微，但胸怀坦荡，见识过人，她自愿应诏出塞和亲，是为了平息干戈，替君主分忧。

此外，还有一种说法，王昭君之所以出塞，是画师毛延寿设下的救国计策。毛延寿见王昭君美貌异常，怕汉元帝贪恋美色，耽误国政，步商纣王的后尘，于是故意将昭君丑化。汉元帝见到昭君真面目后，果然一度想把她留在身边，不让她去和亲，但最终还是忍痛割爱。

历史上一些文人因此大大赞扬毛延寿，认为他这样做不但使元帝免于沉溺女色之祸，而且昭君出塞确实对边疆的安宁起到了积极作用，是一举两得。

昭君因何出塞？虽众说纷纭，但她对汉朝边疆安定起的作用是不容置疑的。

昭君出塞图
王昭君肩负着汉匈和亲之重任，别长安、出潼关、渡黄河、过雁门，历时一年多，于第二年初夏到达漠北，受到匈奴人的盛大欢迎，并被封为"宁胡阏氏"。

2.

你知道吗：根据历史学家的研究，匈奴起源于大漠以北的蒙古高原西北部，到了战国时期才越过大漠到达阴山河套地区。

▶ 匈奴"消失"了
▶ 匈人就是匈奴

匈奴民族西迁之谜

匈奴是大约在公元前3世纪时兴起的一个游牧民族，在不断吸纳或吞并周围部族的基础上迅速壮大，成为中国北方最大的游牧民族之一，并建立了游牧民族的第一个奴隶制政权，使西域诸国多臣服于己。

■ 匈奴"消失"了

自汉武帝大规模抗击匈奴后，匈奴势力日衰。公元48年，匈奴分裂，南匈奴逐渐归汉，北匈奴仍据漠北。公元89年，东汉派窦宪、耿秉与南匈奴一起打击北匈奴，取得大胜。公元91年，耿夔的部队又大败北匈奴于金微山（今阿尔泰山），从此匈奴西遁，"逃亡不知所在"。虽然后来我国史书上还零星地记载匈奴西去的一些踪迹，但他们究竟走的什么路线、到了什么地方，不得而知。

■ 匈人就是匈奴

匈奴王阿提拉

448年至450年，匈奴帝国在阿提拉的统治下，版图扩大到极盛，但他死后，帝国也迅速瓦解消失了。

关于匈奴西迁的历史，匈奴史专家认为，北匈奴在南匈奴与汉朝军队的共同打击下接连大败，受北匈奴控制和奴役的部族或部落也纷纷乘机脱离其控制。后来北匈奴主力远走伊犁河流域、中亚、顿河以东以及伏尔加河流域等地，并最终在匈牙利大平原建立了自己的帝国。

18世纪法国学者德揆尼著成《匈奴、突厥、蒙古及其他西部鞑靼各族通史》一书，详细叙述了匈奴人早期的历史，并首次提出匈奴迁徙到了欧洲、欧洲的匈人即中国历史上的匈奴的观点。

卫青像

卫青一生曾七次率兵出击匈奴。他用兵敢于深入，奇正兼擅；为将号令严明，与士卒同甘苦；作战常奋勇当先，将士们都愿为他效力。所以他作战常胜不败。

持此观点的中外学者主要从匈奴种族名称、两个民族风俗及文化上的联系等方面来论述这一观点。如匈人与匈奴在祭祀天地鬼神、崇拜日月、对孝的观念、尚左、歃血盟誓、脱帽致谢等风俗习惯方面有许多相似之处。

匈人就是匈奴人的观点能否成立的关键，在于搞清楚北匈奴是如何从中国北部到达欧洲的。经过不断研究，匈奴史专家考证出北匈奴西迁欧洲的具体过程分四个时期：悦般时期、康居时期、粟特时期、珂兰时期。但是直到目前为止，中外学者对匈人就是匈奴这一问题的看法还不一致，西方有些学者仍坚持匈人不是匈奴人。

【百科链接】

匈牙利：
欧洲中部的内陆国家，全境以平原为主，位于多瑙河中游，首都布达佩斯。

因此，关于匈奴西迁的诸多疑问，至今还没有一致结论。

你知道吗，赤壁之战后，曹操退回北方，失去了在短时间内统一全国的可能，而三国鼎立的局面也由此奠定。

历史悬案之谜

赤壁古战场位置之谜

湖北嘉鱼赤壁遗址

赤壁一面临江，三面环山，江边山体为红砂岩构成，崖壁呈赭红色，故名赤壁。

赤壁之战对魏、蜀、吴三国鼎立局面的形成起到了决定性的作用，赤壁也因此成为文人雅士们竞相吟咏感怀的对象，但其具体位置在哪儿，至今没有定论。

赤鼻矶非赤壁

唐代诗人杜牧曾在一首诗中把湖北黄冈（古黄州）城外的赤鼻矶作为赤壁大战的战场来描写；北宋苏东坡被贬到黄州任团练副使时，也误认黄冈赤鼻矶为赤壁，并在这里写下了传诵千古的前后《赤壁赋》和《赤壁怀古》词。

然而谁都知道这里不是真正的赤壁，因为赤鼻矶的地理位置既不在樊江上游，又不在大江之南，与史书所载不符。

【百科链接】

赤壁之战：
东汉献帝建安十三年（208年）至次年，孙权、刘备联军在长江赤壁大败曹操水军的著名战略性决战，是中国历史上以少胜多的著名战例。

两种说法

那么，赤壁战场的确切位置到底在哪里呢？一种看法认为，赤壁在今湖北嘉鱼县东北。这种说法来源于郦道元《水经注》："赤壁山在百人山南，应在嘉鱼县东北与江夏接界处，上去乌林二百里。"此说后来为清末著名地理学家杨守敬所首肯。

另一种看法认为，赤壁应在湖北蒲圻县西北。阴法鲁主编的《古文观止译注》中写道："那个赤壁，在今湖北省蒲圻县西北，长江南岸。"《元和郡县图志》也称："赤壁山在蒲圻县西一百二十里，北临大江，其北岸即乌林，即周瑜用黄盖策，焚曹公舟船败走处。"

大多数学者认为"蒲圻县西北"的说法较为可信。因为《元和郡县图志》的作者李吉甫生活的年代与赤壁之战的年代较接近。

更重要的是，蒲圻县的赤壁陆续有大批的文物被发掘出来，从而为这里是真正的古战场提供了有力的依据。但这些文物还需要进一步研究，才能最终确定这里是不是真正的赤壁。

周瑜火烧赤壁

赤壁之战，周瑜以三万精锐大败曹操二十万大军，创造了中国历史上以少胜多的经典战例。而曹操失去统一全国的机会，三国鼎立局面就此拉开帷幕。

2. 后主刘禅真的是昏君吗

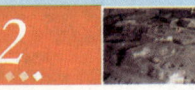

你知道吗：诸葛亮对刘禅颇为赞赏，曾在《与杜微书》中评价刘禅说："朝廷年方十八，天资仁敏，爱德下士。"

▶ 并不昏庸
▶ 乐不思蜀

刘禅在历史小说和人们的印象中，始终是个碌碌无为的庸主，更有甚者称之为"亡国之昏君，丧邦之庸人"。刘禅真是"扶不起的阿斗"吗？

■ 并不昏庸

据《三国志》记载，刘备临终前嘱咐刘禅："汝与丞相从事，事之如父。"诸葛亮在世的时候，刘禅果然事孔明如父，委以诸事，不加干涉，基本上都是"就按丞相说的办吧"，充分领会并严格执行了刘备的教导，更主要的是团结了内部领导层，保持了领导集团的稳定。他这样做，最终得实惠的还是平民百姓。

所以，不少人认为刘禅其实很聪明。比如，据《三国志》记载，诸葛亮去世以后，刘禅废除了丞相官职，命蒋琬主管行政，命费祎主管军事，将原本由诸葛亮一手掌握的权力一分为二，让两人相互制衡。

【百科链接】

姜维：
字伯约，天水冀县（今甘肃甘谷县东南）人。曾为魏天水郡中郎将，后降蜀，官至大将军。姜维深得诸葛亮器重，随诸葛亮六出祁山，久经沙场，屡立战功。

白帝城俯瞰
白帝城位于今四川奉节。222年，刘备在夷陵之战中大败于吴，从此一病不起，临终在白帝城永安宫将刘禅托付给诸葛亮。

再如，诸葛亮去世后，刘禅仍能继续领导蜀国30年，休养生息，就单凭他能让皇权维持这么长时间而又没出什么大乱子这一点来看，刘禅并非如史评那么昏庸。

■ 乐不思蜀

263年，当魏国三路大军兵临城下的时候，刘禅选择了投降，成为亡国之君。但有人从另一个角度看，认为刘禅此举是为了使百姓免受战火之苦。

降魏期间，刘禅更留下了被世人嘲笑的"乐不思蜀"的典故。有人认为，作为一代君王，刘禅即使再昏庸也不该愚蠢到这个地步，其实刘禅的真正目的是通过伪装让司马昭放松警惕，以求明哲保身，躲避杀身之祸。降魏8年后，刘禅直到65岁方才死去。

作为三国中实力最弱一国的君主，刘禅有自己的一套治国理念，虽说不一定正确，但从史书记载来分析，刘禅绝对不是历史小说《三国演义》中描述的那样昏庸无能。但真要证明这一点，还需要更多的史料佐证。

刘禅乐不思蜀
蜀亡后，后主刘禅被安置在魏都洛阳。一天，司马昭问他思不思念蜀国，他说："此间乐，不思蜀。"

- 巡游江都
- 控制南方

你知道吗：隋炀帝巡游江都时，乘着长二百尺、高四十五尺、上下四层的大龙舟，嫔妃、王公大臣、僧尼道士分别乘几千艘大船随行，船队首尾相望，绵延二百多里。

历史悬案之谜

隋炀帝开凿运河之谜

开凿大运河使隋炀帝备受非议。那么，究竟是什么原因促使隋炀帝开凿这条大运河的呢？

■ 巡游江都

多数人认为，隋炀帝开凿运河的直接目的就是去巡游他向往已久的江都（今扬州）。因为运河开通以后，首先就是供隋炀帝奢靡巡游。持这种看法的人指出，隋炀帝不但喜欢扬州是个雄藩大郡，而且嗜好扬州的春江花月夜。

持这种观点的人都强调，隋炀帝的生活作风一贯奢侈。开凿这条大运河动用了全国大量的劳动力，成为当时隋朝徭役繁重的主要因素，其间甚至出现男丁不够以妇女充数的现象。而且，运河开通之后，隋炀帝先后三次巡幸江都，每一次都耗费大量人力和财力，劳民伤财，百姓苦不堪言。

■ 控制南方

还有人认为隋炀帝开凿大运河并不只是为了个人享乐。

江淮以南地区经过几百年的发展，逐渐在全国经济中占有重要地位。荆州和扬州均富甲一方，整个南方也成为全国鱼盐及丝麻布帛的主要供应地，但当时全国的政治中心却在洛阳。所以，运河一旦开通，就能把全国的政治中心与经济中心联系起来，把富庶的江南财富以田赋的方式加以征集，并通过运河转输到洛阳。另外，在隋朝以前，中国长期南北分裂，江南从东晋开始就形成了门阀士族的特殊势力。开凿大运河有助于加强中央对南方的控制，加强中央集权。

隋炀帝开凿运河到底是为了个人一己之欲，还是为了国家的经济和政治发展？一时是很难争辩清楚的，看来还得留待历史学家们去不断探索。

隋炀帝龙舟出行图

大运河开通以后，隋炀帝和随从乘坐豪华的龙舟，从京城浩浩荡荡地南下江南。有人认为，此举虽然劳民伤财，但意义重大，表示了朝廷对江南的重视。

【百科链接】

京杭大运河：

世界上开凿最早、最长的一条人工河道。从公元前486年始凿，主要经历3次较大的兴修过程。目前北起北京，南达杭州，全长约2000千米。作为南北的交通大动脉，大运河在历史上曾起过"半天下之财富，悉由此路而进"的巨大作用。

今天的大运河

开凿于隋炀帝时期的大运河全长约2000千米，对南北经济发展和文化交流起到了重大作用。

你知道吗：贞观十七年（643年），唐太宗曾阅看史官所记的《起居注》，并要求史官对"玄武门之变"一段史实"削去浮词，直书其事"。

- 不得已而为
- 精心策划的刺杀
- 责任在李渊

谁是玄武门之变的始作俑者

唐武德九年六月四日（626年7月2日），唐高祖李渊诏令自己的3个儿子（太子李建成、秦王李世民和齐王李元吉）一同进宫。李建成、李元吉进宫途经玄武门时，遭到李世民及秦王府精兵伏击，两人先后被射杀。此后，李世民登上了皇帝的宝座，是为唐太宗。这就是中国历史上著名的宫廷政变——玄武门之变。

■ 不得已而为

唐王朝建立后，李渊以"立嫡为长"的传统惯例，册封李建成为皇太子，立李世民为秦王。但无论是太原起兵还是统一全国，应数李世民的功劳最大。而太子李建成心胸狭窄，自知功劳不如秦王，总觉得李世民的存在对自己是一个潜在的威胁，便联合齐王李元吉，对李世民百般陷害、造谣中伤。面对李建成、李元吉咄咄逼人的气势，李世民曾一忍再忍。李世民的僚属们则认为，只有先动手诛杀李建成与李元吉，才能"安家国"，而且矛盾的冲突已经发展到生死存亡之际，刻不容缓。可见，李世民的所作所为完全是迫不得已。

■ 精心策划的刺杀

另一种说法认为，玄武门之变是李世民精心策划的一场篡位夺嫡的政变。李世民虽然在唐朝的建立过程中功劳最大，但是由于他是李渊的次子，按照宗法礼仪和古代皇位继承制度，皇帝之位是轮不到他的。李世民要想做皇帝，就不能依靠正常的方式和途径。因此，玄武门之变是其蓄谋已久、精心策划的一次刺杀行动。

■ 责任在李渊？

还有一种说法认为，唐高祖李渊的中立态度才是双方矛盾升级并最终爆发武力冲突的关键因素。李渊建立唐王朝以后，面对太子李建成与秦王李世民的矛盾与争斗，始终采取不偏不倚的中立态度。李渊甚至准备建东西两宫，土地分东西两半，让李世民"居住洛阳"，"自陕以东"由他管辖。这种办法，不仅不能满足志在天下的李世民，就连李建成和李元吉也极为不满。李渊这种"平衡"政策在客观上助长了李建成步步紧逼李世民的恶念，也使李世民更加坚定了以武力争夺皇位的决心。因此，李渊的责任是不可推卸的。

唐太宗像

玄武门之变无论是由谁挑起的，不过是中国几千年历史上宫廷之争的一个小小插曲。事变中，太子李建成被杀，秦王李世民夺得继承权，他随后开创了光耀千古的"贞观之治"。

尉迟恭（年画）

尉迟恭（585~658年），字敬德，朔州鄯阳（今山西朔州市）人，唐朝大将，凌烟阁二十四功臣之一。尉迟恭曾在玄武门之变中射杀李元吉，助李世民夺取帝位。后与秦琼成为中国传统年画中的门神。

历史悬案之谜

- 躲避阴魂纠缠
- 明智的政治选择

你知道吗：洛阳是中国历史上公认的十三朝古都，因地处古洛水之阳而得名。以洛阳为中心的河洛地区是华夏文明的重要发祥地。

武则天长住东都洛阳之谜

唐朝建立之初定都长安，唐高宗显庆二年（657年），又以洛阳为东都。武则天掌权称帝后，于天授元年（690年）迁都洛阳。她掌权期间，大部分时间居住在洛阳。武则天为何选择洛阳作为武周的政治中心呢？

洛阳龙门石窟的卢舍那大佛

据说女皇武则天曾捐出两万贯脂粉钱，命人依自己的相貌雕刻了龙门石窟奉先寺中这尊著名的卢舍那大佛。

■ 躲避阴魂纠缠

《旧唐书》记载："后则天频见王、萧二庶人披发沥血，如死时状。武后恶之，祷以巫祝，又移居蓬莱宫，复见，故多在东都。"《资治通鉴》采用此说，认为武则天为了登上皇后之位，曾设计害死了王皇后、萧淑妃，但由于良心不安，她在宫中经常恍惚见到二女的鬼魂作祟，所以"多在洛阳，终身不归长安"。

不过不少人认为，这个理由并不符合事实。王、萧两人死于唐高宗麟德二年（665年），此时距武则天定都洛阳已近20年。况且，武则天称帝后，仍然在长安住了两年。因此，仅仅以王、萧两人之死来解释武则天定都洛阳，难免有牵强附会之嫌。

■ 明智的政治选择

以陈寅恪先生为代表的一些学者认为，武则天迁都洛阳是根据当时的政治、经济形势以及洛阳的地理位置作出的明智选择。

首先，就政治原因而言，武则天定都洛阳是为了与李唐王朝分庭抗礼，进而实现改朝换代的目的。长安是李家王朝的中心，皇族势力强大，武则天要想成就自己的帝业，就必须远离这股强大的势力。

其次，就地理位置而言，洛阳被誉为"天下之中"，更适宜做国都。

再次，洛阳的经济条件也比长安更为优越。

以上两种观点各有道理，但都缺乏有力证据。

武后行从图

武则天（624～705年），中国历史上第一位也是唯一一位女皇帝。名曌，唐高宗李治的皇后，唐中宗李显、唐睿宗李旦之母。

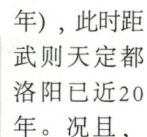

【百科链接】

武周：

唐天授元年（690年），武则天废唐睿宗称帝，改国号为周，自号"武周圣神皇帝"，迁都洛阳，史称武周。直到705年唐中宗恢复大唐国号，武周共存在了16年。

2. 契丹国号之谜

你知道吗：契丹本属东胡族系，是鲜卑的一支，4世纪中期从鲜卑族中分离出来，游牧于今内蒙古赤峰一带。

▶ 十八次改换国号
▶ 大辽因何而来？

国号是国家的称号，是不能轻易改变的。不过契丹人建立的国家却有些例外，时而称契丹，时而称大辽。为什么契丹人经常改换国号呢？

■ 十八次改换国号

从文献和石刻所见，契丹改换国号至少有18次之多。

耶律阿保机于后梁贞明二年（916年）初建国时，《辽史》未言其国号，《契丹国志》称国号为契丹，契丹既是族名又是国名。到了石敬瑭献出燕云十六州以后，辽太宗于后晋天福三年（938年）改元会同，改国号为大辽。此后契丹、大辽改复无常。自辽道宗咸雍二年（1066年）以后，一直使用大辽国号，直到其灭亡。

■ 大辽因何而来？

大辽国号因而来？宋代学者徐梦莘所著《三朝北盟会编》中有"辽人以辽水名国"之语。此后学术界一直采纳徐氏之说，几乎成为定论。

不过，以辽太宗会同元年（938年）的情势而言，以辽水作为国名似乎不合情理。契丹人认为自己民族的发祥地是西拉木伦河和老哈河，西拉木伦河在契丹语称"枭罗个没里"，意为黄（潢）水或黄（潢）河。老哈河契丹语称"陶猥思没里"，连读即为土河。据《辽史》记载，契丹人相信自己的祖先是来自黄（潢）河的天女与来自土河的神人相配所生的后代，所以在黄（潢）河与土河汇合处建有契丹始祖庙。

《辽史》中黄（潢）河、土河之名不计其数且出现较早，而辽水之名出现比较晚，辽圣宗开泰九年始见有关辽水的记载，说明直到此时契丹人才知道辽水。加上辽水在辽国最东边，不在契丹人的腹心地区，不是契丹发祥地，故而契丹人不会以辽水作为国号。

契丹人为什么反复改换国号？大辽包含着什么深刻寓意？这些问题学术界都未形成定论。

《回猎图》
辽代绘画。画面中骑马的武士均为契丹人，背景是一片荒凉的草原。契丹人生性好武，开辟辽阔的帝国疆土是他们毕生的追求。国号为"辽"，很可能与此有关。

【百科链接】

《辽史》：
本书记载了古代契丹族建立的辽朝的历史，并兼载辽立国以前契丹的状况，以及辽灭亡后耶律大石所建西辽的概况，是研究辽和契丹、西辽的重要史籍。

耶律阿保机：
辽太祖，辽朝创立者。10世纪初统一契丹各部，并控制邻近的女真等族，他主张向汉族学习，促进了契丹封建化的过程。他916年称帝，建立了契丹政权。

应县木塔
应县木塔原名佛宫寺释迦塔，在山西省应县，是中国辽代高层木结构佛塔，是世界现存最古老最高大的全木结构高层塔式建筑，它历经1次大风暴和7次大地震，至今仍完好无损。

- ▶ "烛影斧声"
- ▶ 赵光义弑兄

你知道吗：据记载，宋太祖生前曾遵照杜太后的懿旨，留下"传位给弟弟赵光义"的遗诏，并封存在金柜之中，史称"金匮之盟"。

历史悬案之谜

宋太祖死亡之谜

宋太祖赵匡胤做了17年皇帝，正史中却没有关于他死亡的明确记载。因此，他的死一直是一个不解之谜，是历史上的又一桩悬案。

■ "烛影斧声"

《湘山野录》中记载，开宝九年（976年）十月的一天，天气极为寒冷，宋太祖赵匡胤急唤他的弟弟晋王赵光义进入寝宫，并且斥退旁人，兄弟两人自酌自饮。酒过三巡，已是深夜，宫女们远远看见烛影下赵光义离开坐席，摇摇晃晃，似乎不胜酒力。后来，宋太祖见殿前雪厚几寸，便用玉斧刺雪。当夜赵光义依诏留宿于禁宫。第二天天快亮时，禁宫里传出宋太祖赵匡胤驾崩的消息。

赵匡胤临终之时，只有赵光义一人在场，"烛影斧声"不能不让人对赵匡胤的死因产生怀疑，进而对赵光义后来继承皇位的合法性产生疑问。

■ 赵光义弑兄

宋太祖赵匡胤像

赵匡胤本是后周大将，掌握兵权。960年，他发动陈桥兵变，代周称帝，国号为宋。

有人认为"烛影斧声"不是疑案，而是晋王赵光义弑兄夺位的明证。赵匡胤用玉斧刺雪，可能是他与赵光义发生严重争执后发泄怒气的行为。他当夜驾崩，应是被赵光义所害。

对于这个疑案，也有一些人为赵光义开脱罪责。司马光的《涑水纪闻》记载，太祖去世时已是四鼓，宋皇后叫内侍王继恩把皇子赵德芳叫来。王继恩考虑到太祖早就打算传位于晋王赵光义，便找来了他。一行人进宫后，宋皇后问："是德芳来了吗？"王继恩回答："晋王来了。"宋皇后惊诧莫名，后来突然省悟，哭着对赵光义说："官家，我母子的性命，都托付给你了。"从这一记载来看，宋太祖过世时，他弟弟赵光义并不知晓，也没在宫中待过，似乎没有干系。

但仅凭此一家之言，宋太宗赵光义还是摆脱不了"弑兄夺位"的嫌疑。

宋太宗

宋太宗本名匡义，后因避其兄宋太祖讳改名光义。开宝九年（976年）十月十九日夜，宋朝的缔造者太祖忽然驾崩，年仅50岁。二十一日，晋王赵光义继位。太祖英年而逝，太宗继位又不合情理，于是太祖之死成了千古之谜。

【百科链接】

陈桥兵变：

959年，周世宗柴荣去世，时任殿前都点检、归德军节度使的赵匡胤握有实权，在赵普、石守信等的策划下，于960年2月在陈桥驿（今河南封丘东南陈桥镇）发动兵变，授意士兵为他黄袍加身，改拥他为皇帝。随后他迫使后周恭帝禅位，接任帝位，改国号为宋，此事史称"陈桥兵变"。

57

狸猫换太子疑案

宋朝的深宫秘事中，最广为人知的就是狸猫换太子案。而著名的包公"包青天"最辉煌的功绩之一，就是审明了这桩宫闱大案，替仁宗皇帝找回了亲生母亲。这件事的真相究竟如何呢？

宋真宗

宋真宗赵恒，宋太宗第三子，在位25年，统治时期治国有方，统治日益坚固，社会经济繁荣，国力比较强盛。

■ 历史传奇

据说，宋真宗的第一个皇后死后，宫中的刘妃和李妃都怀孕了。很显然，谁生了儿子，谁就有可能被立为正宫。刘妃唯恐李妃生了儿子被立为皇后，于是与宫中总管郭槐定计，用一只剥了皮的狸猫换走了李妃刚出世的小皇子。刘妃命宫女寇珠勒死皇子，寇珠于心不忍，暗中将孩子交给宦官陈林，陈林将孩子装在提盒中送至南清宫抚养。真宗以为李妃产下妖物，将其贬入冷宫。不久，刘妃生下一子被立为太子，她也被册立为皇后。谁知6年后，刘后之子病夭。这时刘后得知李妃的儿子没死，就将他收来抚养，又在真宗面前进谗言将李妃赐死。李妃在太监的帮助下逃出皇宫，来到陈州，流落破窑，乞食为生。幸亏包拯得知真情，将李妃带回开封。此时，李妃的儿子已做了皇帝，即宋仁宗，李妃终与亲生儿子见面相认。此时，已做了太后的刘氏知道阴谋败露，惊厥而死。

【百科链接】

狸猫：
我国古代记载的狸猫可能指的是野生的豹猫或丛林猫，属于哺乳纲食肉目猫科。它善于奔跑，会偷袭，能攀缘上树，常活动于林区，也见于灌木丛中，胆大、凶猛，多在夜间活动。

包拯像

包拯是北宋仁宗年间的名臣，以断狱英明刚直著称于世。在戏曲中，包拯在"狸猫换太子"一案中立了大功，被仁宗升为宰相。

■ 正史的说法

正史认为之所以出现狸猫换太子这个故事，是因为历史上确有仁宗认母一事。《宋史》中说，宋仁宗的生母李氏本是刘德妃的侍女。刘德妃请宋真宗把李氏生下的儿子赵祯立为己子。为了避免李氏母子相认，她把孩子从李氏处夺走，交给杨淑妃抚育。后来，赵祯继位，是为宋仁宗。仁宗并不知道自己的生母是李氏，朝中大臣畏惧太后之威也不敢说。天圣九年（1031年），李氏病危，刘太后晋升她为宸妃。次年，仁宗生母去世，刘太后吩咐厚葬李宸妃。

刘太后死后，宋仁宗知道了真相。他无比悲痛、无比愤怒。这时，宰相吕夷简对仁宗说："太后虽然做了不义的事情，但她能厚葬宸妃，说明她有忏悔之心；刘、杨虽非生母，但对陛下仍有抚育之情，不能忘记。"仁宗下令开棺验尸，看到生母没有被残害或者虐待的迹象，这才对刘太后释怀。

事实是否为《宋史》所记载的那样，还需要更多的史料佐证。

- 秦桧是元凶
- 赵构才是元凶

你知道吗：据说在清朝乾隆年间，秦桧的第七世后裔秦涧泉考中了状元，他游西湖时在岳飞墓前写下对联"人从宋后羞名桧，我到坟前愧姓秦"。

历史悬案之谜

谁是杀害岳飞的元凶

岳飞像

岳飞，字鹏举，相州汤阴（今属河南）人。他出身贫寒，20岁应募参军，身经百战，屡建奇功，是南宋初期的抗金名将。

绍兴十一年（1141年）十二月二十九日，宋金绍兴和议订立不过1个月，南宋抗金名将岳飞被赐死在大理寺狱内。杀害岳飞的元凶到底是谁，历史上有不同的说法。

■ 秦桧是元凶

大多数人认为，秦桧以"莫须有"的罪名陷害了岳飞，他就是谋害岳飞的元凶。

据考证，秦桧在北宋都城汴京失守后被金兵带到北方，很快成了完颜昌的亲信。1130年10月，秦桧神秘地回到了南宋。秦桧还宋，是金国贵族会议决定的，目的是要他促成"议和"。

从权力的归属来看，身为南宋宰相的秦桧，实质上是女真皇族派到南宋中央的一个代理人。他要执行降金政策，抗战派和那些拥兵自重的将领自然是主要障碍。岳飞兵力最强，战功最大，主战最坚决，当然就成了秦桧谋害的首选对象。

■ 赵构才是元凶

但有人认为，宋高宗赵构才是真正的凶手，只有他才有权下令杀害岳飞。主要理由是：

第一，根据《建炎以来朝野杂记》记载，秦桧及刑部官员曾上书高宗，定岳飞、张宪死罪，保全岳云。高宗赵构看到上书后，却改成"岳云特赐死"。可见，高宗还牢牢地掌握着最后裁定权。

第二，秦桧死后，赵构将许多由秦桧构陷的冤案平反，唯独对岳飞一案迟迟不肯平反。他还不止一次告诫臣下，对金议和是出于他本人的决策，不许非议。

那么，赵构为什么要杀害岳飞呢？首先，岳飞一生的奋斗目标就是恢复中原，迎回被金人掳走的徽、钦二帝。倘使迎回二帝，高宗的皇位就岌岌可危了；其次，高宗此举还是为了防止岳飞权力过大。绍兴七年，岳飞曾奏请立储。按照规矩，外臣是不能干预内事的。岳飞居然管起立储的大事来，是明显的越职行为。高宗杀掉岳飞，实际上是消除了一个权重于政的隐患。

浙江杭州岳王墓前的秦桧跪像

杭州岳王墓位于西湖西北角、北山路西段北侧。墓道两侧有明代刻存的文武俑、石马、石虎和石羊，阶下有秦桧、王氏的跪像。

2. 成吉思汗墓葬之谜

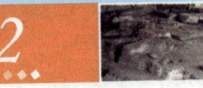

你知道吗：有人曾统计，成吉思汗一生进行了60多次战争，除一次因实力悬殊主动撤退外，从没失败过，他因此被誉为战争奇才。

▶ 美国考古队的发现
▶ 等待考证的灵庙

成吉思汗在1227年率军攻打西夏时因病身亡。据说遵从成吉思汗"秘不发丧"的遗命，他的遗体被送回故乡深埋后，陵地表面由万马踏平，然后植木为林。所以成吉思汗身葬何处不得而知。

成吉思汗
成吉思汗原名铁木真，他统一了蒙古各部，建立了蒙古汗国。1227年，成吉思汗因坠马病死在渭河之滨。

■ 美国考古队的发现

2001年8月16日，美国探险家、亿万富翁穆里·克拉维兹率领他的考古队在乌兰巴托东北300多千米处的森林中发现了一个城墙环绕的墓地。探险队由此向外界宣布找到了成吉思汗的陵墓，但后来这被证明是匈奴墓。

2002年4月，这支考古队又在蒙古首都乌兰巴托东北322千米处的肯特省巴士利特镇（音译）发现了一个由城墙环绕的墓地，宣称"这非常可能是成吉思汗的陵墓"。然而4个月后，考古队停止了挖掘行动并撤出蒙古。因为按照蒙古的传统观念，挖掘土地会带来坏运气，而触动祖先的坟墓会毁灭祖先的灵魂。所以，当地政府勒令考古队停止挖掘并撤出那个地区，克拉维兹不得不停止了考察活动。

■ 等待考证的灵庙

2002年10月4日，日本、蒙古联合考古队在蒙古的阿夫拉加市达尔根哈安村附近发现一座建在四角形基座上的13世纪至15世纪的灵庙遗址。在灵庙的下方是一座几乎已成废墟的石头平台，平台下方藏有许多坑洞，里面有许多战马的骨灰和遗骨。从战马遗骸的数目来看，这座陵墓主人的地位显然非比寻常。考古学家认为，这座石头平台应该就是陵墓的原始地基。在灵庙内，还发现有凸形的、高约40厘米的石壁，上面有火烧的痕迹。基坛的周围发现了埋骨灰和马骨的坑，考古队认为这是为祭祀成吉思汗而举行烧马等仪式的证据，这种习俗与中国史书的记载是一致的。

如果灵庙"身份"得到确认，那么将会在灵庙周围12千米的范围内锁定成吉思汗的陵墓。如果此发现属实，那么它或许就是21世纪最伟大的考古发现。

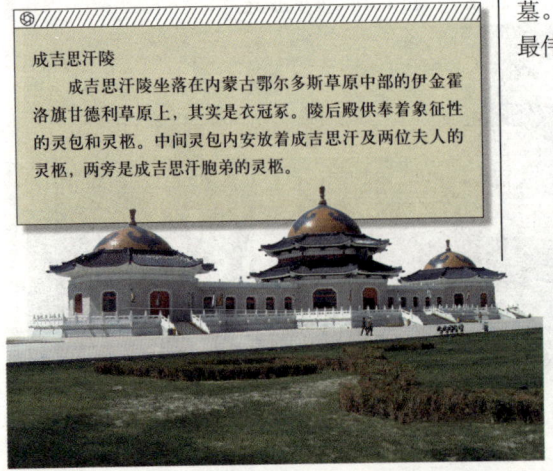

成吉思汗陵
成吉思汗陵坐落在内蒙古鄂尔多斯草原中部的伊金霍洛旗甘德利草原上，其实是衣冠冢。陵后殿供奉着象征性的灵包和灵柩。中间灵包内安放着成吉思汗及两位夫人的灵柩，两旁是成吉思汗胞弟的灵柩。

【百科链接】

成吉思汗：
名铁木真，蒙古族杰出的军事家、政治家。1206年，他统一蒙古各部，进位为蒙古帝国大汗，尊称"成吉思汗"。在位期间，他多次发动战争，征服地域西达黑海海滨，东括几乎整个东亚，建立了世界历史上著名的横跨欧亚两洲的大帝国。

- 中飞矢而死
- 愤死军中
- 因炮伤而死

你知道吗：蒙哥年轻时曾参加长子军西征，以狂飙之势横扫欧亚大陆，被欧洲人称为"上帝之鞭"、"黄祸"。

历史悬案之谜

元宪宗蒙哥死因之谜

元宪宗蒙哥，蒙古帝国第四代大汗，成吉思汗幼子拖雷的长子，蒙古杰出的军事首领。1259年，蒙哥率军进攻大宋，在钓鱼山（今四川合川东）遭到宋军猛烈抵抗，蒙哥于七月逝世于钓鱼山。蒙哥的死因引起了史学家的诸多猜测。

■ 中飞矢而死

有人认为蒙哥是被宋军射死的。叙利亚学者阿部耳法剌底编著的《世界史节本》、翦伯赞主编的《中国史纲要》、张传玺、李培浩编著的《中国通史讲授纲要》对蒙哥之死都持"飞矢射死"的观点。现存于四川省合川县钓鱼城旧址钓鱼山忠义祠内明正德十二年（1517年）合州所立的"新建二公祠堂记石碑"碑文也说蒙哥是"中飞矢而死"。

■ 愤死军中

有人则认为蒙哥是病死或者忧愤而死的。

波斯政治家和文学家剌施特哀丁编著的《史集》中说，当时天气炎热，蒙哥军中

千佛岩石刻

1946年秋，国民政府孙元良将军在钓鱼城千佛岩石壁上书刻"元鞑逞淫威，钓鱼城不破。伟哉我先烈，雄风万世播"一诗，歌颂了宋朝军民英勇抗元的伟大事迹。

流行痢疾，蒙哥亦染疾而死。而南宋黄震编著的《古今纪要逸编》认为，蒙哥因为屡攻合州钓鱼城不克，且多次被合州知州王坚挫败于钓鱼城下，败辱之至，以致愤死军中。

■ 因炮伤而死

还有人认为，蒙哥是被炮风震伤而死。清代《古今图书集成》中的《钓鱼城记》一文中说，蒙哥在架设望楼窥视钓鱼城时，遭到城内宋军的炮石轰击，"为炮风所震，因成疾。班师至愁军山，病甚。次过金剑山温汤峡（今重庆市北碚区北温泉）而殁"。

1980年出版的西南师范学院历史系编写的《钓鱼城史实考察》一书采纳了《钓鱼城记》的观点，还说合州知州王坚在蒙哥中炮风之后，又命人把从钓鱼城天池里捞起的30多斤重的大鱼和几百个面饼送到蒙哥营中，并附书一封，告诉蒙哥把鱼煎了和面饼吃，并说城里粮食和水都很充足，蒙哥再有10年也攻不破钓鱼城。重伤中的蒙哥见到物和信，又羞又气，退兵温汤峡而亡。

以上各种说法均为猜测，元宪宗蒙哥究竟因何而死，至今尚无定论。

钓鱼城古城门

钓鱼城位于重庆市合川区合阳镇嘉陵江南岸钓鱼山上，占地2.5平方千米。南宋末年的钓鱼城保卫战长逾36年，是战争史上罕见的以弱胜强的著名战例。

2.

你知道吗：摩尼教源自古代波斯帝国的国教——祆教，是基督教诞生之前中东最有影响的宗教，曾被伊斯兰教徒贬称为"拜火教"。

▶ 源于明教
▶ "明"字吉祥

明朝国号之谜

1368年，朱元璋称帝，以应天府为京师，国号大明，年号洪武。这个"大明"是怎么来的？朱元璋为什么要定国号为"大明"呢？

■ 源于明教

根据考证，吴晗先生认为朱元璋定国号为"大明"主要跟明教有关。明教其实就是摩尼教，产生于3世纪中叶，由波斯人摩尼创立，在唐武则天时期（7世纪末）正式传入中国。由于摩尼教宣扬光明，所以逐渐被称为"明教"。

明教本有明王出世的传说，经过500多年的民间传播，成了众人皆知的预言。1351年，红巾军起义爆发，起义领袖刘福通奉韩林儿为"小明王"，打起"明王出世"的旗号，号召天下反元。朱元璋也曾一度向小明王政权称臣。后来，他密谋害死了小明王，另起门户。由于手下的将领大都是小明王的旧部和明教的信徒，因此朱元璋定国号为"大明"自然顺理成章；而且这样还意味着朱元璋就是明王降世，其他人再称"明王"都不具有合法性，这也有助于稳定人心。

摩尼教经卷
摩尼教是3世纪中叶在古波斯（今伊朗）兴起的一种宗教，唐代传入中国，宋代已经完全汉化，并逐渐演化为明教。

明太祖朱元璋
朱元璋25岁时参加郭子兴领导的红巾军，郭死后统率郭部，任小明王韩林儿的左副元帅。接着以战功连续升迁，1361年受封吴国公。1368年，朱元璋在南京称帝。

■ "明"字吉祥

另一种说法认为，"明"字代表光明，分开是日、月二字，是十分吉祥的词汇，代表了大明王朝的神圣。用阴阳五行来说，"明"字也非常合适。明朝起于南方，南方为火，神是祝融；北方为水，神是玄冥。而蒙古政权起于北方，正好应了阴阳五行相克的道理。再者，上古神话中有"朱明"一说，正好又应了朱元璋的姓氏。

【百科链接】

朱元璋：
又名兴宗，字国端。元末参加红巾军起义，后来灭陈友谅、张士诚，出兵北伐元朝，攻下元朝大都，历15年而成帝业。

- 自焚而死
- 逃亡在外

你知道吗：据说建文帝朱允炆的生父朱标宅心仁厚、才华横溢，深受明太祖的喜爱。可惜他不幸英年早逝，明太祖悲痛万分，遂立朱允炆为皇太孙。

历史悬案之谜

建文帝生死之谜

建文帝朱允炆像
建文帝在位仅仅4年，最后在燕王朱棣攻陷南京之际不知所终，他的下落成为明朝第一大谜案。

建文四年（1402年），燕王朱棣攻下都城南京，当时的建文帝下落不明，一说焚死，一说逃亡，究竟如何，众说纷纭。

■ 自焚而死

据永乐年间修撰的《明太祖实录》记载，燕王朱棣发动靖难之役，经过4年的征战，获得全胜。当燕王军队进入皇宫时，宫中已是一片火海。最后，有人从灰烬中找到一具被烧得残缺不全、面目焦烂的尸体，告诉朱棣这就是建文帝。朱棣备礼以葬，遣官致祭，辍朝三日。

朱棣后来在给朝鲜国王的诏书中也说，没想到建文帝在奸臣的威逼下纵火自杀。但是据有关资料记载，宫中大火过后，太监在余烬中多次查找，只找到马皇后与太子朱文奎的遗骸，并未见到建文帝的尸体。朱棣为让天下知道建文帝已自焚，故作祭文，但其坟墓在什么地方，从不曾明说。明末崇祯帝就曾说过，想祭祀建文帝，却不知他的墓在何处。

南京玄武门
玄武门是古都南京的一处古城门，现为玄武湖公园的大门。

■ 逃亡在外

《明太祖实录》的可靠性为人们所质疑，因为朱棣曾经三次修改《明太祖实录》，目的就是要为自己夺取皇位寻找冠冕堂皇的理由。由于没有找到建文帝面目清晰的尸体，所以许多人一开始就不相信他死于火中。到了明朝中后期，关于建文帝逃亡的史料开始多起来。万历二年，12岁的明神宗曾向首辅张居正问及建文帝的下落，张居正回答："国史不载此事，但先朝故者相传，言建文皇帝当靖难师入城，即削发披缁，从间道走出，后云游四方，人无知者。"可见他也倾向于建文帝逃亡之说。

关于这种说法，谷应泰在《明史纪事本末》中的记载最具有代表性。他说，在南京被攻破之时，建文帝曾想自杀，但在亲信劝说下削发为僧，从地道逃出了皇宫，从此隐姓埋名，浪迹江湖。

有人说建文帝先逃到云贵地区，后来又辗转到了南洋一带。也有现代学者认为，当年建文帝潜逃后，曾藏于江苏吴县鼋山普济寺内，接着隐匿于穹窿山皇驾庵，于永乐二十一年（1423年）在此病亡，埋于庵后小山坡上。

建文帝的下落到底如何？以上两种说法都无法给出令人信服的证据。

【百科链接】

靖难之变：
明初朱元璋为巩固政权，大封子弟为王，规定诸王有向中央索取奸臣和起兵"靖难"的权力。朱元璋死后，其孙建文帝继位，着手削藩。1399年，燕王朱棣起兵"靖难"，于1402年攻克南京，建文帝不知所终。朱棣继位，是为明成祖。

63

2.

你知道吗：明成祖继位后迁都并营建北京，成为历史上第一个定都北京的汉人皇帝。

- 马皇后
- 硕妃李氏
- 元顺帝妃

明成祖生母之谜

明成祖朱棣是明朝历史上的第三位皇帝，明太祖朱元璋的第四子。朱棣在位22年，是继朱元璋之后又一位具有雄才伟略的皇帝。朱棣出生于1360年，正是元末群雄并起、互相征伐的战乱时期。他的生母是谁，也成了一个扑朔迷离的谜团。

■ 马皇后

明成祖对外宣称自己是明太祖的正宫皇后马秀英之子，"朕，高皇后第四子也"，也就是所谓的嫡子。在清人朱好阳编纂的《历代陵寝备考》中也有记载，"后生懿文太子、秦王樉、晋王棡、成祖、周王橚"。也就是说，朱棣是明太祖朱元璋与马皇后所生的第四个儿子。而这一说法，来源于明朝的史书，如《太祖实录》、《太宗实录》、《靖难事迹》、《玉牒》等。

但也有秘史称，马皇后根本就没有生育能力，她采用了皇家最惯常的手法即把别的妃子所生的孩子据为己有。

■ 硕妃李妸氏

硕妃姓李，是高丽选送给朱元璋的女子。据说，李氏生朱棣时属于早产，朱元璋怀疑她和人私通，便将其赐死。据说，朱棣知道自己的生母是谁以后，于永乐十年（1412年）在南京重建大报恩寺塔，以报答生母。因此当时的大报恩寺塔被划为禁地，常年大门紧闭，以保守这个惊天秘密。据说有人悄悄进去过，发现里面供奉的是硕妃像。

但有人考证，高丽向中国称臣送贡女是在1365年，而朱棣生于1360年，高丽女子入明时朱棣已5岁了，所以硕妃不可能是朱棣的生母。

马皇后

马秀英（1333～1382年），明朱元璋的皇后，谥号"孝慈高皇后"。安徽宿州人，"有智鉴，好书史"。早年丧母，被郭子兴夫妇养为义女，后嫁给了朱元璋。《明史》赞扬马皇后"母仪天下，慈德昭彰"。但其究竟是不是明成祖朱棣的生母，史书上没有明确记载。

明成祖朱棣像

朱棣（1360～1424年），明太祖朱元璋第四子，初封燕王，镇守北平。后在靖难之变中夺得帝位。

■ 元顺帝妃

元朝末年，朱元璋兴兵南征北伐，攻下大都（今北京）。朱元璋入城后来到后宫，看到一位女子姿容娇美、眉目含情，于是将她收为妃子。这个女子即元顺帝的妃子洪吉喇氏。

据称，早在朱元璋攻占大都之前，洪吉喇氏已怀孕7个月，3个月后，洪吉喇氏生下一个男孩，就是朱棣。但据史籍记载，大都失守是1368年，而朱棣生于1360年，时间相差七八年，显然洪吉喇氏也不可能是朱棣的生母。

以上种种说法，无不持之有据，但又都没有确凿的证据。看来，要想真正揭开明成祖生母之谜，我们只能期待考古学家和史学家的进一步考证了。

- 寻找建文帝下落
- 史学家的考证

历史悬案之谜

你知道吗：据说郑和信奉伊斯兰教，对东南亚地区的伊斯兰文化比较熟悉，而且懂得航海知识，因此明成祖选拔他担任正使，率船队出海。

郑和为什么七下西洋

1405年至1433年，郑和受明成祖朱棣及明宣宗朱瞻基的派遣，先后7次率领船队乘风破浪，扬帆远航，航海足迹遍布亚非30多个国家和地区，最远到达非洲东海岸和红海沿岸。郑和不辞辛劳，屡下西洋，往返再三，究竟是什么原因呢？

■ 寻找建文帝下落

许立群在《中国史话·三保太监下西洋》中写道："永乐皇帝（朱棣）派郑和航海的目的是寻找建文帝。建文帝失踪了，永乐皇帝怕他逃到国外，将来回来复辟，所以派人去找他。"

■ 史学家的考证

郑和航海图摹本（局部）

郑和航海图是郑和船队远航的重要图籍和物证，采用中国传统的山水画立体写景形式绘制而成，共绘记530多个地名，绘注航线50多条，说明当时中国航海技术已经达到相当完善的程度。

梁启超在其《祖国大航海家——郑和传》一书中指出，朱棣雄主野心，想通过扬威的壮举，达到震慑与笼络海外诸国来朝受封的目的，其实只不过是"聊以自娱"罢了。

有的学者则认为郑和下西洋既有政治目的，也有经济意图。朱棣以燕王身份凭武力强占了侄儿允炆的帝位，自知"夺嫡"声名不佳，而遣使出洋耀武异域，使万国来朝，并安抚或镇压那些逃居沿海岛屿和海外的不愿与他合作的臣民，自然不失为提高国际威望和巩固统治的积极措施；另一方面还可打开一条通往西洋诸国的海上航道，扩大明朝官方的对外贸易市场，从而获取经济利益。

还有些人说，郑和七下西洋的使命应随时间推移而有所不同。后六次是为了"寻求通西方的航路和通商"。第一次则带有扩大贸易、提高"威望"、联络印度等国的三重任务。

各家之言，无不持之有据，哪一种说法才符合历史的真相，还需要进一步考证。

郑和墓

郑和墓位于牛首山南麓，按伊斯兰风格修建，整个墓形是"回"字形，保持了回族及穆斯林葬礼的习俗、规格和风貌。

【百科链接】

梁启超：

字卓如，号任公，别号饮冰室主人、饮冰子、哀时客、中国之新民等，中国近代思想家，维新运动领袖之一。

2.

你知道吗：明光宗姓名朱常洛，明朝第十四代皇帝，死于"红丸案"，在位仅一个月，终年38岁，葬于庆陵。

▶ 病急乱投医
▶ 幕后有人主使

明光宗暴死"红丸案"之谜

明光宗朱常洛是明代第十四位皇帝。他继位仅一个月便离奇辞世，死亡原因至今仍无定论，被后人列为"明宫三大疑案"之一。

■ 病急乱投医

泰昌元年（1620年）八月二十九日，久病不愈的明光宗在乾清宫召见辅臣方从哲等13员文武大臣。光宗问方从哲道："有鸿胪寺官（掌礼仪之官）要进药吗？人在哪儿呀？"方从哲回答说："鸿胪寺丞李可灼说有仙丹妙药，臣下不敢轻信。"光宗听后，命宫中侍人立即传唤李可灼到御前，给自己看病诊脉。李可灼谈到发病的原因以及医治方法时，光宗非常高兴，命令进药，并让诸臣出去，令李可灼和御医们研究如何用药。但关于用药方案，李可灼与御医们却一直定不下来。而后，光宗催促众人配药。不久李可灼将药物调好，进到光宗面前。诸臣在宫门外等候，光宗服药后约一个时辰，宫中内侍急报说："圣上服药后四肢温暖，想进饮食。"诸臣欢呼雀跃，退到宫外。

到了傍晚，方从哲放心不下，又到宫门候安，正遇见李可灼出来，急忙打听消息。李可灼回答说："服了红丸药，皇上感觉舒畅，又怕药力过劲，想要再服一丸，如果效果好，圣体不久就能康复了。"诸医官认为不宜吃得太急。但光宗催促进药非常急迫，众人难违圣命。

■ 幕后有人主使

谁成想次日早晨，宫中紧急传旨，召群臣速进宫。当群臣跑入宫中之时，这里已是哭声震天，明光宗已经归天了。

对于这突如其来的变故，人们不约而同地把目光转到了郑贵妃身上。郑贵妃是明神宗朱翊钧的妃子，神宗遗命封她为皇后。但光宗即位后，迟迟不给郑贵妃加皇太后的封号，所以有人怀疑是郑贵妃命人进药谋害光宗。但李可灼是否受她指使，大家却不敢妄下定论。本来光宗当时已病入膏肓，难逃一死，但因吃了江湖怪药而死，事情就变得不简单了。最后，此案不但追查到郑贵妃，方从哲也被迫辞职，李可灼被充军。但究竟是否有幕后主使，主使人到底是谁，现在仍不得而知。

明光宗朱常洛
明光宗朱常洛（1582~1620年），年号泰昌，在位1个月。执政时间虽短，但"明宫三大疑案"（"梃击案"、"红丸案"和"移宫案"）都与他有关。

乾清宫
乾清宫是故宫内廷正殿，内廷后三宫之一，建于明永乐十八年（1420年）。泰昌元年（1620年），刚继位30天的明光宗朱常洛莫名其妙地死于乾清宫。

- 酷虐宫女
- 宁嫔王氏宫变

你知道吗：明世宗姓朱名厚熜，是明朝第十一代皇帝，他尊道教、敬鬼神、迷信丹药方术，一生乐此不疲。

历史悬案之谜

宫女刺杀明世宗之谜

明世宗嘉靖帝
明世宗朱厚熜（1507～1566年），明宪宗庶孙，兴献王朱祐杬嫡子，年号嘉靖。在明代皇帝中，朱厚熜的权术也许不及太祖朱元璋，荒唐不及武宗朱厚照，残忍不及成祖朱棣。可是其荒唐、自大、残忍以及玩弄权术的综合水平，却胜过明朝任何一个皇帝。

明嘉靖二十一年（1542年），发生了一件轰动一时的宫婢案，史称"壬寅宫变"。杨金英等十余名宫女因不满明世宗的暴行，趁其睡觉时将绳子套在他的颈部欲将其勒死。但因绳结在匆忙中打了个活扣，明世宗未被当场勒死，被及时赶来的皇后救了下来。结果可想而知，杨金英等十余名宫女被押至西市，遭凌迟处死，"尸枭首示众"。宫女们为何要冒着极大的危险不顾后果地刺杀明世宗呢？

■ 酷虐宫女

有人认为，这件事很可能是明世宗炼制长生不老丹药所致。

明世宗一生迷信丹药，乐此不疲。为投明世宗所好，大江南北进献的秘方和丹药五花八门。如"红铅"是当时最流行的丹药炼制之法，是将处女月经和药粉经过拌和、焙炼而制药，药形如辰砂。壬寅宫变前两年，明世宗任用方士采用"红铅"法炼制丹药。为了采得足够的炼丹原料，明世宗强迫宫女们服食催经下血的药物，轻则损伤宫女身心，重则使宫女因失血过多和血崩而丧命。为了防止炼药的秘密泄露，明世宗还杀掉取过血的宫女。宫女自知灾难早晚会落到自己头上，于是决定拼死一搏。

还有人认为，明世宗暴虐无度，宫女只要犯了一点错误，就痛加责打。非人的待遇使宫女们担惊受怕，蓄谋拼死抗争。

■ 宁嫔王氏宫变

有人则认为，壬寅宫变是宁嫔王氏首谋的宫变。明世宗自嘉靖元年大婚后，身体虚弱，经常气喘、咳嗽，直至嘉靖九年膝下还没有孩子。嘉靖十年，明世宗在宫中钦安殿建坛求嗣。起初，以礼部尚书为监礼使，文武大臣轮流值班进香，一直没有效果。到嘉靖十五年，朝廷请来道士邵元节等主持祈坛。当年，后宫妃嫔就生了男孩，以后又有好几个孩子相继出生。

宁嫔王氏也在这一年为明世宗生了一个儿子，按惯例，她应该由嫔晋为妃，可明世宗并没晋封她。宁嫔王氏心存不满，便在明世宗夜宿宠妃曹氏宫中时，指使杨金英等宫女将皇帝勒死以作为报复，同时也可借此把责任推到曹氏身上。

但反对者认为，一个生有皇子的妃嫔为晋封争宠冒如此大的风险，实在没有必要。

因此，这次宫变究竟因何而起，至今仍是一个谜。

丹砂矿石
丹砂又称朱砂、辰砂，主要成分为硫化汞，是中国古代方士炼丹的主要原料。

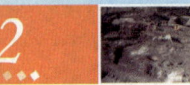

你知道吗：努尔哈赤建立了八旗制度，女真各部所有兵民三百人为一牛录，五牛录为一甲喇，五甲喇为一旗，共设八旗。

▶ 死于红衣大炮
▶ 兵败郁愤而死

努尔哈赤死因之谜

努尔哈赤，中国历史上最后一个封建王朝的奠基人。金庸称他为"自成吉思汗以来，400多年中全世界从未出现过的军事天才"。但关于他的死因，史学界争论不休，始终没有定论。

【百科链接】

红衣大炮：

也称红夷大炮，明代后期从西方传入中国的前装滑膛加农炮。红衣大炮大多数是明政府与澳门的葡萄牙人交易得来的。远射程的红衣大炮结合开花弹，成了明末政府对抗后金铁骑的最强武器。

清太祖努尔哈赤
爱新觉罗·努尔哈赤（1559～1626年），八旗制度的创立者。

■ 死于红衣大炮

朝鲜人的著作中明确记载努尔哈赤在宁远之战中受重伤一事，并称他是被明军的红衣大炮所伤。红衣大炮的威力非常大，特别适于击杀密集的骑兵，是当时世界上最先进的火炮。

令人不解的是，清代官书提及努尔哈赤之死时，都说他是得病而死，至于得的什么病，则往往讳莫如深。对此，研究者的分析是，努尔哈赤在宁远攻城战役中中炮受伤，随后又受了袁崇焕的冷言讥讽，回到沈阳后一直耿耿于怀，怒火中烧，导致伤口恶化，后来前往清河洗汤浴，致使伤口进一步恶化，并出现并发症而死，炮伤是置努尔哈赤于死地的最重要原因。谁能想到大清一代开国君主竟葬身于红衣大炮之下！为固军心，清军将领隐瞒了努尔哈赤的真正死因。

■ 兵败郁愤而死

清史专家李鸿彬在《满族崛起与清帝国建立》一书中，对努尔哈赤死于炮伤提出了质疑：疑点一，努尔哈赤兵败后，袁崇焕曾派遣使臣前往后金营中察看，但是，无论是袁崇焕本人报告宁远大捷的奏折，还是朝廷表彰袁崇焕的圣旨抑或朝臣祝贺袁崇焕宁远大捷的奏疏，都只字没提努尔哈赤受伤之事。疑点二，努尔哈赤战败于宁远是1626年正月，至八月二十日死，其间8个多月。从大量史料记载看，在这8个多月中，努尔哈赤并没有去治病，而是"整修舟车，试演火器"，积极准备再进攻宁远，以复前仇。由此可见，努尔哈赤在宁远之战中并没有身受重伤。

那么，努尔哈赤到底是因何而死呢？李鸿彬认为，努尔哈赤回到沈阳以后，一则由于宁远兵败，精神上受到很大的创伤，整日心情郁愤；二则因为年迈体衰，长期驰骋疆场，鞍马劳顿，积劳成疾。

以上两种观点都有一定的道理，但又无法确证。

宁远古城
宁远就是今天的辽宁兴城，作为关门重镇，它是明遏制清军入关的重要屏障。

- 死于九宫山
- 出家为僧

你知道吗：李自成提出"均田免粮"等口号，在各地开仓放粮，受到贫苦农民的欢迎，有民谣"杀牛羊，备酒浆，开了城门迎闯王，闯王来时不纳粮"。

历史悬案之谜

闯王李自成结局之谜

明崇祯十七年（1644年），李自成在西安建立大顺政权，年号永昌。同年，李自成领导农民起义军攻占北京，几十万大军所向披靡，战无不胜，终于推翻了昏庸无道、摇摇欲坠的明王朝。后来，李自成兵败于引清军入关的吴三桂，而兵败后的李自成到底归宿如何，至今没有定论。

李自成行宫
李自成在西安建大顺国后，命人在米脂县城北的盘龙山上修建了行宫和祖墓，山名也是因此而来。

■ 死于九宫山

比较普遍的说法认为李自成最后死于湖北省东南部通山县的九宫山。而九宫山以西数十里外的牛迹岭，是他的墓地。

最早记载李自成死于九宫山的是清朝靖远大将军阿齐格的奏报以及南明兵部尚书何腾蛟给唐王的奏报。奏报上说，李自成身受重伤，带着仅剩的亲信约20人，逃入九宫山中，被村民围困，无法脱逃，自杀身亡。

如今九宫山闯王陵墓的马镫遗物形制特殊，还刻有永昌年号，可以确认其为李自成所遗留。

■ 出家为僧

李自成兵败后逃到石门夹山寺为僧，老死寺中，这一说法也较为流行。

湖南省的石门县古称"澧阳"，又称"澧州"。据清乾隆年间的《澧州志林》所收的《李自成传》一文称，李自成兵败后，只身一人逃到石门的夹山寺当了和尚，法名是"奉天玉和尚"。

夹山寺位于石门县东15千米的三板桥，是一座唐代古刹。据文献记载，寺中曾有一位叫野拂的和尚服侍过奉天玉和尚，而且野拂和尚说话带有浓重的陕西口音。他说奉天玉和尚是顺治初年来寺的，并取出奉天玉和尚的画像。这张画像"肖似史书所记李自成的模样"。1981年，考古学家在石门夹山还发现了传系李自成所作的《梅花百韵》木刻版，又从奉天玉和尚墓葬中发现了骨灰和砖刻《塔铭》。墓葬中，有其弟子野拂所撰写的碑文等文物。据考证，野拂和尚就是李自成的亲侄儿李过。由此推测，野拂和尚精心侍奉的奉天玉和尚很可能是李自成。

闯王究竟是在九宫山自杀，还是出家为僧，各种记载和传说扑朔迷离，至今尚无定论。

山海关城楼
1644年，李自成率农民起义军与吴三桂所率明军及多尔衮所率清军在山海关进行了一次决定性战役，农民军大败，这次战役成为李自成领导的农民起义由盛趋衰的转折点。

你知道吗：顺治帝名爱新觉罗·福临，谥号体天隆运定统建极英睿钦文显武大德弘功至仁纯孝章皇帝，庙号世祖。

▶ 病死宫中
▶ 五台山出家

顺治帝消失之谜

清世祖爱新觉罗·福临（顺治帝）是清朝入关后的第一位皇帝。他幼年继位，在位18年。顺治十八年（1661年），其宠妃董鄂妃去世，其后不到半年，顺治帝就从清宫里神秘消失了。

■ 病死宫中

这种说法认为，董鄂妃的去世给了顺治帝毁灭性的打击。从此，他沉溺于极端的痛苦哀伤之中，精神和身体都已虚脱。他自己曾经感叹道："骨已瘦如柴，似此病躯，如何挨得长久？"就在他哀伤不能自拔的时候，疾病又向他袭来，他染上了烈性传染病天花，这病在当时是不治之症。挣扎了几天后，顺治帝就病逝了，距离董鄂妃死仅4个月。张宸《青王周集》载，朝廷"传谕民间毋炒豆，毋燃灯，毋泼水，始知上疾为出痘"，这指出顺治帝是死于天花。

■ 五台山出家

说顺治帝出家为僧，是有多方根据的。首先是文辞记载。顺治帝消失后，不仅民间有诗文（如吴梅村的诗）暗示，而且据记载，顺治帝的儿子康熙帝曾经4次上五台山，目的就是探视他出家的父亲；其次，顺治帝一向好佛，宫中就有两位有名的高僧。据记载，顺治帝曾对宫中禅师讲：

顺治帝
清世祖顺治皇帝（1638～1661年），名爱新觉罗·福临，清太宗皇太极的第9子，6岁继位。

"愿老和尚勿以天子视朕，当如佛门弟子旅庵相待。"并且表示："财宝、妻孥，人生最贪恋摆拨不下。朕于财宝固然不在意中，即妻孥觉亦风云聚散，没甚关系。若非皇太后一人挂念，便可随老和尚出家去。"可见顺治帝早有出家意念。

有人认为，导致顺治帝出家的真正原因是他想逃避现实，宠妃的死只不过是导火线。据考证，顺治帝6岁登基，名义上是皇帝，其实并没有掌权。先是野心勃勃的多尔衮摄政，后来是刚毅多谋、独断专行的孝庄皇太后临朝称制，使他深感宫廷生活的尔虞我诈。能带给他喜悦的只有董鄂妃，但他们的爱情却昙花一现，宫中钩心斗角的生活他再也无法忍受了。可是，在当时的社会环境中，皇帝出家当和尚怎么行得通？于是，顺治帝精心设了一个"病死"的局，以掩人耳目。

究竟哪种说法是真实的？顺治到底是得天花病死了，还是出家了？至今仍是个谜。

清孝陵神功圣德牌楼
清东陵的孝陵是顺治的陵墓，在昌瑞山主峰之下，处于陵区中心位置。传说，孝陵地宫棺椁内只有顺治生前用过的一些衣物，没有尸体。

- 弑父篡位
- 不可能矫诏

你知道吗：有鉴于康熙朝诸皇子争储位的惨痛教训，雍正创立秘密建储制，将已选定的储君姓名写好密藏匣内，置于乾清宫"正大光明"匾后，以备不测。

历史悬案之谜

雍正帝继位之谜

雍正帝

清世宗爱新觉罗·胤禛，康熙帝第四子，经过众多兄弟激烈的竞争后取得了皇位，以统治手段严苛而闻名，因而招致人们的憎恶，人们就其继位方式编造了多种版本。

康熙帝驾崩后，皇四子胤禛继位，是为雍正帝。雍正帝是怎样登上皇位的，长期以来有种种传说。

■ 弑父篡位

有人认为，康熙帝心目中的继承人是皇十四子胤禵，这可以从康熙帝让其在西北主持军务一事看出。因为西征之役关系到半壁江山的归属和今后清政府的安危，必须选择最信任、最有能力的人充当大将军。此外，据记载，康熙帝驾崩那天晚上，曾大声号呼，可见当夜肯定发生了什么大变故。中国社会科学院历史研究所许曾重撰文说，西征之役即将结束，胤禵返京继位几乎已成定局，因此胤禛果断采取行动，于十一月十二日晚严密控制了畅春园，派近臣隆科多在御膳中放入毒药，毒死了康熙帝。

而后，胤禛又串通隆科多等人，修改了康熙帝手书的传位遗诏，将遗诏中的"皇位传十四子胤禵"改为"皇位传于四子胤禛"。胤禛就这样登上了皇位。

■ 不可能矫诏

有人则认为，根本不存在雍正帝篡位问题。因为康熙帝遗诏是用满文写的，所以将"十"字改为"于"字是行不通的。即使写的是汉字，"十"也无法加一笔成为"于"字，因为那时的"于"字写作"於"。而且，隆科多与雍正帝原非深交，何苦冒险矫诏拥立他？再者，皇十四子若是康熙帝所选定的皇储，为何又让其长期滞留在边陲？

据官方史书记载，康熙帝临死前曾命雍正帝代行郊祀大典，病危时，又将几位皇子和大臣召至御榻前说："四子胤禛，人品贵重，深肖朕躬，必能克承大统，着继朕登基，即皇帝位。"可见，康熙帝想立的是皇四子胤禛。

以上说法孰是孰非，至今没有定论。

养心殿

康熙皇帝死后，雍正为了表示守孝，没有入住乾清宫，而是居住于养心殿。此后，雍正皇帝就把养心殿作为他的寝宫，没有再搬到乾清宫。

2.

你知道吗：雍正帝做皇子时就对丹药产生了兴趣，还曾写过一首题为《烧丹》的诗："铅砂和药物，松柏绕云坛。炉运阴阳火，功兼内外丹。"

- 民间的猜测
- 服丹而死

雍正帝死亡之谜

雍正帝道装像

为清朝宫廷画家所绘。雍正皇帝登基之前就相信武夷山道士的算命，之后封江西道士娄近垣为妙正真人，把道士贾士芳及张太虚等养于宫苑以炼制丹药。

据清史料记载，雍正帝在1735年8月20日于圆明园突感身体不适，但仍然可以接见大臣，批阅奏折。到了8月22日，其病情突然恶化，23日就去世了，整个过程只有短短的3天时间。而关于其死因，史书和清朝档案中都没有记载，这就给民间传说留下了很大的发挥空间。

■ 民间的猜测

民间对雍正帝的死因，有两种猜测：

第一种说法认为，雍正帝是被武林高手吕四娘刺杀而死。吕四娘是明末清初大学者吕留良的孙女，当年吕家因为文字狱遭到满门抄斩，而吕四娘被高人救出，从此苦练武功，终于成为武林高手。后来，吕四娘潜入圆明园，用一种暗器"血滴子"砍下了雍正帝的人头，给亲人报了仇。

第二种说法就更离奇一些。说是江南曹雪芹有个侍女，叫竺香玉，被雍正帝看上，强纳入宫。但竺香玉对曹雪芹一直念念不忘，终于抓住一个偶然机会，刺杀了雍正帝，逃出皇宫和曹雪芹相见。

■ 服丹而死

不少史学家认为，雍正帝极有可能死于服食丹药。据说，雍正帝在一次大病之时，有个道人给他服了某种丹药后就痊愈了。自此之后，雍正帝非常相信道人丹药，自己也经常在圆明园内修建丹炉，找高人道士炼丹。《清史稿》记载，雍正帝死前12天，光炼丹用的黑铅就消耗了200斤。

据此推测，雍正帝很可能死于丹药中毒。因为古代丹药的主要成分是汞、铅、砷等重金属元素，这些重金属多对人体有害，长期服用很容易使人中毒。

雍正帝死后第三天，乾隆帝登基，下谕旨将炼丹道士全部驱逐出宫。同时，告诫太监、宫女，不许妄说国事，如有闲话者，"定行正法"。新君登基，百务待理，却急于对几名道士做出处置，这正为雍正帝死于服食丹药这一说法作了有力的注解。

因缺乏明确的史料记载，对于雍正帝死亡的真正原因，至今仍无定论。

清泰陵隆恩殿

清西陵泰陵位于河北易县，内葬清世宗雍正皇帝、孝敬宪皇后、敦肃皇贵妃。泰陵是清西陵中建筑最早、规模最大、体系最完整的一座帝陵。民间传说陵墓内的雍正帝尸体没有头，只有用黄金制成的假头。

- 善于钻营
- 马佳氏再世

你知道吗：乾隆帝死后，嘉庆帝立刻宣布和珅二十条大罪，将他逮捕入狱，并很快赐他在狱中自尽。

历史悬案之谜

贪官和珅受宠之谜

清朝的明君屈指可数，乾隆帝是其中较为突出的一个。但令人奇怪的是，在这样一位贤君身边，竟时刻跟随着一个奸臣，这个奸臣就是和珅，民间有"和珅扳倒，嘉庆吃饱"一说。为什么这样的奸臣会受到乾隆帝的无比宠幸呢？

乾隆帝朝服像
乾隆帝（1711~1799年）继位后，优待士人，实行"宽严相济"之策，他在位60年，这期间是中国封建政治、经济、文化诸方面经过漫长沉淀之后的集大成时代。他后期宠信和珅，致使贪污盛行，使其辉煌的一生蒙上了阴影。

■ 善于钻营

有人认为，和珅善于揣摩乾隆帝的心思，是乾隆帝肚子里的一条"蛔虫"。只要是乾隆帝喜欢的事情，他都抢着去做，尽力去做，什么事都干得出来。身为朝廷大员，在乾隆帝面前，和珅总是"言不称臣，必曰奴才"，"皇帝若有咳唾，和珅以溺器进之"。俗话说，"天威难测"、"龙眼无恩"，要成为皇帝肚子里的一条虫子着实不容易，和珅却做到了。有名的"乾隆下江南"就是和珅鼓动成行的。

■ 马佳氏再世

关于和珅受宠的原因，还有另外一种说法。据记载，乾隆帝还是宝亲王的时候，曾钟情于马佳氏，而这马佳氏正是雍正帝宠爱的妃子。宝亲王时年17岁，常在没人的时候和马佳氏调笑，两人渐生情愫。

一天，马佳氏误撞到宝亲王的眉际，被皇后钮祜禄氏看见，皇后便以调戏皇子为名，下令将马佳氏拖到月华门勒死。宝亲王听后，流着泪跑到月华门前，此时的马佳氏已奄奄一息，宝亲王放声哭道："我害了你。"随即咬破自己的指头，滴一点血在马佳氏的颈上，说："我今生无力救你，来生以红痣相认。"马佳氏淌了两行眼泪便魂归西天了。宝亲王又仔细端详了马佳氏的脸面，吩咐用上好的棺木盛殓，并买通宫女把马佳氏贴身的衬衣脱下来，日日与之同眠。

而和珅长相酷似马佳氏，其颈上有一颗鲜红的血痣。因此，和珅被乾隆帝认为是马佳氏再世，因此受到万千宠爱。御书房是他和乾隆帝同榻而眠的场所，其受宠程度可见一斑。和珅经常作出百般娇媚的样子，使乾隆帝更加相信他就是马佳氏转世。

和珅
和珅原名善宝，字致斋，钮祜禄氏，满洲正红旗二甲喇人。乾隆时期，他长期担任大学士、军机大臣等要职，贪污受贿达11亿两白银，这相当于清政府15年的国库总收入，被称为"中国历史上第一号贪官"。

事实的真相究竟如何？和珅到底由于何种原因受到宠信？这些君臣之间的旧事只能留给史学家去考证了。

你知道吗：同治皇帝是清代帝王中最顺理成章、最没有争议继位的一个。咸丰皇帝共有两个儿子，同治是他的长子，次子3岁就夭折了，所以同治成了唯一的合法继承人。

▶ 死于天花
▶ 死于毒疮
▶ 身患梅毒

同治帝死因之谜

同治十二年（1873年），同治帝终于亲政，但还不到两年，他就因病去世了。同治到底因何病而死，成为中国近代史上解不开的谜。

同治帝朝服像
清穆宗爱新觉罗·载淳（1856～1875年），咸丰帝长子，母亲为赫赫有名的慈禧。同治6岁登基，亲政两年，死于同治十三年，终年19岁，是清朝皇帝中寿命最短的一个。

■ 死于天花

清代脉案《万岁爷进药用药底簿》比较详细地记录了自同治十三年十月三十日下午同治帝得病，召御医李德立、庄守和入宫请脉起，直至十二月五日夜同治帝病死，前后37天的脉案、所开的处方，共用了106服药的情况。这本脉案是敬事房太监根据御医李德立、庄守和每天请脉记录和所开药方誊抄汇辑成册的。据这份脉案的记载，同治帝无疑是死于天花，而绝非死于其他病症。

■ 死于毒疮

还有一种说法，同治帝死于"痈"，俗称毒疮或疗。李慈铭在《越缦堂日记》中说同治帝"旋患痈，项背皆一，皆脓溃，先十日已屡昏，殆不知人"。这种病症在初期时，必须尽快就医诊治，一旦拖延，病人生命就很危险。这种解释与李慈铭的记载比较接近。

■ 身患梅毒

同治帝死于梅毒的说法在民间广为流传。

就同治帝平常的行为习惯而言，他很有可能染上梅毒。据《清代外史》记载，同治帝婚后迫于慈禧的淫威，不能与自己喜欢的皇后享受夫妻之乐。孤枕难熬，便微服出宫，寻花问柳，导致身患梅毒。

但是，同治帝究竟死于何病，尚待史学家们进一步考证。

养心殿东暖阁
同治帝亲政未及两年就因病结束了短暂的一生，于1875年1月12日死于养心殿东暖阁。

- 受到猜忌和挟制
- 分裂背叛

你知道吗，据说石达开率领的太平军覆灭于渡大渡河前夕，曾把军中大量金银财宝埋藏于某隐秘处，还留有一纸藏宝图，图上写有"面水靠山，宝藏其间"8字隐训。

历史悬案之谜

翼王石达开出走之谜

湍急的大渡河

1863年春，率兵出走的翼王石达开兵败大渡河。6月25日，被俘的石达开被清军杀害。

翼王石达开是太平天国最富有传奇色彩的人物之一。他16岁便被太平天国领袖洪秀全寻访出山，19岁统率千军万马，20岁被封为翼王，英勇就义时年仅32岁。但正是这位太平天国的重要将领，却于1857年从天京带兵20万出走，给太平天国运动造成了严重损失。历来人们对他出走的原因争论不休。

■ 受到猜忌和挟制

有人认为，石达开是由于受到猜忌和挟制才出走的。

1856年9月，韦昌辉发动天京叛乱。叛乱平定后，因朝中无人，石达开奉天王洪秀全之命回京辅政。

石达开在辅政期间，做事有条有理，深得太平军官兵拥戴。但是洪秀全却"未肯信外臣，专信同姓之重"。在满朝文武拥戴石达开时，洪秀全却对他产生了猜忌。他违背广大太平军将士的意愿，把他"又无才情，又无计算，一味固执"的两个哥哥洪仁发、洪仁达封为安、福二王，并通过他们来挟制石达开，甚至对石达开采取了软禁措施，严重限制了石达开的权力。石达开不愿意与天王发生正面冲突，但若继续维持这种难堪的局面，随时会有被害的危险。在这种进退两难的情况下，石达开最终选择了"出师再表真"的单独抗清道路。

■ 分裂背叛

有人认为，石达开在革命过程中，为摆脱复杂而困难的局面，忽视了有害革命整体后果的严重性，走上了使革命队伍发生分裂的道路，这实际上是一种背叛行为。

对于此观点，人们多不认同。石达开率众出走使革命队伍受到严重损失，当然是极为错误的，但石达开所率的太平军在出走后，始终坚持"灭妖（抗清）"的武装斗争，到处"抑强扶弱"、"除暴安良"。他始终把自己摆在"辅佐圣主"的位置，在最后陷入绝境之际，他仍公开对敌宣告"捐躯犹可对吾主"。所以，不能认为石达开是为背叛太平天国革命事业而出走。

石达开出走的真正原因究竟是什么？还需要史学家进一步考证。

石达开远征军遗留的宝刀

石达开率兵出走，大大削弱了太平天国的力量，给太平天国运动造成了极大的损失。

你知道吗：据说，李秀成被俘之后，以每天7000字左右的速度书写了数万字的《李秀成自述》，其中流露出不少变节的言辞，给自己的一生留下了污点。

▶ 经过修改重抄
▶ 自供状乃真迹

忠王李秀成"自供状"之谜

忠王李秀成是太平天国后期一员威震四方的名将。1864年7月，李秀成被敌人擒获。相传，他在囚笼中写下了数万字的自供状，向曾国藩乞降，但这并没能让曾国藩饶他一死。据此，许多人都认为李秀成是晚节不保的叛徒，但是也有人质疑这份自供状的真实性。

忠王李秀成
李秀成（1823~1864年），广西藤县大黎里新旺村人，太平天国后期重要将领，被封为忠王。1851年9月参加太平军，作战机智勇敢，战功赫赫。1864年7月，天京被曾国藩的湘军攻破，李秀成投降后于8月被杀。

■ 经过修改重抄

1979年和1984年，史学家荣孟源两次撰文断定《李秀成自述》不是李秀成的真迹。其理由如下：

其一，李秀成写自供状用了9天时间，每天之间应有间隔，全文应有8个间隔。今所见《李秀成自述》原稿影印本，文字相连，看不出每天的间隔，显然是曾国藩派人把李秀成的每天所写汇抄在一起了；其二，各方面的材料都说明李秀成真迹应是五万余字，而今留下的《李秀成自述》却只有三万多字，这明显地说明曾国藩曾对这份自供状动过手脚；其三，《李秀成自述》原稿影印本从第1页到第40页，书口均写有页码，整整齐齐，文字并无差错，身处狱中的李秀成能写出如此完整、齐备的自供状吗？其四，《李秀成自述》原稿影印本中出现的"上帝"、"天王"多数并不抬头，凡"清"字均不讳，这些显然违背了太平天国严格的书写规定和避讳制度。

■ 自供状乃真迹

1944年，著名历史学家罗尔纲对广西通志馆从曾国藩家里抄录的自供状原稿作了仔细鉴定，认定它是李秀成亲笔所写。1963年，在台湾的曾家后人出版影印了李秀成自供状的原稿，史学界为之震动，基本接受了"文件是真"的结论。针对荣孟源断定"《李秀成自述》是假"的意见，著名历史学家陈旭麓说，字句的款讳问题可能仅仅是李秀成的疏忽，犯了讳，也并不奇怪。而且他又提出疑问，《李秀成自述》如果是假，曾国藩为什么要把这个假的东西当成宝贝，并传之后代？为什么他的第四代曾孙还要把这个易招非议的假东西公之于众呢？

苏州拙政园
苏州的拙政园是我国四大古典园林之一。1860年夏，太平天国在苏州建立了苏福省，忠王李秀成利用原拙政园花园部分及东西部宅第等合并改建成忠王府，作为太平天国在苏浙地区的最高统帅府。

- 被人毒死
- 因病而死

你知道吗：南海瀛台四面环水，只在北端架一板桥通至岸上，光绪被囚于此之后，慈禧太后便命令人把桥板撤掉了，以免光绪帝走出瀛台岛。

历史悬案之谜

光绪帝暴死之谜

1908年11月14日，38岁的光绪皇帝突然在中南海瀛台去世。次日下午，慈禧太后也病死在中南海仪鸾殿。消息公布后，全国一片哗然。这对感情不和的母子去世时间相隔如此之短，关于光绪帝的死因也就引起了世人的种种猜测。

光绪帝朝服像

光绪帝（1871～1908年）名爱新觉罗·载湉。亲政之时，春秋方富，抱大有为之志，欲张挞伐，以雪国耻。戊戌变法失败后，被囚禁在南海瀛台，饮恨而亡。

■ 被人毒死

在民间，人们大都认为光绪帝是被人毒死的，至于是谁下的毒手，则有不同的说法：

第一种观点，以徐珂的《清稗类钞》为代表，认为慈禧病危时，派亲信去窥探光绪帝的动静，得知光绪帝"竟有喜色"，为之大怒，随后派兵士毒死了光绪帝。

第二种观点，以德龄的《瀛台泣血记》为代表，认为慈禧的亲信太监李莲英狗仗人势，平时经常迫害光绪帝，他生怕慈禧死后光绪帝上台危及自身，所以暗中毒死了光绪帝。

第三种观点，以康有为的公告与溥仪的《我的前半生》为代表，认为袁世凯在戊戌政变中出卖了光绪帝，当慈禧病危时，他担心光绪帝重新上台对自己不利，便以重金买通内监，暗中下毒，毒死了光绪帝。

■ 因病而死

光绪帝并非慈禧太后亲生，而是醇亲王之子，过继过来是为了继承大统。他自幼离开父母，在慈禧的冷漠、威严与胁迫中长大，精神压抑，体弱多病。特别是在戊戌政变中经受了慈禧的迫害打击，被长期幽禁，身体急剧衰弱，年纪轻轻就患上多种疾病。据现代医学分析其病史，他的肺、肝、心等都有病，还长期遗精。他勉力支撑数年，到1908年已病入膏肓。1908年11月10日，即光绪帝死前4日的医案上写着："此病不出四日，必出危险！"11月12日，御医们已感束手无策；14日进入弥留状态，"脉息如丝欲绝"，光绪帝终于死亡。据这些资料分析，光绪帝的直接死因乃是心肺功能慢性衰竭合并急性感染。

在这几种说法里，究竟哪种说法的可信度高一些，目前还难以确定。光绪帝之死，成为清宫内的又一桩疑案。

光绪皇帝大婚图

光绪帝于光绪十五年（1889年）正月举行大婚典礼。这次婚姻完全由慈禧太后一手包办，没有任何感情的婚姻使光绪帝倍感压抑。

你知道吗：慈禧墓中随葬有4个翡翠西瓜，两个白皮黄子粉瓤，两个绿皮白子黄瓤，价值600万两白银。

▶ 奢华的墓葬
▶ 东陵大盗

慈禧太后随葬珠宝遗失之谜

慈禧是历史上著名的"奢侈"太后，生前酷爱珍珠、玛瑙、宝石、玉器、金银器皿等宝物，死后陪葬珍宝价值高达几亿两白银。然而，正是这种精美奢华，令她的陵墓被人盗掘，灵魂不得安宁。

■ 奢华的墓葬

慈禧死后葬在清东陵。

李莲英是慈禧太后最信任的太监，由他口述的《爱月轩笔记》中详细记载了慈禧墓中随葬品的种类、数量、位置以及价值。据记载，慈禧的棺内底铺金丝织宝珠锦褥，厚7寸，镶有大小珍珠12604粒、宝石85块、白玉203块；褥上铺绣满荷花的丝褥，上缀珍珠2400粒；盖尸身的是一条织金陀罗尼经被，用明黄缎捻金织成，缀有820粒珍珠，织有陀罗尼经文2.5万字；经被之上还覆有一层缀有6000粒珍珠的被子。

入殓时慈禧头戴镶嵌珍珠宝石的凤冠，凤冠上每颗珍珠重4两，价值白银1000多万两；口内含夜明珠一粒；脖颈上有朝珠3挂；身旁还陪葬着金、玉佛像和各种宝石、玉石、珊瑚珍品。

■ 东陵大盗

1928年，驻在河北遵化清东陵附近的国民革命军第十二军军长孙殿英打起了东陵的主意。

经过一番周折，盗墓的士兵找到了慈禧墓地宫的入口。进入地宫中的士兵没费什么力气就见到了棺椁与陪葬珍宝。慈禧的主墓室是一个完全由汉白玉石铺砌的石室，正中是一座汉白玉石台，上面停放着一具巨大的棺椁，这就是慈禧的梓宫。梓宫两侧的两座石墩上，放着记录慈禧谥号的香宝、香册。

士兵们将金漆外椁用刀斧劈开，又用刀撬开红漆内棺，发现棺中堆积着无数珠宝。官兵们很快将这些珠宝哄抢一空。

至于那些珠宝的去向，据说有些被孙殿英等人用来行贿，有些或被变卖，或遭毁坏，甚至被走私到国外。据说，台北故宫博物院中珍藏的那一棵翡翠白菜，就是慈禧墓中流失之物。但随着时间的流逝，这些被盗的珠宝到底去了哪里，越来越难以一一说清了。

慈禧太后

慈禧太后生前对珠宝很感兴趣，死后陪葬品数量众多，珍宝的价值至今无法估量。

慈禧陵前的丹陛

在慈禧陵的隆恩殿前，有一块"凤压龙"图案的丹陛石，这在清代的丹陛石中绝无仅有，其图案暗寓了慈禧垂帘听政操掌清朝政权的现实。

【百科链接】

梓宫：
中国古代帝王、皇后所用的以梓木制作的棺材。后来也借指已死而未入葬的皇帝灵柩。

谥号：
古代的帝王、诸侯、卿大夫、高官大臣等具有一定地位的人死去以后，根据他们的生平事迹与品德修养而给予的带有评判性质的一种名号。帝王的谥号一般是由礼官议定，经继位人认可后方予以宣布，臣下的谥号则由朝廷赐予。

- 致远舰沉没
- 被鱼雷击中
- 被炮弹命中

你知道吗,邓世昌是近代中国第一批自己培养出来的海军将领,在他精心训练下,致远舰成为北洋舰队中战斗力最强的主力战舰之一。

历史悬案之谜

北洋水师致远舰沉没之谜

1894年9月17日,中日甲午海战爆发。至下午3点半,北洋舰队与日本海军已经鏖战了近两个小时,形势不容乐观。此时,日本舰队由北洋舰队的右翼向左翼回旋,已驶至旗舰定远号前方,步步向定远舰进逼。

■ 致远舰沉没

致远舰管带邓世昌为保护旗舰,下令开足机轮,驶向前方海域,迎战来敌。日本4艘先锋舰围攻致远舰,致远舰连续受到10英寸至13英寸重炮榴霰弹的轰击,中弹累累,舰身倾斜,邓世昌欲与日舰同归于尽。遗憾的是,致远舰还未来得及与日舰吉野号巡洋舰相撞,就倾斜沉没了!但是,致远舰究竟是怎样沉没的,至今还是一个谜。

■ 被鱼雷击中

最初的解释是,致远舰被日本军舰发射的鱼雷击中,导致沉没。邓世昌的孙女邓素娥在回忆邓世昌逸事时,也说致远舰是被鱼雷击中而沉没的。当时的鱼雷尽管威力巨大,但性能并不可靠,而且射程较近。在战斗爆发前,日

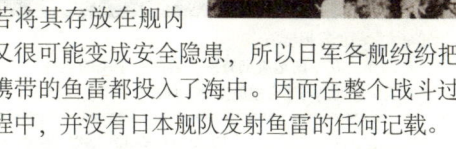

致远舰管带邓世昌

邓世昌（1849～1894年）,字正卿,广东番禺人。毕业于马尾船政学堂驾驶班,后任北洋水师主力巡洋舰致远舰管带,在黄海大战中以身殉国。

军担心这些鱼雷没有使用的机会,倘若将其存放在舰内又很可能变成安全隐患,所以日军各舰纷纷把携带的鱼雷都投入了海中。因而在整个战斗过程中,并没有日本舰队发射鱼雷的任何记载。

■ 被炮弹命中

据故宫博物院编著的《清光绪朝中日交涉史料》记载,北洋舰队提督丁汝昌在战后向北洋大臣报告海战经过时说:"倭船快,炮亦快且多。对阵时彼或夹攻,或围绕,其失火被沉者,皆由敌炮轰毁。"

当时参战的外国军官泰莱回忆道,当时北洋舰队有很多军舰战前把鱼雷丢弃到海中,不过致远舰却没这样做,可能邓世昌是想用这种武器对日本舰队造成杀伤。但最后,一发日本军舰的大口径炮弹命中了致远舰的舷侧鱼雷舱,引爆了存放在里面的鱼雷,导致了致远舰沉没。

由于持这种说法的人均为当年海战的参与者,所以这种解释自20世纪90年代以来,逐渐得到史学界的重视,但仍需进一步考证。

日军吉野号巡洋舰

吉野号巡洋舰,英国阿姆斯特朗兵工厂制造,是当时世界上最先进的装甲巡洋舰,也是当时世界第一快舰,并装备了阿姆斯特朗兵工厂最新设计的速射炮。

"北京人"化石失踪之谜

你知道吗，在"北京人"洞穴里有厚厚的灰烬层，说明他们已经学会用火，并且掌握了保存火种的方法。

▶ 头盖骨失踪
▶ 寻找之旅

"北京人"遗址发掘现场

1927年，在中国地质调查所和协和医学院的主持下，考古学家对周口店"北京人"遗址进行了大规模发掘。1929年，考古队发现了第一块头盖骨。

【百科链接】

"北京人"：

中国华北地区旧石器时代早期的人类，属直立人，被发现于北京市周口店龙骨山的洞穴中。该洞穴同时出土了大量石制品、骨器。"北京人"所处的地质时代为中更新世的明德里斯间冰期，年代为距今70万至20万年。

1929年12月2日，北京大学考古学者裴文中在周口店发掘出一块完整的猿人头骨化石，这就是"北京人"头盖骨化石。它为研究人类的起源及发展，再现早期人类的生活面貌，提供了极其珍贵的第一手资料。1936年10月至11月，旧石器考古学家、古人类学家贾兰坡又在周口店挖掘到不少北京猿人化石。这些化石当时被保存在北京协和医院的保险箱里，由德国著名人类学家魏敦瑞对其进行研究。

■ 头盖骨失踪

珍珠港事件爆发前两三个星期，协和医院总务长博文突然命令将北京猿人化石秘密装箱。美国士兵则将装有北京猿人化石的木箱装进了美军专用的标准化箱里，等待船运。按原定计划，美国海军陆战队军医福莱将标准化箱由北京押运至秦皇岛霍尔坎伯美军兵营，再护送这批化石安全抵达美国。珍珠港事件爆发后，霍尔坎伯军营被日军占领。美国海军陆战队队员全部成为俘虏。不久，这批俘虏被押送到天津战俘营。自此以后，这批极其珍贵的化石也失踪了。

■ 寻找之旅

第二次世界大战结束后，美军为找回北京猿人化石，在日本进行了广泛搜寻，但始终一无所获。

有人说，当年这些化石在秦皇岛被送上了哈里森总统号邮船，在赴美途中与邮船一起沉入海底。也有人说，邮船被日军俘获，化石被日军截留了，后来几经易手终致下落不明。

还有一种说法是化石根本就未出北京城，珍珠港事件爆发前夕，它被埋在了美国驻京公使馆的后院里。但当年埋化石的地方，现在造有建筑物，无法挖掘。真假如何，尚是未知数。

这批"北京人"化石究竟流落何方？疑团未释，一切未知。

魏敦瑞和他的助手

魏敦瑞是德国的解剖学家、古人类学家，"北京人"头盖骨化石的研究者之一。曾有人怀疑是他带走了"北京人"头盖骨。

80

Part 3
历史名人之谜

你知道吗：姜太公早年十分落魄，遇到文王时已经70岁了。之前他的妻子马氏看他年纪渐大，却没什么出息，就离开了他。

▶ 东夷人说
▶ 东海上人说
▶ 汲县说

姜太公的故里在何方

关于姜太公的身世、遭遇、武功，先秦的古籍记载了很多，但大多扑朔迷离，使人难辨真伪。其中，姜太公是哪里人，就是一个难解之谜。

■ 东夷人说

古代传说，姜太公是炎帝的后裔。炎帝被黄帝打败后，其部族一部分与黄帝部族融合，另一部分到今山东沿海一带发展成为东夷族。至尧、舜、禹时，东夷族中的姜氏族已成为统领"四岳"的首领。据《尚书·尧典》记载，"四岳"首领不但参政天下大事，执掌部落的军政大权，还参与了推荐舜为尧的继承人等重要事项，可见姜太公的先祖权力之大。在虞夏之际，姜太公的先祖辅佐大禹治水、攻伐三苗、会诸侯于涂山等，立下了大功，被封于吕（今河南南阳宛县西）。由此可见，姜太公的家族是东夷的大氏族。

■ 东海上人说

司马迁的《史记·齐太公世家》载曰："太公望吕尚者（即姜尚），东海上人。其先祖尝为四岳，佐禹平水土甚有功。虞夏之际封於吕，或封於申，姓姜氏。"《孟子·尽心篇》里也记载姜太公濒东海而居。

有的学者认为，吕氏子孙繁衍流散，其中某个支系迁徙到东海之滨与夷人杂居，逐渐发展成为具有相当势力的一个集团。而太公望正是这个姜姓吕氏集团里的头面人物，具有大族长的身份。所以《孟子》等书提到豪杰归国，都把他与诸侯之子伯夷并举。由此可见，姜太公故里就在"东海上"，而且他是当地汉夷杂居大集团的领袖人物。

姜太公像
姜太公是齐国的缔造者，周文王最高军事统帅与西周的开国元勋，齐文化的创始人，亦是中国古代一位影响深远的杰出的韬略家、军事家与政治家。

■ 汲县说

最先提出姜太公是汲县人说法的是汉代会稽太守杜宣和河内郡汲县令崔瑗。《水经注》亦载："汲城东门北侧有太公庙，庙前有碑云：'县民故会稽太守杜宣、白令崔瑗曰太公本生于汲，旧居犹存。'"另外，《汲冢书》亦载有太公为"魏之汲邑人"说。战国时，汲县属魏国汲邑。

姜太公故里到底在何方，不同的史籍有不同的说法，因此，这个问题至今还难以形成定论。

己鼎
己鼎制作于商代，"己"是当时国名。西周时期改为"纪"国，姜姓。己鼎内壁铸"己"字和族徽。

【百科链接】

姜太公：
姓姜，名望，字子牙，也称吕尚。姜太公是齐国的开国始祖，是武王克殷的首席谋臣、最高军事统帅，是西周的开国元勋和齐文化的创始人，也是中国古代杰出的韬略家、军事家与政治家。儒、道、法、兵、纵横诸家皆追他为本家人物，他因此被尊为"百家宗师"。

- 生活年代之谜
- 故里之谜

你知道吗：扁鹊擅长各科，常遍游各地行医，在赵国为"带下医"（妇科），至周国为"耳目痹医"（五官科），入秦国则为"小儿医"（儿科），医名甚著。

历史名人之谜

神医扁鹊之谜

扁鹊是我国历史上第一个有正式传记记载的医学家。他对我国古代医学的发展做出了重大贡献，因此，被后代医家视为"医学祖师"。

有一次，扁鹊路过虢国（今河南陕县一带）时，正碰上虢太子"暴死"。扁鹊诊断后认为太子患的是虚脱之症，并没有死，于是他采用针刺、热敷等方法，使太子很快苏醒过来。人们常说的"起死回生"一典，就出于此。但是，这样一位带有传奇色彩的著名医学家，他的生活时代和故里，却一直是学术界争论不休的问题。

■ 生活年代之谜

有关扁鹊事迹的最早记载是《韩非子·喻老》篇，扁鹊望蔡桓公病，其时为周庄王二年（公元前695年）；最晚的记载是《战国策·秦策》，扁鹊诊秦武王病，其时是周赧王五年（公元前310年）。两者相距400余年。如果仅仅以《史记》所记扁鹊事迹而论，从赵简子立（公元前519年）到齐桓侯立（公元前384年），其间亦有130年左右。

看来，神医扁鹊的生活年代确实难以下定论，对此历代学者也争论不休。晋代学者傅玄认为扁鹊是春秋中叶以前的人，清代学者梁玉则认为扁鹊是战国初期人。在现代学者中，关于扁鹊的生活年代，有的认为是春秋前期或中期，有的认为是战国前期或中期，也有的认为是战国末期。

神医扁鹊

扁鹊年轻时虚心好学，刻苦钻研医术。学成后，他周游列国，到各地行医，为民解除病痛。

■ 故里之谜

关于扁鹊的故里，诸多史书都采用《史记》"渤海郡郑人"之说。晋代徐广考渤海无郑地，河间有鄚州，因此，"郑"当为"鄚"之误。

关于扁鹊故里，现代学者也有多种说法。甄志亚在《中国医学史》一书中指出，扁鹊的故里应该是"渤海郡鄚州（即今河北省任丘县鄚州镇）"。有人认为是扬州，有人认为是郑州。卢南乔在《山东古代科技人物论集》一书中指出，扁鹊的故里既不是郑地，也不是鄚州，而是渤海卢（即今山东省长清县）。

关于扁鹊生活年代和故里的疑问，一直没有定论，还有待进一步考证。

讳疾忌医

成语"讳疾忌医"出自于《扁鹊见蔡桓公》，意思是怕人知道自己有病而不肯医治，比喻掩饰缺点，不愿改正。

老子之谜

你知道吗：传说老子的母亲怀胎81年之久，从右腋生下了他，老子一降生就须发皆白，额上皱纹密布。

- 姓名之谜
- 《道德经》成书之谜
- 归宿之谜

老子是我国古代著名的哲学家、思想家，道家学派的创始人。他被道教奉为始祖，更被奉以太上老君、道德天尊、混元老君、降生天尊、太清大帝等许许多多的尊号。由于年代久远，加之又与宗教发生了关系，老子的生平便有些扑朔迷离，2000多年来众说纷纭。

■ 姓名之谜

一种说法认为老子姓"老"。《庄子》一书中就称他为老聃，并把老子视为前辈。因为古时确实有老姓。

不过也有人认为，"老"只是对年高有德的长者的一种尊称，汉代郑玄在《礼记·曾子问》的注中说："老聃，古寿考者之号也。"

司马迁则在《史记·老子韩非列传》中说，老子"姓李，名耳，字聃"。据说这一说法与老子的耳垂特别大有关。古时候，人们的名和字大都选用相关的文字，老子名耳，和"聃"字相配，"聃"就是耳垂很大而轮廓又不太明显的意思，与老子的外貌特征正相吻合。但据学者考证，春秋时并无李姓，所以老子姓李这种说法可能只是一种猜测。

■ 《道德经》成书之谜

《道德经》也称《老子》，被道家学派和道教奉为经典，相传是老子所著。

有人认为，《道德经》成书于春秋末年，但书中有后人附加的部分；也有人认为从书中思想内容、文体风格及用词等，都可以断定其成书于战国中期或者末期。

1973年，长沙马王堆遗址出土了甲乙两种帛书的《老子》，据考证为战国时期的作品。这一考古发现验证了清代学者汪中、近代学者梁启超的论点，即《老子》的作者是战国时期的一位名叫太史儋的人，也就是老子。

老子骑牛图
传说老子晚年时骑着青牛西出函谷关，从此不知所终，只留下一部五千言的《道德经》。

但把老子和太史儋说成同一个人，诸多学者对此也持怀疑态度。

■ 归宿之谜

关于老子的归宿，众说纷纭。《史记》中的说法是，老子在函谷关留下"道德之意五千余言"之后，就骑着青牛出关西去了，不知所终。还有一种说法则认为，老子不是西去，而是东归。《庄子·天道篇》记载老子离职后便离开周室而"归居"了，至于归于何处，并未详提。

关于老子的疑案还有不少，如老子的寿命究竟多长、故乡何处，这都有待人们去进一步考证。

太上老君像
老子后来被道教奉为祖师，成为道教最高神明之一，人称"太上老君"。

- 历史观点
- 现代说法

你知道吗：据说孔子的父亲叔梁纥曾为了生儿子到附近的尼丘山上去祷告，所以孔子出生后取名为丘，字仲尼。

历史名人之谜

圣人孔子的身世之谜

孔子作为儒家思想的创始人，受到历代封建统治者的追封，头衔众多，堪称万世师表。可是，作为伟大的思想家、教育家的孔子，其出生情况如何呢？

孔子燕居像
孔子（前551～前479年）名丘，字仲尼，春秋后期鲁国陬邑（今山东曲阜市东南）人，我国古代著名的思想家、教育家、儒家学派创始人。相传孔子有弟子三千，贤弟子七十二人。

■ 历史观点

综览各种史料，关于孔子的出生情况，主要有以下几种观点：

第一，"野合"而生。司马迁《史记·孔子世家》记载说，"孔子生鲁昌平乡陬邑……伯夏生叔梁纥。纥与颜氏女野合而生孔子"。所谓"野合"即在野地里苟合。历代学者认为，"野合"说之所以成立，是因为孔子之父叔梁纥年老，而孔子之母颜征年少，故两人结合不合礼仪。司马贞《史记索隐》就说："今此云野合者，盖谓梁纥老而征年少，非当壮室初笄之礼，故云野合，谓不合礼仪。"

第二，祈祷而生。据说孔子的母亲和父亲曾在尼丘山一起祈祷，因感动黑龙的精灵而有了孔子。东汉郑玄《礼记·檀弓正义》引《论语撰考谶》说："叔梁纥与征在祷尼丘山，感黑龙之精以生仲尼。"显然，这种说法很荒谬，无非是儒学后继者们为了神化孔子所作的附会之辞。

第三，梦生。因梦而生孔子，这与上一种说法一样出于谶纬书中，带有明显的迷信色彩。在出生问题上与凡人不同，更能说明孔子为"圣人"，他的观点主张才容易为世人所信奉。

第四，私生子。蔡尚思等所著《孔子思想体系》一书提出此说，认为颜氏长期向孔子隐瞒其父的情况，以致孔子出生后并未能"认祖归宗"，他应为私生子。加上孔子自称"吾少也贱"，这证明颜氏家境贫寒，与叔梁纥并不是同一阶级的人。所以，所谓"野合"可能是指老奴隶主叔梁纥在野外强暴了颜氏，然后一走了之。

■ 现代说法

现代一些学者则认为，周朝时男女关系并不严谨。每年春天，人们都要到"社"中祭祀以求多子。夜晚，就在附近的桑林中自由性交，这就是"中春之会"。孔子平生从未因"野合"这种"非礼"家世受到任何非难和歧视。这只有一种解释：叔梁纥与颜氏女的"野合"发生在社会允许的时间和场合——中春之会的桑林中。传说中孔子生于"空桑"，正暗示了这一点。但这种说法还要进一步考证。

孔庙成化碑
这块石碑是明成化四年（1648年）明宪宗重修孔庙时所立，所以称成化碑。碑文为明宪宗朱见深御制，书体严谨、端庄，为世人所称道。

85

你知道吗：西施原名施夷光，春秋战国时期出生于浙江诸暨苎萝村。苎萝有东西二村，夷光居西村，故名西施。

▶ 沉江而死
▶ 归隐于西湖

美女西施魂归何处

西施是春秋末期在吴越争霸过程中发挥过重大作用的一位女性，又是中国古代四大美人之一。她之所以能名见史册，是因为她不幸成为了两个国家斗争的棋子。吴王夫差对她宠幸有加，也因为她而放松了对越国的警惕，最终被越国打败。

这样一位颇有影响的女性，其结局如何呢？长期以来，人们一直争论不休，至今尚无定论。

西施殿
西施殿位于浙江诸暨市城南的浣沙溪畔，从唐代起就不断有人在这里建造祠庙纪念西施。

■ 沉江而死

越国复国后，立下大功的西施却被越王装进皮袋沉到了江里。这种说法最早见于《墨子·亲士篇》，书中言："是故比干之殪，其抗也；孟贲之死，其勇也；西施之沉，其美也；吴起之裂，其事也。"《墨子》成书距西施所在的年代不远，且书中所说的比干、孟贲之事都属实，所以"西施之沉"或可信。东汉时成书的《吴越春秋》也记载："吴亡后，越浮西施于江，令随鸱夷以终。"鸱夷是盛酒用的皮袋，所以有学者认为，西施被装入皮袋，随江水而去。

西施浣纱图
西施，姓施，名夷光，春秋战国时期出生于浙江诸暨苎萝村。据说她天生丽质，在河边浣纱时，鱼儿看见她竟然忘记了游水，渐渐地沉到河底。成语"沉鱼落雁"中的"沉鱼"即由此而来。

■ 归隐于西湖

千百年来，在民间流传着西施和范蠡偕隐西湖的说法。

范蠡是当时越国的大夫，帮助越王勾践灭亡吴国后，深知勾践"可以共患难，不可以共安乐"，于是隐姓埋名，与西施泛舟于西湖之上。唐代诗人杜牧在《杜秋娘诗》中有云："西子下姑苏，一舸逐鸱夷。"这里的"鸱夷"指的就是范蠡。因为《史记·越王勾践世家》曾说范蠡亡吴后，"浮海出齐，变姓名，自谓鸱夷子皮"。《姓氏书辨证》卷三中也说范蠡到了齐国以后，自号鸱夷子。

看来杜牧也认同西施与范蠡一同归隐这一说法。但《史记·越王勾践世家》与《史记·货殖列传》在提到范蠡时却没有提到西施，更没提到她和范蠡有什么关系。

因此，西施到底魂归何处，是沉江而死还是归隐西湖，也就成了千古之谜。

- 愤世说
- 殉国说
- 洁身说

你知道吗，屈原（约前339～前278年）名平，出身于楚国的贵族，诞生于湖北秭归三闾乡乐平里。

历史名人之谜

爱国诗人屈原死因之谜

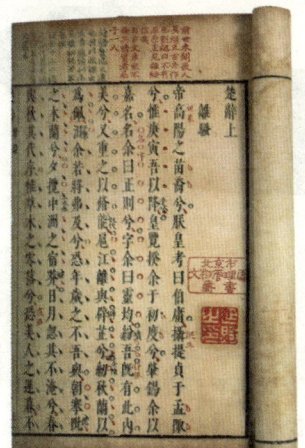

《楚辞》书影

明万历年间三色套印本。楚辞是屈原创造的一种诗体，《楚辞》也是继《诗经》之后对我国文学具有深远影响的一部诗歌总集。

对于屈原自沉汨罗江的原因，世人2000多年来一直争论不休。

■ 愤世说

这种说法始于汉代，主要认为屈原因痛恨朝政紊乱、世事混浊而投江。班固《离骚赞序》云："屈原痛君不明，信用群小……不忍浊世，自投汨罗。"又如王逸《楚辞章句·离骚序》云："屈原自放草野，复作《九章》，援天引圣以自证明。终不见省，不忍以清白久居浊世，遂赴汨罗，自沉而死。"

■ 殉国说

这一说法始于汉代，盛于清朝直至今天。班固《离骚赞序》云："国将危亡，忠诚之情……自投汨罗。"宋朱熹《离骚经序》云："不忍见其宗国将遂危亡，遂赴汨罗之渊自沉而死。"

■ 洁身说

这一说法的主要证据来源于屈原写的《渔父》、《离骚》以及《怀沙》、《涉江》等诗篇中的诗句。《渔父》有"安能以身之察察，爱之汶汶乎！""安能以皓皓之白，而蒙世俗之尘埃乎！"等句，《离骚》则有"伏清白以死直兮"等句。

屈原为何自沉汨罗江，以上3种说法各有道理。事实真相究竟如何，尚需学者们进一步考证。

【百科链接】

汨罗江：

东洞庭湖滨湖区最大河流，位于中国湖南东北部。汨罗江全长253千米，流域面积达5543平方千米。

楚辞：

本义是指楚地的歌辞，后来逐渐固定为两种含义：一是战国后期以屈原为代表的诗人在楚国民歌基础上开创的一种新诗体；二是西汉刘向在前人基础上辑录的一部"楚辞"体的诗歌总集。

《屈原卜居图》

清黄应谌作，取屈原《卜居》辞意。屈原因得罪权贵而遭流放3年，他因找不到报效家国之门而满腔愤懑。楚襄王二十一年（公元前278年），秦将白起攻破郢都。据说屈原悲愤难捱，遂自沉汨罗江。

你知道吗：吕不韦是战国末年卫国濮阳人，阳翟（今河南禹州）的大商人。他往来各地，将货物以低价买进，高价卖出，积累起千金的家产。

▶《史记》记载
▶质疑之声

秦始皇的生父是吕不韦吗

■《史记》记载

秦昭王四十八年（公元前259年），秦始皇嬴政生于赵国。从秦国国君的世系看，他的父亲是当时在赵国当人质的秦公子子楚（即异人，后被立为庄襄王）。《史记·秦本纪》说："庄襄王卒，子政立，是为秦始皇帝。"

但《史记·吕不韦列传》却记载了一个嬴政实为吕不韦之子的传奇故事：吕不韦先与能歌善舞的赵姬同居，得知她有身孕后，就让她去诱惑公子子楚。不久，子楚爱上赵姬，吕不韦便把赵姬献给子楚。赵姬足月生下嬴政，子楚于是立赵姬为夫人。后来，子楚回国继承了王位，死后把王位传给了儿子嬴政。这种说法为东汉史学家班固所接受，所以在他所著的《汉书》里径自称嬴政为"吕政"。

阳陵虎符
此虎符为秦始皇统一六国后所铸，是颁发给阳陵驻守将领的铜制兵符。

■质疑之声

明代王世贞在《读书后记》中怀疑《史记·吕不韦列传》这段记载的真实性，并指出了这种传言产生的原因：一是吕不韦为长享富贵，故意编造自己是秦始皇父亲的故事；二是吕不韦的门客为泄私愤，故意编造此说，骂秦始皇是私生子。

郭沫若《十批判书》也怀疑吕不韦为秦始皇生父之说，指出三个疑点：第一，这种说法仅见于《史记》而为《战国策》所不载，且没有其他的旁证；第二，这和春申君与女环的故事如出一辙，情节十分相似；第三，《史记·吕不韦列传》又有"子楚夫人赵豪家女"之说，显然与前文关于子楚夫人的描述自相矛盾。

秦汉史专家郭志坤在《秦始皇大传》中对郭沫若的三点质疑作出了批评。他以为：第一，《史记》的记载有不少为《战国策》所不载，并不能以此否定《史记》的真实性；第二，春申君与女环的故事出于《战国策·楚策》，《史记》所载的故事与此故事相类似，并不能否定《史记》的真实性，只能说明这种斗争手段在当时是经常运用的；第三，司马迁说吕不韦将"邯郸诸姬绝好善舞者"献于子楚，此"姬"即为"赵豪家女"，完全说得通。郭志坤还进一步引用了班固称秦始皇为"吕政"之说。另外，裴骃《史记集解》载："吕政者，始皇名政，是吕不韦幸姬有娠献庄襄而生始皇，故云吕政。"但以上都是推论，并不能证明秦始皇确是吕不韦之子。

奇货可居

成语"奇货可居"出自吕不韦的故事。据《史记·吕不韦列传》载：吕不韦贾邯郸，见（子楚）而怜之，曰"此奇货可居"。

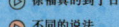

- 徐福真的到了日本
- 不同的说法

你知道吗：徐福的家乡在哪里现在还不太清楚，一般认为他是今山东省龙口市徐福镇人，也有人说他是江苏省连云港市赣榆县人，还有青岛胶南市人之说。

历史名人之谜

徐福东渡日本之谜

中国最早记载徐福事迹的是《史记》，"秦始皇东巡琅琊，遣徐福发童男女数千人，入海求仙人"，但没有讲明徐福到了何处。关于徐福的目的地，大多数学者认为，徐福东渡确实到了日本，甚至有人提出，徐福到日本后建立了日本王朝，徐福就是神武天皇。但也有不少学者质疑此种说法。

■ 徐福真的到了日本

据《史记·淮南衡山列传》记载："徐福得平原广泽，止王不来。"可以推测徐福登陆地是一平原。日本是一个由三千多个小岛组成的岛国，较大的平原有关东平原、浓尾平原、畿内平原等。除日本列岛外，东太平洋其他岛屿没有"平原广泽"的地理特征。

在日本学术界，也有不少史料记载了徐福到日本的情况。《异称日本传》中说："夷洲、亶洲皆日本。相传纪伊国熊野之山下有徐福墓。熊野新宫东南有蓬莱山，山前有徐福祠。"

另外，在日本民间，徐福被尊为农神、蚕桑神、医药神。有一些日本人认为自己就是徐福的后裔。

徐福参见秦始皇（群雕）

秦始皇统一天下后，曾登临琅琊台，接受方士徐福的上书，派遣他率数千名童男童女出海寻求长生不老仙药。

那么，徐福真的到过日本吗？

■ 不同的说法

有些学者认为，徐福东渡日本只是传说。日本古文献中载有徐福传说的以《神皇正统记》（成书于1339年）为最早，其他大都成书于十七八世纪，这种推断可能是受了宋元以来中国文献的影响。因

天尽头

"天尽头"位于胶东半岛最东端荣成市成山头，三面环海。秦始皇两次东巡都登临此处，据说其目的就是考察渡海求仙之路，以获得长生不老之方。

为在隋唐时期，日本与中国交往极为频繁，但在文献之中却罕见"徐福"二字。

还有学者认为，徐福东渡是历史事实，但他不是去了日本，而是去了美洲，因为徐福东渡的时间与美洲玛雅文明的兴起时间正好吻合。台湾学者卫聚贤在《中国人发现美洲》中指出，在哥伦布发现美洲之前，已有多位中国人到过美洲，故徐福东渡美洲很有可能。最早记述倭国的《后汉书》是把亶洲与日本区别开来的。而"亶"字有大岛的含义，美洲大陆像"亶"字，故以此字命名。现在檀香山还遗留有带有中国篆书刻字的方形岩石，旧金山附近也有刻存中国篆文的古箭等文物出土。难道徐福真的东渡到了美洲？

在学术界，关于徐福东渡到底去了何地的问题，目前还没有定论。

89

你知道吗：位于山海关的孟姜女庙殿门两侧有一副著名的对联："海水朝朝朝朝朝朝朝落，浮云长长长长长长长消。"

- 凄美的传说
- 追本溯源
- 是真是假

孟姜女哭长城之谜

"孟姜女哭长城"是我国古代民间四大传说之一，几乎家喻户晓。那么，这到底是个虚构的美丽传说，还是历史上确有其事呢？

■ 凄美的传说

相传秦始皇时，青年范喜良和孟姜女新婚3天就被迫去修筑长城。不久范喜良因饥寒劳累而死，尸骨被埋在长城下。孟姜女身背寒衣，历尽艰辛，万里寻夫来到长城边，得到的却是丈夫去世的噩耗。她在长城脚下痛哭三天三夜不止，长城为之崩裂，露出了范喜良的尸骸，孟姜女于绝望中投海而死。

■ 追本溯源

查证史籍，"哭城"的故事最早出现在《左传》中。春秋初期齐庄公时，齐人杞梁在攻莒（今山东莒县）战役中阵亡。他的妻子悲恸欲绝，扑在杞梁的尸体上痛哭了七天七夜，城墙也因此崩塌了。这大概就是"孟姜女哭长城"的原始模本了。但书中并没有指明杞梁姓范，更没有出现过"孟姜女"的名字。

到了宋代，被广为流传的"杞梁"开始有了姓，有说姓范，有说姓万。另外，有说叫杞郎的，还有说叫喜良的。看来孟姜女哭长城是由杞梁妻哭城演变而来的，而故事的最后形成年代大致是在北宋年间。

也有人认为，孟姜女哭长城是根据历代时势和风俗的不断演变而来的。战国时，齐国盛行哭吊，杞梁战死而妻迎柩便是悲号的素材。西汉时，盛行天人感应之说，杞妻的崩城便成了哭城的感应。六朝、隋唐年间，乐府中有送衣之曲，于是又增加了送寒衣的内容。至宋代，终于形成了孟姜女哭长城的故事。可见这个故事是顺应了各时各地的时势和风俗改编而来的，掺和了民众的情感和想象。

孟姜女庙中的塑像

孟姜女庙位于山海关以东6.5千米的凤凰山上，又叫贞女祠，始建于宋代以前，明万历二十二年（1594年）重修。

■ 是真是假

孟姜女哭长城的故事，有人认为纯属虚构。因为"孟姜女哭长城"之地（山海关）所有的长城是秦朝以后才筑起来的。历史上有过哭倒城墙的记载，即前文所提的"杞梁妻哭城"，但它发生在春秋初期，因此和秦始皇、长城都没有关系。

时至今日，孟姜女哭长城的故事到底是真是假，或许已经不重要了。重要的是，范喜良和孟姜女忠贞不渝的爱情，已经深深留在了后人心中。

秦夯土长城遗址

这段秦长城遗址位于陕西榆林市吴旗县境内。

- 王允的歌伎
- 董卓的婢女
- 吕布之妻

你知道吗：据说，貂蝉原姓任，15岁被选入宫中，因负责执掌朝臣戴的帽饰——貂蝉冠，所以更名为"貂蝉"。

历史名人之谜

貂蝉身世之谜

《董太师大闹凤仪亭》
清代人根据《三国演义》故事绘制。画面中吕布和貂蝉在凤仪亭幽会，被董卓撞见，董、吕二人由此不和。

貂蝉是我国古代的四大美女之一。那么，貂蝉到底是谁？她的身世又是怎样的？这些话题历来众说纷纭。

■ 王允的歌伎

《三国演义》中说，貂蝉是司徒王允的歌伎。东汉末年，董卓把持朝政，专横跋扈，王允一心想除掉他，却苦无良策。歌伎貂蝉为了使王允开心，每每尽力歌舞，但也无济于事。后来，王允对她说明了其中情由，并要求她助一臂之力。貂蝉按王允连环计的要求，以姿色挑起了董卓和武将吕布之间的矛盾，最后借吕布之手杀掉了董卓。

■ 董卓的婢女

另有传说说貂蝉是董卓的婢女。据《后汉书·吕布传》载："卓以布为骑都尉，誓为父子，甚爱信之。尝小失意，卓拔戟掷之，布拳捷得免。布由是阴怨于卓。卓又使布守中阁，而私与侍婢情通，益不自安。"这段记载就是凤仪掷戟之事，可见，貂蝉者，董卓之婢女也。

■ 吕布之妻

还有一种说法，认为貂蝉就是吕布之妻。吕布武艺超群，曾与王允合谋杀董卓，后任奋威将军，封温侯，最后为曹操所擒杀。据《三国志·吕布传》注引《英雄记》载："布见备甚敬之，请备于帐中坐妇床上，令妇向拜，酌酒饮食。"从这段记载来看，吕布的妻子是随军生活的。书中又载："建安元年六月，夜半时，布将河内郝萌反，将兵入布所治下邳府……同声大呼，布不知反者为谁，直牵妇，磕头，袒衣，相将从溷上排壁出，诣都督高顺营。"学者指出，书中记载的妇人便是吕布的妻子貂蝉。

千百年倏忽，逝者如斯夫，美能"闭月"的貂蝉留下了太多的谜团。至于这些谜团背后的历史真相，还有待学者们进一步考证。

颐和园长廊彩绘《吕布戏貂蝉》
貂蝉凭借美貌与智慧，周旋于老奸巨猾的董卓和有勇无谋的吕布之间，最终成就了王允的连环妙计。

刘备死后葬在哪里

- 葬在武侯祠
- 葬在莲花村
- 葬在奉节

你知道吗：武侯祠又称昭烈庙，前殿祭祀刘备，后殿祭祀诸葛亮，是昭烈皇帝刘备惠陵地面建筑的一个重要组成部分。

刘备是三国时蜀汉的君主，然而他死后究竟葬在哪里，一直以来学术界都没有定论。

■ 葬在武侯祠

据陈寿的《三国志》记载，刘备死后，尸体由奉节运回成都，与甘夫人合葬于惠陵（据说位于今成都武侯祠内）。陈寿是蜀汉的观阁令史（从事文献档案管理工作），在蜀汉生活了30多年，他的记载应该是可信的。

在今天的武侯祠内确实还有据说是刘备墓的建筑。这也从侧面证明了《三国志》等历史文献记载的可靠性。但目前还没有明确的考古材料佐证。

■ 葬在莲花村

有的专家认为成都彭山县牧马乡莲花村才是刘备的葬身之地。莲花村自古就流传着关于皇坟（也就是刘备墓）的传说。这里的皇坟占地100多亩，被周围九座小山丘环抱着，好似被9片莲花瓣拥围的"莲心"。站在皇坟顶端，9座间距不远的小山丘尽收眼底。古代风水先生把这种地形叫作"九龙回头望"。如此好的风水宝地，只有帝王才能享用。

现在，皇坟上长满了杂草和茶树，被村民挖出来的墓砖随处可见。皇坟顶端也有几个六七米深的盗洞，可能是盗墓贼"光顾"后的痕迹。

刘备

汉昭烈帝刘备（161～223年）字玄德，涿郡（今河北省涿县）人，汉景帝之子中山靖王刘胜的后代，为三国蜀汉开国君王。

■ 葬在奉节

目前4种版本的刘氏家谱均记载刘备葬于夔州府后花园，也就是现在奉节原县政府附近的夔州宾馆内。

20世纪60年代，奉节县在修县委办公楼时，曾挖出一个大洞。此后不久，县政府在修建出城公路的时候，也挖出一条1米宽的土槽。这"一洞一槽"，当时被文物界认为是刘备墓的墓道，但当时因缺乏资金没有进一步发掘，因而封存至今。

刘备到底葬在哪里？至今仍然是一个未解之谜。这一谜题也只能等待学者们进一步研究才能解开。

成都武侯祠刘备墓神道

据传今武侯祠内正殿西侧即为刘备惠陵，图为陵前神道。史载，章武三年（223年）四月，刘备病死永安宫（在今四川奉节县城），五月梓宫还成都，八月葬惠陵。

- 重才不重貌
- 政治目的
- 受"贤妻美妾"之说的影响

你知道吗：诸葛亮的妻子名叫黄月英，据说她黄头发黑皮肤，但知识广博。诸葛亮发明木牛流马，相传就是受到了黄月英的启发。

历史名人之谜

诸葛亮迎娶丑女之谜

诸葛亮像
诸葛亮是三国时期蜀汉的丞相，杰出的政治家、军事家、文学家。千百年来，诸葛亮在中国人心目中已成为智慧的化身，他的传奇故事被历代传颂。

据《三国志·诸葛亮传》记载，诸葛亮"身高八尺，容貌甚伟"，更兼有"逸群之才，英霸之器"。由于有才有貌，向他求婚者甚多。但奇怪的是，这位颇有名气的美男子却谢绝了许多美女，而偏偏选中了沔南名士黄承彦"瘦黑矮小、一头黄发"的丑女儿黄氏，给后人留下了一个千古之谜。

■ 重才不重貌

一种传统的观点认为，诸葛亮重才不重貌，他看重的是人的内在美。黄氏虽然长得丑陋，却出身名门，才识过人，颇有心计。诸葛亮想成就大业，自然会娶黄氏这样的贤女为妻，而不会考虑她的长相如何。事实上，两人结为夫妻后，黄氏曾积极为诸葛亮出谋划策，对诸葛亮帮助很大。

■ 政治目的

有些学者认为，诸葛亮娶黄氏，主要是出于政治上的考虑。诸葛亮家境清寒，没有显赫的门第，但他怀有安定天下的雄心。这无疑会影响到他的婚姻大事。他择妇结亲，要服从结交望族这一政治目的。黄氏之父黄承彦是沔南名士，又是荆州地主集团中有影响力的人物。黄妻蔡氏和刘表的后妻又是姐妹关系，若能做黄家的女婿，就攀上了刘表这门皇亲。出于这种考虑，诸葛亮也就不计较妻子的外貌了。

■ 受"贤妻美妾"之说的影响

还有研究者认为，应该从风俗角度来理解诸葛亮的婚姻。中国自古就有"贤妻美妾"之说。也就是说，正妻是帮助丈夫治家立业的，她首先必须具有才德，容貌是次要的；而妾的作用是博得丈夫的欢心，所以容貌是她们的"武器"。诸葛亮认可"贤妻美妾"之说，便迎娶了有德无貌的黄氏，而且据史书记载，他后来也确实娶了一妾。

尽管后人对诸葛亮娶丑女的动机尚有争论，但这桩婚姻确实对他以后在政治上的发展起到了促进作用，这是无可争议的。

古隆中牌坊
古隆中位于湖北省襄樊市襄阳区，历史上著名的刘备三顾茅庐的故事就发生在这里。

你知道吗：诸葛亮为了实现刘备的遗志——恢复汉室、统一天下，曾先后6次北伐中原，他于234年死于军中，终年54岁。

▶ 作者不是诸葛亮
▶ 原作者是谁

诸葛亮真的写过《后出师表》吗

诸葛亮不仅是三国时期杰出的政治家和军事家，而且也是一位文学家，人们普遍认为，他的代表作就是《出师表》和《后出师表》。然而，《后出师表》真是诸葛亮写的吗？

■ 作者不是诸葛亮

支持这个观点的人认为：第一，《后出师表》语气十分沮丧，不仅没有了《出师表》中的雄心壮志，而且还进行了自我贬低。根据诸葛亮行事风格，应该不至如此。

第二，《后出师表》中说"议者谓为非计"，就是"有人反对北伐"的意思。但是根据历史记载，当时蜀汉并没有人反对北伐。

第三，《后出师表》中提及了一些与史实明显不符的事情，还有一些人名错误。

第四，前后《出师表》文辞风格迥然不同，显然不是出自一人之手。

■ 原作者是谁

有学者认为，《后出师表》可能是曾写过《默记》的孙吴人张俨所作。但是有人提出，张俨对诸葛亮北伐持有相当乐观的态度，这与《后出师表》作者对北伐的悲观失望完全不同，因此不可能是张俨所作。

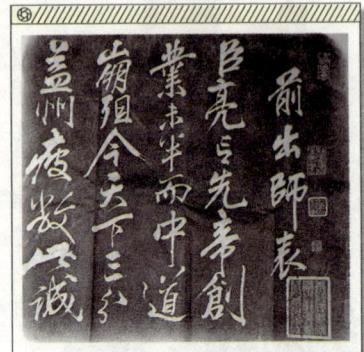

岳飞手书的《出师表》拓本

岳飞的书法苍劲峭拔，忠武之气流于笔端。名相撰文，名将手书，珠联璧合，相得益彰。两个不同时代的历史名人，就因为一篇文章紧密地联系在了一起。

又有人提出写作《后出师表》的人可能是诸葛亮的侄子诸葛恪。诸葛恪为了树立自己的威望和掌握兵权，打算发动对魏的战争。但是此举遭到了全国上下的一致反对，于是诸葛恪就借诸葛亮之名作《后出师表》，以使自己的伐魏主张有一个证据，因此表中才有"议者谓为非计"一句。

《武侯高卧图》

此图为明宣宗朱瞻基作，描绘的是诸葛亮隐居隆中时的生活。诸葛亮（181～234年），字孔明，号卧龙居士。他出生在山东沂南县，是三国时期杰出的政治家、军事家、文学家。

【百科链接】

诸葛恪：

诸葛亮之兄诸葛瑾的长子，从小就以才思敏捷、善于应对著称。曾掌握吴国大权，率军抵抗魏军，大胜。此后开始轻敌，率军大举伐魏，围攻新城不下，使得士卒死伤惨重，撤军后为掩饰过失，更加独断专权，后被孙峻所杀。

- 李姓是鲜卑族姓氏
- 母系是鲜卑族人
- 昭陵的发现

你知道吗：胡人是中国古代的汉人对除汉人以外其他部族（通常是指中国北方以及西方的游牧民族）的人的称呼，带有藐视的意味。

历史名人之谜

唐太宗李世民是胡人吗

传说唐高祖李渊二子诞生之日，李渊路遇一书生，书生惊呼："李渊贵人也，其子也贵，有济世安民之大任。"李渊惧，欲杀此人，书生已杳然不知所终。李渊归家，二子诞，故起名"世民"，取"济世安民"之意。

胡人骆驼陶俑

盛唐时期，北方胡人与中原人民交往甚多，一时间"胡风"流行朝野。唐代工艺美术创作更是深深地染上了"胡风"，双峰驼俑、胡人俑层出不穷。

■ 李姓是鲜卑族姓氏

历史学家认为，这个故事恐怕是统治者为稳固统治而编造的传说。李世民一家祖籍应在今河北赵县，即太行山一带。

而据学者考证，太行山地区原有五大望族——王、卢、崔、李、郑，其中李姓又是鲜卑族中的一大姓氏。有人推测说李氏一门就出自鲜卑族大野部。据此，有人推测李世民可能是鲜卑族人。

■ 母系是鲜卑族人

一些历史资料证明，唐太宗李世民的祖母（即唐高宗李渊的母亲独孤氏）和隋文帝的皇后是亲姐妹，系鲜卑族人。

唐太宗李世民的母亲窦氏也是鲜卑族人。而李渊一方的血统来源还没有足够的历史证据进行论证。对此，历史上有以下几种说法：赐姓大野氏、河南破落李姓、老子李耳的后代等。有的学者综合以上几种观点认为，其中可信度颇高的说法是，李世民是受胡人影响比较深的汉族人。

■ 昭陵的发现

史书中记载，昭陵为唐太宗李世民的坟墓，有内外两城。外城遗址已难考证，门内当年建有献殿，存放李世民生前所用器物。北门曰玄武门，又称司马门，放有"蕃酋"的石雕像和驰名中外的"昭陵六骏"浮雕。

马是突厥人不可离开的伴侣，在突厥的葬俗中，有一种奇特的习俗：主人死后，随从会骑着马绕着死者墓地转圈，然后把马杀掉或者活埋到坟墓里。无论是突厥贵族，还是一般牧民，死后都要与马共葬，只是数量多少不同而已。

中国所有帝陵中，只有李世民的昭陵里有战马石刻。唐太宗独特的墓葬形式真的在暗示他是胡人吗？有人认为，昭陵至今未被打开，据称也未被盗过，或许若干年以后，我们可以从打开的昭陵里找到最真实的答案。

《步辇图》

此图为唐代画家阎立本根据唐太宗接见来迎娶文成公主的吐蕃使者禄东赞的事迹所绘。唐太宗雄才大略，受到当时各少数民族的拥戴，被尊为"天可汗"。

你知道吗：位于日本奈良市的唐招提寺，是759年由鉴真和尚亲自主持兴建的，是日本佛教律宗的总寺院，具有中国盛唐建筑风格，被定为日本国宝。

▶ 六次东渡
▶ 对失明的质疑

鉴真和尚真的失明了吗

唐朝时期的中国正处于封建社会的繁荣昌盛阶段，而东邻日本则处在奴隶制向封建制转化的社会变革时期。因此，日本先后派遣了12批遣唐使来到中国，学习中国先进的文化。而中国的鉴真和尚东渡传法，更是在中日文化交流史上留下了一段佳话。

■ 六次东渡

鉴真是唐朝时扬州的著名高僧，精通佛学，深谙戒法，在民间享有崇高的威望。唐天宝元年（742年）十月，他接受日本僧人荣睿、普照的邀请，准备东渡日本宣扬佛学。在以后12年的岁月中，鉴真等人历经艰辛，屡遭挫折，曾5次渡海失败，直到天宝十二年（753年）才成功地踏上日本的土地。很多中日关系史专家认为，鉴真第五次东渡失败后，于天宝九年（750年）由广州到韶州时，由于疾病和劳累，导致双目失明。但他仍然以顽强的精神，第六次东渡日本，完成了传法的宏愿。

■ 对失明的质疑

著名史学家陈垣对鉴真双目失明一事提出了不同看法。因为在《宋高僧传》之《唐扬州大云寺鉴真传》等史籍中，都没有关于鉴真失明的记载。鉴真失明的说法仅有日本人真人元开所撰写的《唐大和尚东征传》中所述的一些内容作为孤证。然而，《唐大和尚东征传》却丝毫没有提到他因失明而感到不便的事情。所以，鉴真失明一事是令人怀疑的。

学者陈智超认为，《续日本纪》所记载的鉴真在双目失明的情况之下，以鼻辨药"一无错失"，或许可信，但仅凭记忆力来校正数百万言的经论而一字不差，就未免有点神乎其神了，难免引人怀疑。

日本学者田中块堂和安藤更生认为，《唐大和尚东征传》所说的"眼光暗昧"是指鉴真患上了老年性白内障。至于"胡人言能治目，请加疗治"等语，是指鉴真请了阿拉伯医生施行针拨法治疗，不料由于手术后受感染，鉴真病情恶化，"眼遂失明"，但还能分辨出字迹。据此，田中块堂认为，鉴真到日本时尚未完全失明。

现有的为数不多的史籍，还难以清楚回答鉴真眼睛是否失明这一问题。要解开这个谜，还必须继续考证更多的相关史料。

鉴真坐像
鉴真（688～763年），唐朝僧人，律宗传人，日本佛教律宗开山祖师，著名医学家。

奈良东大寺
东大寺位于日本平城京（今奈良）东，约有1200年的历史。中国唐代高僧鉴真和尚曾在这里设坛授戒。

- 生于四川
- 生于中亚碎叶
- 生于条支

历史名人之谜

你知道吗？碎叶城遗址位于吉尔吉斯斯坦的托克马克市。据说20世纪90年代，考古学家曾在这里发掘出一块唐代石碑，上有"安西都护府侍郎李某"字样。

诗仙李白出生地之谜

"床前明月光，疑是地上霜。举头望明月，低头思故乡。"这首《静夜思》是唐代大诗人李白最著名的诗作之一，也是千百年来众多思乡诗作中最感人至深的作品。但是，李白所思念的故乡到底在哪里呢？

■ 生于四川

与李白同时代的一些人，如著名的书法家李阳冰、李白的诗友魏万以及诗人范传正等，都认为李白是蜀人，蜀就是今天的四川。从李白的诗文可以看出，这位大诗人也认为自己是蜀人。例如，李白离开蜀中、乘船过三峡至荆州时写下的《渡荆门送别》："渡远荆门外，来从楚国游。山随平野尽，江入大荒流。月下飞天镜，云生结海楼。仍怜故乡水，万里送行舟。"这里李白把从三峡奔腾而下的长江水，称为"故乡水"。可见，李白是把位于长江上游的巴蜀看作自己的家乡。

■ 生于中亚碎叶

1971年，历史学家郭沫若在《李白与杜甫》一书中，根据范传正的《唐左拾遗翰林学士李公新墓碑并序》，认为李白出生于中亚细亚的碎叶城，其位置在今吉尔吉斯斯坦的托克马克。同时，郭沫若又对自己的论点和唐代文献记载的矛盾作了说明。他认为，"唐代有两处叫碎叶的地方：其一即中亚碎叶，又其一为焉耆碎叶。李白的出生地是中亚碎叶，而不是焉耆碎叶。"郭沫若的"中亚碎叶说"提出后，得到了众多人士的响应，一时几成定论。

李白像
李白是中国文学史上继屈原之后又一伟大的浪漫主义诗人，有"诗仙"之称。他的诗歌被看作盛唐气象的典型代表。

■ 生于条支

近年来，有关李白出生地问题的讨论更加细致深入，又出现了一些新的看法。

有人认为李白的出生地是条支，即今阿富汗中部一带。这些学者对李白的一些诗作，如《江西送友人之罗浮》、《赠崔咨议》等进行探讨，认为诗中描写的一些景象，都证明了这一说法。

还有人说，条支都督府临近西天竺的印度河流域，那里盛产青莲花。李白幼年有机会亲眼看见青莲花，所以后来自号青莲居士，表达对出生地及童年生活的追忆和眷恋。

李白出生地到底在哪里，随着研究的深入，相信研究者们一定可以得出一个比较确切的结论。

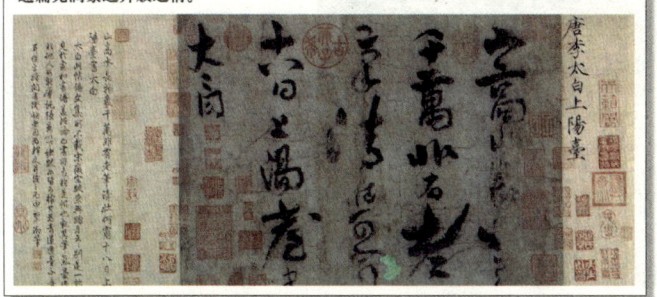

李白《上阳台帖》

《上阳台帖》是李白流传后世的唯一的书法真迹，用笔纵放自如，淋漓流畅，通篇充满豪迈奔放之情。

你知道吗：《水浒传》上说，梁山好汉首领宋江一心想受招安，苦于没有门路，只好请李师师帮忙给宋徽宗传递口信，招安一事才成。

▶ 风流韵事　▶ 殉难说
▶ 出家说　　▶ 南渡说

李师师晚年之谜

李师师是北宋末年轰动一时的名妓，她的事迹在平话、野史里均多有记载。《水浒传》说她和梁山好汉被招安有密切关系。于是，人们将她视为徽宗宣和年间的一个重要人物。那么，靖康之乱后，李师师的下落如何呢？

■ 风流韵事

李师师，北宋汴京人，是洗染工之女，从小就长得眉清目秀，聪明伶俐，被爹娘视为掌上明珠。李师师4岁的时候，不幸父母双亡，她只能跟随李姥姥过活。这李姥姥年轻时当过妓女，琴棋书画都很精通，她把李师师当成"摇钱树"培养。李师师长大以后，色艺双绝，入了教坊，成了汴京第一名妓。当朝皇帝宋徽宗生性风流，热衷玩乐，经常打扮成平民模样到花街柳巷私会妓女。他见到李师师后，立刻被她的美貌和才情所吸引。后来，这件事很快被传得满城风雨。宋徽宗见事情已为人所知，便不再偷偷摸摸，干脆把她弄到皇宫内，封为瀛国夫人（有人说是封为李明妃），公然与其过起了神仙般的快活日子。

■ 出家说

有人说，李师师后来出家了。《李师师外传》写道，宋徽宗把皇位让给儿子宋钦宗之后，自号"道君教主"，退居太乙宫。李师师没了靠山，被逐出宫门，地位一落千丈，生活无着。当时金兵南侵，河北告急，李师师就想办法到北城慈云观当了尼姑。

■ 殉难说

还有人说，李师师殉难了。金兵攻破汴京之后，金兵统帅达懒听说李师师才艺双绝，指名要宋军把她交出来。李师师宁死不受辱，拔金簪自刺咽喉未死，又折断金簪吞下自杀。临死之前，她大骂守城宋将张邦昌："吾以贱妓，蒙皇帝眷，宁一死无他志。汝辈高爵厚禄，朝廷何负于汝，乃事事为斩灭宗社计？"

宋徽宗赵佶像
宋徽宗是一个昏庸无道的皇帝，同时也是一个多才多能的艺术家，所以他当皇帝既是国家的不幸，也是他个人的不幸。

■ 南渡说

还有不少人说李师师南渡了，流落在江、浙、湖、湘一带。有人说曾在湖湘（今湘南地区）一带见到过她。张邦基《墨庄漫录》中称，李师师被籍没家产以后，流落于江浙一带，当地的士大夫还曾邀请她歌唱，但李师师已"憔悴无复向来之态矣"。清初陈忱《水浒后传》继承了这一说法，说李师师流落在杭州，住在西湖葛岭，重操旧业，唱柳耆卿"杨柳岸晓风残月"。

宋人狎妓图
宋代所谓的风流文雅之士将狎妓作为显示清高之举。李师师为北宋汴京名妓，连宋徽宗赵佶也成为她的入幕之宾。

- 岳母刺字
- 刺字为兵
- "尽忠"与"精忠"

你知道吗：金兵南侵时，岳母毅然催促岳飞舍弃老母妻儿从军抗敌，自己身陷敌境时，还托人转告岳飞："五郎勉事圣天子，无以老媪为念也。"

历史名人之谜

岳母刺字之谜

南宋抗金英雄岳飞背刺"尽忠报国"四字，昭示爱国心迹，历来为人称道。但是岳飞背部的字究竟是何人所刺，是"尽忠"还是"精忠"，民间流传有多种说法。因此，这些问题目前仍然是未解之谜。

■ 岳母刺字

此说法最早见于清乾隆年间杭州钱彩的《精忠说岳》。该书写道，岳母恐有不肖之徒诱导岳飞做出不忠之事，于是祷告上苍和祖宗后，在岳飞背上刺了"尽忠报国"4字。岳母先在岳飞脊背上用毛笔书写，再用绣花针刺就，然后涂以醋墨，使4字永不褪色。

但是有学者提出，岳飞的母亲姚氏是一个农家妇女，识字的可能性不大，所以不可能亲手在岳飞背上刺上"尽忠报国"4个字。

■ 刺字为兵

关于岳飞背部刺字还有一种说法：岳飞久怀报国之志，于宣和四年（1122年）19岁时应募入伍，背部之字大约是此时所刺。

两宋时期，朝廷实行募兵制，军队都是国家出资雇用的，来源比较复杂。宋太祖赵匡胤为了加强对军队的管理和控制，曾将"刺字为兵"定为一种制度，只要是应募入伍的士兵，都要刺字作为标记。北宋末年"刺字为兵"的制度仍在贯彻执行，所以岳飞背上才会刺有"尽忠报国"4字。

岳飞庙

岳飞庙位于汤阴县城内西南街，原名精忠庙，后也称"宋岳忠武王庙"，是后人为纪念南宋抗金名将岳飞而建。

■ "尽忠"与"精忠"

也有一些史料把岳飞背上的"尽忠报国"写成了"精忠报国"。游彪教授认为这很可能和宋高宗有关系。宋高宗为了表彰岳飞的赫赫战功，御赐"精忠岳飞"4个字，并且让手下人做成了一面写有"精忠岳飞"的旗帜赐给岳飞。以后岳飞凡是出征的时候，都会带上这面旗帜。因此，到了明清时期，"尽忠报国"逐渐变成了"精忠报国"，因为"精忠"这两个字是宋高宗御赐的，这更多的是在宣扬一种帝权。

岳母刺字

岳飞背上有字应该是真事。但究竟是岳母亲手刺就还是请人所刺，所刺之字是"尽忠报国"还是"精忠报国"，不得而知。

【百科链接】

募兵制：

中国古代兵制之一。唐五代以后，募兵制取代征兵制，为封建时代兵制的一大变革。宋朝不论禁兵、厢兵还是南宋的屯驻大军，一般都采用招募的办法。灾年招募流民和饥民当兵，是宋朝一项传统国策。

99

马可·波罗真的来过中国吗

你知道吗：马可·波罗在游记中把中国描写得"黄金遍地，美女如云，绫罗绸缎应有尽有"，这不仅引起了西方人的好奇心，也勾起了他们掠夺的欲望。

- 《马可·波罗游记》的诞生
- 马可·波罗不曾到过中国
- 马可·波罗来过中国

马可·波罗

马可·波罗的父亲尼科洛和叔叔马泰奥都是威尼斯商人，兄弟二人于13世纪60年代因经商到过中国。1271年，两人再度外出经商，并带上了年轻的马可·波罗。

13世纪下半期，也就是中国的元朝时，威尼斯的一个年轻人马可·波罗随着父亲和叔父踏上旅途，探索了中国这个对他们来说最遥远的异域国度，并于1295年返回威尼斯。而他的《马可·波罗游记》改变了历史的轨迹，也使他成为传奇人物。

■《马可·波罗游记》的诞生

1298年，马可·波罗参加了威尼斯与热那亚的战争，不幸被俘。在狱中他遇到了作家鲁思梯谦，于是便有了马可·波罗口述、鲁思梯谦记录的《马可·波罗游记》。在《马可·波罗游记》中，他盛赞了中国的繁盛昌明：发达的工商业、繁华热闹的市集、华美廉价的丝绸锦缎、宏伟壮观的都城、完善方便的驿道交通、普遍流通的纸币等。这本书在欧洲广泛流传，激起了欧洲人对中国文明与财富的倾慕。

■马可·波罗不曾到过中国

德国著名蒙古学者福赫伯认为，马可·波罗一家是否到过中国，非常值得怀疑。他举出了马可·波罗书中的一些可疑点，认为马可·波罗在扬州做官、献投石机助忽必烈攻陷襄阳等事件极有可能是虚构的，并且游记中未提中国的茶叶和汉字书法也令人不解。早在19世纪90年代，英国的马可·波罗研究专家亨利·玉尔在《〈马可·波罗游记〉导言》中也指出，《马可·波罗游记》中有关中国的记载有多处遗漏，比如万里长城、茶叶、妇女缠足、用鸬鹚捕鱼、人工孵卵、印刷书籍、中国文字和其他奇技巧术、怪异风俗等都没有丝毫记载。书中还有许多不正确之处，比如记录成吉思汗的子孙世系错误很多。如果他真的来过中国，真的与皇帝关系密切，就不可能出现这种错误。

还有人说，有关马可·波罗的最大疑点是，他没有出现在元朝留下的汉语或蒙古语的任何史料中，而这些史料中记录了来到中国的其他欧洲人。

■马可·波罗来过中国

大多数学者认为，马可·波罗真的来过中国。他们认为，马可·波罗对中国某些城市（如北京、杭州、泉州）和当地的建筑作了准确而细致的描绘，如果不是亲历，仅凭道听途说，是绝不可能写出来的。还有，《马可·波罗游记》中记载了奸臣刺杀忽必烈的宰相阿合马的事件，如果当时马可·波罗不在北京，他的描写不可能如此翔实、逼真，而且与事实相符。

以上两种说法孰是孰非，只能等待时间来解答了。

马可·波罗离开威尼斯

元朝时期，蒙古人开辟了一条新的商路，西部和原来的丝绸之路重合，东部延伸到大都等地。据说马可·波罗就是沿着这条商路跟随父亲和叔父来到中国的。

你知道吗：徐达一生刚毅武勇，持重有谋，纪律严明，屡统大军转战南北，功高不矜，被朱元璋誉为"万里长城"。

历史名人之谜

🌸 大将徐达死亡之谜

徐达像

徐达是明朝的第一功臣，据说朱元璋和他交情匪浅，两人几乎无话不谈。

在朱明王朝的创建过程中，大将徐达开辟江汉流域战场，扫清淮楚之地，攻取浙西，席卷中原，声势威名直达塞外，可谓功高盖世。但历朝历代，大臣因居功自傲而被贬官流放甚至杀头灭门的事件屡见不鲜。也许正是基于这一点，徐达之死才让世人有颇多猜测。

■ 被朱元璋害死

朱元璋从起兵到称帝，一直是以威猛严厉治军治国的。登上皇帝宝座后，朱元璋谋划的头等大事就是稳固江山，让子孙后代可以永远做皇帝。然而，他对当年立过汗马功劳、为他出生入死打江山的功臣却特别猜忌。

尽管徐达"以智勇之资，负柱石之任"，为明王朝的开创立下了盖世之功，而且对朱元璋忠心耿耿，恭慎有加，但仍然未能免除朱元璋对他的怀疑和猜忌。以下这个故事是流传极广的版本。

据说徐达曾身患背疽，很难治好。有一天，宫中内侍给徐达送来朱元璋赏赐的食盒。徐达从病床上挣扎起来磕头谢恩，然后打开食盒，一只蒸鹅呈现在眼前。传言说患背疽最忌吃蒸鹅。但君命难违，徐达流着泪当着内侍的面吃下了蒸鹅，不几日便死去了。

■ 因病而死

有人则不同意徐达是被朱元璋害死的说法，并给出了反驳的理由。

首先，徐达病死于洪武十八年（1385年），根据当时的形势，他还有用武之地。因为当时明朝的战事尚未彻底解决，为自己的江山社稷着想，朱元璋不至于愚蠢到害死自己头号大将的地步。

其次，其时马皇后刚刚病逝，她临死时曾叮嘱朱元璋善待功臣。朱元璋敬重马皇后，不会立即痛下杀手。

再次，徐达曾救过朱元璋的命，而且和朱元璋是儿女亲家，加上他一直谦虚谨慎、为人低调，因此还不至于成为朱元璋要除掉的"眼中钉"。

持这种观点的人认为，是长期的戎马生涯、奔波劳累使徐达的身体逐渐支撑不住，终于积劳成疾，一病不起。

根据史料记载，徐达死后朱元璋伤心欲绝，下诏追封徐达为中山王，谥号"武宁"，"赠三世皆王爵，赐葬钟山之阴"，徐达的碑文也是由朱元璋亲自撰写的，文内赞其为"开国功臣第一"。由此来看，徐达并非被朱元璋害死的。

因此，徐达究竟是被朱元璋害死的，还是病死的，史学界至今仍没有一致的意见。

【百科链接】

疽： 毒疮。是某种细菌侵入人体毛囊、皮脂腺引起的大面积急性化脓感染。

徐达墓

徐达墓位于江苏南京太平门外板仓村，坐北朝南，面对钟山，墓园规制宏伟。入口处立"明中山王神道"碑，碑文为朱元璋亲笔撰写。

101

你知道吗：陈圆圆与同时代的名妓顾横波、董小宛、卞玉京、李香君、寇白门、马湘兰、柳如是被时人称为"秦淮八艳"。

▶ 传奇一生
▶ 自杀而死
▶ 出家为尼

名妓陈圆圆归宿之谜

陈圆圆是明末清初的一位传奇女子。由于她同李自成、吴三桂等风云人物都有一定联系，因此她比同时期的其他著名女性还要引人注意，被认为是身系一代兴亡的人物。然而，陈圆圆的归宿却是一个未解之谜。

陈圆圆墓

陈圆圆墓位于贵州省岑巩县马家寨旁的狮子山山麓，墓为普通坟冢，泥土封堆，有立于清雍正六年的隐姓埋名碑，碑文曰："故先妣吴门聂氏之墓位席"。

■ 传奇一生

崇祯末年，大臣田畹在江南遇到陈圆圆后，被她的美色所迷，将她占为己有。不久，李自成的队伍逼近京师，崇祯帝急召吴三桂镇守山海关。田畹设盛筵为吴三桂饯行，陈圆圆到厅堂表演歌舞。吴三桂见到陈圆圆后神驰心荡，对田畹说："能以圆圆见赠，吾首先保护君家无恙。"说完，他就带着陈圆圆走了。后来在父亲的劝说下，吴三桂将陈圆圆留在京城府中，以防同行招惹是非。

李自成打进北京后，陈圆圆被起义军将领抢走霸占。远在山海关的吴三桂本已答应投降李自成，听说此事后，冲冠大怒，愤而投降了清朝，引清军入山海关与农民军开战。这就是明代才子吴梅村在《圆圆曲》中所说的"恸哭六军俱缟素，冲冠一怒为红颜"。

■ 自杀而死

山海关之战后，陈圆圆又回到了吴三桂身边。1673年，吴三桂起兵反清，挑起了三藩之乱。清政府调重兵全力镇压叛乱，逐渐掌控了战局。1678年，吴三桂在长沙病死。1681年，当清兵攻破昆明城时，吴三桂的孙子吴世璠服毒自杀，吴世璠妻与陈圆圆均自缢而死，也有人说她们是绝食而死。

■ 出家为尼

此外还有一种说法，认为陈圆圆在吴三桂兵败后并没有自杀或绝食而亡，而是出家做了尼姑。但对于她是在何时、何种情况下出家的，却又说法不一。有说是清兵攻破昆明时，吴将马宝护送陈圆圆及其子吴启华逃亡到贵州省思州府岑巩县，在那里定居下来。陈圆圆母子一直隐姓埋名，死后便葬在那里。也有人说陈圆圆当时在昆明宏觉寺削发为尼，后逃到了城西三圣庵，法名寂静，一直活到康熙二十八年（1689年），寿至80岁去世。

种种说法推测出绝代佳人的种种归宿。至于历史真相如何，还需要史学家进一步考证。

秦淮河

南京城内的秦淮河两岸自东吴以来一直是繁华的商业区，明清时达到鼎盛，富贾云集，青楼林立，画舫凌波，成江南佳丽汇聚之地。

- 为钱谦益殉节说
- 被逼自尽说
- 抗争恶势力说

你知道吗：柳如是本姓杨，后改姓柳，名隐，因读辛弃疾词"我见青山多妩媚，料青山见我应如是"，故自号"如是"。

历史名人之谜

柳如是自缢身亡之谜

柳如是画像

柳如是（1618～1664年），江南名妓，后嫁钱谦益。能诗善画，书法自成一家。个性坚强，正直聪慧，魄力奇伟，声名不亚于李香君、卞玉京和顾横波。

柳如是明清之际的著名歌妓、才女。20多岁时，柳如是嫁给了年过半百的东林党领袖、文名颇著的大官僚钱谦益。康熙三年（1664年），钱谦益溘然长逝。几天之后，不到50岁的柳如是悬梁自尽。那么，她自缢身亡的真正原因是什么呢？

■ 为钱谦益殉节说

钱谦益学识宏深、誉满海内，柳如是对他慕名已久。钱谦益经人介绍而结识柳如是，对她也是一见钟情。1641年，两人在松江回常熟的船上正式结为夫妻，婚后感情甚笃。钱谦益的一片深情，让柳如是感动不已。钱谦益曾为东林党领袖，社会地位极高。钱死后，柳如是为其殉节是可以理解的，也在情理之中。

■ 被逼自尽说

钱谦益死后，钱氏家族中迅即爆发了一场争夺家产的斗争，即所谓"钱氏家难"。在钱氏家族看来，柳如是以妾的身份掌握家政大权，这对家族是莫大的耻辱。于是，族人逼迫柳如是交出房产钱财，甚至夺田600亩、童仆数十人。柳如是来钱家20余年，从不曾受人之气。如今，丈夫尸骨未寒，便遭到无耻小人的当面凌辱，她如何忍受得了。在进退无门、忍无可忍的情势下，她独自登楼，紧闭房门，悬梁自尽。因此，《中国历代才女小传》等书认为，柳如是实际上是被钱氏族人追逼而自杀的。

■ 抗争恶势力说

也有学者认为，柳如是以自杀表示了对清王朝、对封建恶势力的有力抗争。

她一生有过两次自杀的举动：一次是清兵围困南京时，钱谦益投降。柳如是得知后非常气愤，她准备了刀绳要丈夫尽节。但是钱谦益贪生怕死，不肯自尽，柳如是一怒之下欲跳进荷花池，却被钱谦益拖住；另一次是清兵攻下常熟城后，柳如是再次劝丈夫自沉全节，钱谦益推说水冷，不肯跳下，柳如是又想自沉于池水中，再次被钱谦益死死拖住。

柳如是在遗言中也说道，死后棺木不能入土，因国土被人占去了。其爱国之心可鉴。陈寅恪先生曾撰《柳如是别传》，把她当作一位爱国人物来歌颂。

一代名妓柳如是为何自缢身亡，给后世学者留下了无尽的遐想。各种说法虽各有一定的根据，但都无法给出圆满的答案。

【百科链接】

东林党：

东林党是明朝后期以江南士大夫为主的政治集团。公元1604年，顾宪成等修复东林书院，与高攀龙等讲学其中，"讲习之余，往往讽议朝政，裁量人物"，其言论被称为清议，形成了广泛社会影响。后来就把聚集在东林派周围的政治势力称为"东林党"。

黄花丛中的柳如是墓

柳如是墓在虞山锦峰拂水岩下花园浜，墓碑刻有"河东君之墓"5字。

你知道吗：在庄妃嫁给皇太极之前，她的姑母哲哲就已经嫁给了皇太极，被立为大福晋，后来她的姐姐海兰珠也嫁给了皇太极，姑侄三人遂同事一夫。

▶ 下嫁说
▶ 下嫁不可信

庄妃下嫁之谜

清初三大疑案之一的"太后下嫁"，说的是顺治帝的母亲博尔济吉特氏和摄政王多尔衮的事情。博尔济吉特氏被谥为"孝庄文皇后"，史称"庄妃"，是清太宗皇太极的爱妃。而多尔衮是清太祖努尔哈赤的第十四子，太宗时封为和硕睿亲王。庄妃先后辅佐清太宗皇太极、清世祖顺治、清圣祖康熙三帝，参与了入关、定都、灭明三件大事，对清朝的建立、巩固，起了不可估量的作用。

孝庄文皇后

清太宗孝庄文皇后（1613~1688年），蒙古科尔沁部人，博尔济吉特氏，名布木布泰，是清朝历史上一位举足轻重、颇受关注的人物。她一生为开创清朝鼎盛之局面呕心沥血，全力辅佐顺治、康熙两位皇帝执政，堪称"大清国母"。

■ 下嫁说

有人认为，庄妃下嫁给小叔子多尔衮，是符合满族传统的。满族入关前还保留着"兄死则妻其嫂"等遗俗，而且庄妃既然要为自己的儿子福临谋皇位，那么用联姻来扩大自己的势力，是符合情理的。一些颇具历史价值的史书也确切地记载了这件事。清蒋良骐在《东华录》中记载说，多尔衮"自称皇父摄政王，又来到皇宫内院"。假如太后没有嫁给他，那么，他经常出入内院，以皇父的身份对待顺治帝，恐怕是皇室宗亲所不能答应的。而且，多尔衮死后，朝廷还破格追封他为"诚敬义皇帝"。

《清圣祖实录》也记载说，庄妃临终前对康熙帝说："太宗文皇帝的梓宫安放在那里已很长时间了，不可因为我而去打扰太宗皇帝的安息。但我又舍不得你父皇及你，不忍远去，所以在附近选一块地安葬了就行了。"清朝讲究帝后合葬，显然，庄妃是觉得下嫁小叔多尔衮愧对太宗，于是就借口说不愿打扰太宗安宁，要求就近安葬。

睿亲王多尔衮

多尔衮（1612~1650年），努尔哈赤第十四子，为清朝统一全国立下了汗马功劳。

■ 下嫁不可信

20世纪30年代，明清史大师孟森著《太后下嫁考实》，力辩此事全无。而蒋氏《东华录》所记"皇父"，是清君主对某个臣下的尊称，或是清世祖封多尔衮为"皇叔父"，后以其定鼎功勋显著，无可晋爵，乃以"皇父"为封。"皇父"之于皇帝仍为臣下。满族旧俗有直呼尊者为父之例，如多尔衮曾获封"皇叔父摄政王"，满文直译为"汗（君）的叔父"。因此，"自称皇父"并不表明多尔衮为福临的皇父。

还有人认为，庄妃下嫁多尔衮时，朝廷曾颁出下嫁诏。然而，这个所谓的下嫁诏从未有人看到过，当时的记载里没有，文献档案里也没有，可见下嫁是虚无之事。

综上所述，"庄妃下嫁"是否确有其事，目前难以作出定论，只待新的材料发现和新的研究工作展开，才能解开个中谜团。

- 雍正帝杀人灭口
- 恃功自傲
- 受到猜忌

你知道吗？年羹尧的父亲年遐龄官至工部侍郎、湖北巡抚，兄长年希尧曾任工部侍郎，妹妹是雍正的贵妃，妻子是宗室辅国公苏燕之女，一家可谓极尽显贵。

历史名人之谜

年羹尧被杀之谜

年羹尧

年羹尧，字亮工，原籍安徽怀远。他自幼好学，颇有才识。

年羹尧是清代康熙、雍正年间的名将，进士出身，功盖天下，位极人臣。然而在雍正三年（1726年），他却被雍正帝削去所有官爵，获92条大罪，最终在狱中自尽。他到底因何而死，历来众说纷纭。

■ 雍正帝杀人灭口

一些人认为，年羹尧的死与雍正帝夺嫡有关，他是作为知情者被灭口的。据说康熙帝临终时指定十四子胤禵嗣位，而四子胤禛（雍正帝）则串通年羹尧、鄂尔泰、隆科多，矫诏篡夺了皇位。当时胤禵在四川为抚远大将军，本来可以挥兵北上，以武力夺回皇位，然而他受制于川陕总督年羹尧，对发生在京城的事变无能为力。雍正继位后，为酬谢年羹尧拥立之功，曾大加恩赏，然而这些不过是"迷汤"，其实雍正帝早就对这个知情者存了必杀之心，后来终于找了个借口将其除去了。

■ 恃功自傲

有些人不同意上述意见，认为雍正初期年羹尧受宠，并不是雍正帝想要笼络迷惑他，而是对其效忠辅弼的奖励。而且，雍正帝继位时，年羹尧还在四川平乱，并没有直接参与宫廷政变，对内情其实并不清楚，所以杀人灭口的说法不能成立。

《清史稿》、《清代七百名人传》等书的作者都认为，年羹尧是恃功自傲

以致被杀的。《清史稿》载，他在雍正二年（1724年）第二次进京谒见的途中，命令都统范时捷、直隶总督李维钧等跪道迎送。到京时，王公以下官员跪接，年羹尧居然安坐在马上，看都不看一眼。王公大臣下马问候，他也只是点点头而已。他在雍正帝面前，态度竟也十分骄横，"无人臣礼"。兼之年羹尧对待部下十分残暴，任人唯亲，乱劾贤吏，引起了公愤，也为雍正帝所不容，所以被杀。

■ 受到猜忌

还有人认为，年羹尧被杀主要是因为雍正帝为人阴鸷猜忌，不能容人，尤其容不下有功之臣；再加上年羹尧自恃有功，言行不太检点，更令雍正帝无法容忍。所以雍正帝最后罗织罪名，令其在狱中自尽，将其家产抄没入官。对于年羹尧之死，历史学家更倾向于"功高震主"之说。

雍正常服像

雍正是一位十分复杂的历史人物，是勇于革新、勤于理政的杰出政治家，对康熙晚年的积弊进行了改革整顿，一扫颓风，但其疑心较重，刻薄寡恩，统治严酷，也是其遭非议之处。

3.

你知道吗，董鄂妃死后，被追谥为"孝献庄和至德宣仁温惠端敬皇后"，而她未满三个月就夭折的皇子，则被追谥为"和硕荣亲王"。

▶ 襄亲王之妻
▶ 江南名妓

董鄂妃到底是谁

据民间传说，顺治帝因董鄂妃去世而心灰意冷，遁入空门。那么董鄂妃究竟是何人？是顺治帝以一般途径纳入宫中的妃子，还是另有来历呢？

■ 襄亲王之妻

据顺治年间的官员汤若望记载，顺治帝曾狂热地爱上一位满洲将军的夫人，并在这位将军死后将他的夫人收入宫中，封为贵妃。这位贵妃于顺治十七年（1660年）产下一子，顺治帝本预备立他为皇太子，但是这位皇子竟在数日之后死去，其母不久也去世了。这与《御制董妃行状》中说董鄂妃"后于酉冬生荣亲王，未几王薨"的记载相合。

更有人猜测，那满洲将军就是顺治帝之弟、太宗第十一子博穆博果尔，即襄亲王。此人卒于顺治十三年（1656年）七月初三，终年16岁。董鄂妃于同年八月间在其18岁时被册封为贤妃，从时间上推测，此时27天的服制刚满。

据说孝庄太后对顺治帝的这种行为非常愤怒，于是设计将董鄂妃除去，也因此导致了顺治帝出家。

■ 江南名妓

在民间，关于董鄂妃的来历还有另一种说法，认为董鄂妃即为明清之际的江南名妓董小宛。

董小宛19岁时嫁给了当时有名的才子冒辟疆。冒辟疆的《影梅庵忆语》记载了董小宛的生平，其中追述她的生平时不吝笔墨，但对董小宛生病及丧葬等事却语焉不详。冒辟疆写

《玉肌冰清图》
董小宛才貌双绝，不过传世画作极少，这幅水仙图上更有其夫冒辟疆的亲笔题诗，尤为珍贵。

【百科链接】

冒襄：
　　字辟疆，号巢民，明末清初的文学家。一生著述颇丰，传世的有《先世前征录》、《水绘园诗文集》、《影梅庵忆语》等。

道："到底不谐，今日验兑。"由此看来，董小宛似乎不是病死的，病死应作悼亡之辞，而不至于生出"不谐"之叹。于是有人推测，冒辟疆以董小宛被掳之日作为祭辰，托言董小宛已死。董小宛实则被掳入宫，晋封为贵妃了。

到底董鄂妃是顺治帝弟媳，还是民间传说之董小宛？尚无人作出肯定的结论。

清东陵孝陵大红门
　　清东陵孝陵是顺治皇帝的陵墓，其陪葬陵有孝献皇后的陵墓。

- 生于雍亲王府
- 生于热河
- 生于海宁陈家

你知道吗，海宁陈家指的是浙江海宁的陈世倌家，陈世倌人称陈阁老，在康熙年间曾入朝为官，和当时的皇四子雍亲王胤禛关系密切。

历史名人之谜

乾隆帝出生地之谜

避暑山庄图轴

避暑山庄位于河北省承德市，由皇帝宫室、皇家园林和宏伟壮观的寺庙群组成。占地564万平方米，是中国现存最大的皇家园林。

乾隆帝是中国封建社会后期一位赫赫有名的皇帝。他的一生，为后世留下了许多故事，而其中最为人们津津乐道的，莫过于他的身世。

■ 生于雍亲王府

根据正史记载，乾隆帝出生在雍亲王府，后来雍亲王府变成了雍和宫，成为著名的喇嘛庙。乾隆登基后，把父亲雍正的画像供奉在雍和宫神御殿，派喇嘛每天念经。

乾隆也曾多次以诗表明自己生在雍和宫。一次，他到雍和宫瞻仰祭拜后，作诗曰："来瞻值人日，吾亦念初生。"意思是："在正月初七那天到雍和宫祭拜，我总是念念不忘当初就是生在这里。"

■ 生于热河

可是，就在乾隆帝还在位的时候，就有人对他的出生地有不同看法。当时朝中有一个官员叫管世铭，他随乾隆帝到避暑山庄时曾赋诗30首，其中一首就涉及乾隆帝的出生地："年年讳日行香去，狮子园边感圣衷。"诗后小注说，狮子园是乾隆帝的出生地，因此乾隆帝常常在雍正帝的忌日到那里小住几天。狮子园是承德避暑山庄外的一座园林，康熙帝到热河避暑时，雍亲王随驾，狮子园便是雍亲王一家在热河的住处。

■ 生于海宁陈家

有个流传很广的故事说，雍正帝与海宁陈家的关系极好。恰巧两家同时有了孩子，雍正帝就让陈家抱孩子进宫瞧瞧。后来陈家把孩子抱回去，却发现自己的儿子变成了女儿。陈家当然不敢把这件事透露出去。等乾隆帝继位后，陈家已经不再在朝为官，可当乾隆帝南巡到海宁时，还亲自去了陈家。能为这件事佐证的还有陈家住宅里御赐的"爱日堂"、"春晖堂"的牌匾。众所周知，"爱日"、"春晖"常用来比喻父母的恩惠。难道是乾隆皇帝后来知道了自己的身世，特意借南巡回家省亲吗？

乾隆皇帝究竟出生在哪里，连当时的人都搞不清楚。在今天，要弄清楚这段历史的真相，就更不容易了。

北京雍和宫

雍和宫原来是雍正帝继位前的王府，称雍亲王府。雍正三年（1725年）改为行宫，称雍和宫。乾隆九年（1744年）改为喇嘛庙，成为全国规格最高的一座佛教寺院。

3

你知道吗：在新疆喀什市东郊5千米处的浩罕村，有一座阿帕克霍加墓，据说香妃就安葬其中，所以人们又将其称为"香妃墓"。

▶ 香妃的传说
▶ 容妃乃香妃

香妃之谜

在乾隆皇帝的40多个后妃中，有一位回族女子，她就是闻名遐迩的香妃。关于香妃是否存在这一问题在史学界一直存在争议。

■ 香妃的传说

传说中，香妃是新疆叛酋霍集占的王妃，她绝顶美丽，天资聪颖，生来身上就有奇香，所以被称为香妃。清大将兆惠借征伐霍集占之机，将香妃抓住送进京城。乾隆皇帝见到香妃后，欣喜万分，下令将香妃引入西苑，并为她兴建了专门的住处——宝月楼。香妃虽然受此厚待，却一片贞心始终不改，她不吃汉食，不穿旗袍，不学旗礼，而且经常在袖中藏着一把匕首。

乾隆帝知道香妃不肯屈服，不敢用强，又实在舍不得放弃她，一时也拿她没办法。后来，这件事传到皇太后耳朵里，太后唯恐儿子被害，便趁着乾隆帝外巡之机，传旨宣召香妃，问她："你不肯屈志，究竟作何打算？"香妃听后双泪长流，道："情愿一死。"于是，太后赏给她一条御巾，赐她缢死。

乾隆帝闻讯，忙赶回宫中，见香妃尸体虽僵，但香气不绝，禁不住号啕大哭，捶胸顿足，悲恸欲绝。后来，乾隆帝下令用软轿将香妃遗体抬回新疆喀什入葬，并拨款修建香妃墓。

■ 容妃乃香妃

一种观点认为香妃确有其人，她就是乾隆的容妃。这种判断的理由是：其一，乾隆帝只有一个来自新疆的妃子，就是容妃，无论是官书、档案记载，还是实物考证，都证明她来自新疆。既然香妃也是乾隆帝的新疆妃子，那么香妃极有可能就是容妃；其二，关于她们"二人"的亲属的历史记载是相同的。中国第一历史档案馆的《容妃遗物折》中提到了部分容妃娘家人的姓名，其中有额思音、帕尔萨、图尔都妻等。额思音是香妃的五叔，帕尔萨是香妃的六叔，图尔都妻是香妃的嫂子。既然香妃和容妃的家属都是一样的，那么两个人自然就是一个人了。不过，这个容妃不是被掳进清宫的，而是自愿进宫的。

除了容妃之说，关于香妃还有许多说法。究竟历史真相如何，还需要进一步考证。

容妃吉服像

容妃是乾隆帝41位后妃中唯一一位维吾尔族女子，深受乾隆帝的宠爱，所以有人猜想所谓的香妃就是容妃。

香妃墓

据说香妃出身于新疆和卓族，和卓族是世居叶尔羌的回族始祖派噶木巴尔的后裔。

【百科链接】

维吾尔族：
原是3世纪游牧于中国北方和西北贝加尔湖以南、额尔齐斯河和巴尔喀什湖一带的少数民族。人口现主要分布在天山以南的和田、喀什、阿克苏3地区。主要从事农业，善种粮棉和瓜果。

- 自我嘲解说
- 抗议之声说
- 心安理平说

你知道吗：郑板桥的"六分半书"看似凌乱，实际有序；看似歪，实为正；字字相关，字势贯通，整体协调而有致，体现出一种"乱石铺街"的效果。

历史名人之谜

郑板桥"难得糊涂"之谜

郑板桥是清代著名的书画家和文学家，"扬州八怪"之一。在绘画方面，他尤其擅长画兰花和竹子。书法方面，他自创了一种"六分半书"，用笔方法变化多端，字形夸张，肥瘦大小，俯仰歪斜，呈奇异狂怪之态。目前流传下来的郑板桥书法作品中，最广为人知的就是那幅"难得糊涂"。

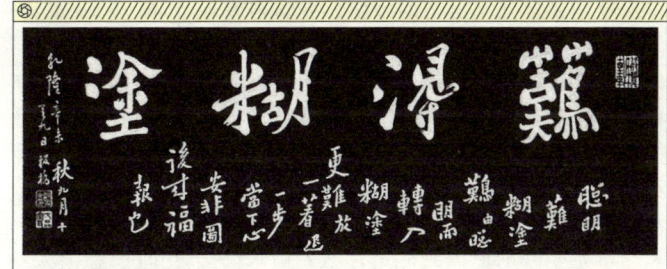

郑板桥手书"难得糊涂"

郑板桥在所作的书画下款都题"板桥郑燮"的字样，后来人就逐渐称他为郑板桥。

■ 自我嘲解说

有人说，这幅字是在乾隆十六年（1751年）郑板桥59岁时写的。这年九月，郑板桥在潍县"衙斋无事，四壁空空，周围寂寂，仿佛方外，心中不觉怅然"。他想，一生碌碌，半世萧萧，人生难道就是如此吗？争名夺利，争强好胜，到头来又如何呢？看来人还是糊涂一些好，这样一来，无所谓失，无所谓得，心灵大概也就宁静了。于是他挥毫写了"难得糊涂"四个大字，被后世称为"绝顶聪明人吐露的无可奈何语"。

■ 抗议之声说

还有一说，乾隆十九年（1754年）秋，郑板桥调任潍县知县，正好遇到百年未有的旱灾。而钦差姚耀宗不问放赈，却指使财主屯粮不卖。郑板桥眼见百姓惨状，非常焦虑，妻子相劝道："既然皇上不问，钦差不

郑板桥《竹石图》

郑板桥诗、书、画皆绝，尤其擅画兰竹。此图瘦石与修竹并立，秀逸清雅，表现了"秋风昨夜窗前到，竹叶相敲石有声"的诗意。

理，你就装糊涂嘛！"郑板桥发怒说："我郑板桥装不起来。聪明难，糊涂难，由聪明而转入糊涂更难！"他宣布立即开官仓赈济饥民。而郑板桥所说的这句话，后来就成了"难得糊涂"的自注。

■ 心安理平说

据说，郑板桥在担任潍县知县期间，曾接到堂弟郑墨来信，说家里为了祖传房屋的一段墙基，与邻居争讼，要他知会兴化知县，以便赢得这场官司。郑板桥回信说："千里捎书为一墙，让他几尺又何妨？万里长城今犹在，怎么不见秦始皇！"稍后，他又写下"难得糊涂"、"吃亏是福"两幅大字，并在"难得糊涂"下加注"聪明难，糊涂难，由聪明而转入糊涂更难，放一着，退一步，当下心安，非图后来福报也"。

郑板桥"难得糊涂"的本义是什么，诸说不一。看来，关于这4个字的争论还会继续下去。

3 你知道吗：八国联军入城第二天，珍妃的尸体由留宫内监从井中捞出，草草葬于京西田村。慈禧太后回銮后，宣称珍妃因"随扈不及殉难宫中"，并追封她为恪顺皇贵妃。

▶ 被人推入井中
▶ 情急跳井

珍妃坠井之谜

珍妃是清代光绪帝的爱妃。光绪帝发动戊戌变法，珍妃曾全力予以支持，有人赞赏她"才色并茂，且有胆识，实女子中不可多得者"。由于支持变法，她遭到了慈禧太后的怨恨，不久就被削去封号。光绪二十六年（1900年），八国联军逼近北京，慈禧太后带着光绪帝仓皇出逃，珍妃则坠井溺死，年仅25岁。

珍妃坠井的原因到底是什么？历来说法不一。

■ 被人推入井中

有人说，当时珍妃认为国不可一日无君，请求皇上"留京"，触怒了慈禧太后，慈禧太后遂下令将她扔到井里。

《景善日记》记载说："太后怒曰：'起来，这不是讲情的时候，让她就死罢，好惩戒那些不孝的孩子们，并叫那些鸱枭看看，他到羽毛丰满的时候，就啄他母亲的眼睛。'李莲英等遂将珍妃推入宁寿宫外之大井中。皇帝怨愤已极，至于战栗。"

景善是拥护慈禧太后的后党分子，时任内务府大臣。

景祺阁和珍妃井
戊戌变法失败后，光绪帝被慈禧太后囚禁在瀛台，珍妃被囚禁在景祺阁后面的小院里。八国联军打入北京后，珍妃坠入八宝琉璃井中溺死。此井被后人称为"珍妃井"。

珍妃
珍妃出身于他他拉氏，满洲镶红旗人，光绪皇帝的侧妃，也是最受宠的妃子，后坠井死于非命。

事情发生的当天，他正好在宫内入值，所以人们大多认为他的记录比较可靠。

■ 情急跳井

还有一种说法，认为珍妃是自己跳井的，而不是被人推入井中的。据说当时八国联军打到北京城下，慈禧太后紧急决定带上光绪帝和隆裕皇后出宫避难，而其他的一些皇亲国戚则留京，妃子们也不例外。

可是当时的珍妃年轻气盛，当场顶撞慈禧太后，一再要求她带上自己一同出宫。慈禧太后气得脸色发白，直打哆嗦，抬脚就走，而珍妃还一直跟在慈禧太后身后不断请求。走到离珍妃住所不远的井边时，珍妃说："我要跟皇上在一起，不在一起，宁愿死。活着是皇家人，死了是皇家鬼。"慈禧太后一听，更加生气，就对珍妃说："你愿意死就去死吧。"珍妃紧走两步，直奔井口而去。慈禧太后一看情况不对，连忙让崔玉贵去拉住她，但是为时已晚，珍妃已经跳下去了。慈禧太后一看事已至此，也来不及管她，就匆匆走了。

以上两种说法都有一定的道理。但是，珍妃坠井的历史真相究竟如何，还有待史学家们进一步考证。

- 暴疾病死说
- 愤恨自杀说
- 被慈禧毒死说

你知道吗：清史专家徐彻经过深入研究，最后得出结论：慈安太后患的是脑血管疾病，她很可能是因脑溢血而猝死。

历史名人之谜

慈安太后死因之谜

慈安太后是清代咸丰皇帝的皇后，她为人幽闲静淑，从不争宠，所以很得咸丰皇帝的敬爱。1861年冬咸丰死后，她被晋封为太后。不久，与慈禧、恭亲王奕䜣发动政变，夺取了清王朝的最高统治权。从此，慈安与慈禧两宫太后以姐妹相称，共同垂帘听政，执掌国家最高权力。1881年，年仅45岁、比慈禧还小两岁的慈安太后突然暴死宫中，清廷的垂帘听政由两宫并列变成了慈禧太后一人独裁。这件事成为200多年清宫史上的又一桩疑案。

■ 暴疾病死说

据《清稗类钞》载，慈安太后初感身体不适时，御医薛福辰为她诊脉，认为"微疾不须服药"，可当晚就听说东后上宾，因染暴疾"已传吉祥板（棺木）"，不由大为惊诧。后来噩耗成真，他疑惧地说："天地间竟有此事，吾尚可在此？"由此可见，他并不相信慈安太后是因病致死的。

■ 愤恨自杀说

据《清稗类钞》另一种记载，慈安与慈禧两宫太后共同垂帘听政，慈禧权欲极重，大小事情都要做主，慈安却清心寡欲，并不与她争权，因此两人倒也相安无事。1881年初，慈禧患上血崩，无法处理政事，慈安便独自处理朝政，这使慈禧大为不悦，于是诬陷慈安"贿卖嘱托，干预朝政"，语气颇为尖锐。慈安听后气愤异常，但她厚道木讷，没能力与慈禧辩论，恼恨之下，就吞鼻烟壶自尽了。

■ 被慈禧毒死说

据《慈禧外纪》载，当年咸丰临终时，曾秘密留下了一个遗诏给慈安，要她监督慈禧，如果慈禧"安分守己则已，否则汝可出此诏，命廷臣传遗命除之"。但老实的慈安被慈禧的伪善面目所蒙蔽，将此事告诉了慈禧，以示对她的信任。阴险毒辣的慈禧得知后，表面对慈安感泣不已，实际心中却起了杀机。她借着向慈安进献食物之机，暗下毒药，将她谋杀了。

上述几种说法都出自传闻与野史笔记。真相究竟如何，还有待学者们的进一步考证。

慈安太后

慈安太后（1837~1881年）即东太后，钮祜禄氏。咸丰二年（1852年），钮祜禄氏被封为贞嫔，又晋为贞贵妃，不久立为皇后。

慈安陵

普祥峪定东陵是孝贞显皇后（慈安太后）的陵寝，位于昌瑞山南麓偏西之普祥峪，东边与之并排而建的是慈禧太后的普陀峪定东陵。两陵均居咸丰皇帝定陵之东，统称为定东陵。

你知道吗：王国维集史学家、文学家、美学家、考古学家、词学家、金石学家和翻译理论家的美名于一身，梁启超赞其"不独为中国所有而为全世界之所有之学人"。

▶ 沉湖前后
▶ 殉难说
▶ 逼债说
▶ 文化殉节说

国学大师王国维沉湖之谜

王国维是中国近代著名的文学批评家和史学家，郭沫若曾称他为"新史学开山祖"。1927年6月2日，年方五十的王国维，却突然自沉于北京颐和园昆明湖，这到底是出于什么原因呢？

■ 沉湖前后

据当事人回忆，6月2日早晨，王国维先是找吴宓借了5元钱，而后就雇人力车疾行而去。到了下午，王家人找到吴宓处，说王国维出门至今未回。吴宓便托人四处寻觅，最后找到颐和园。他们从管理员处得知，有一位老人曾在排云殿鱼藻轩的走廊徘徊多时。大家又寻踪找去，忽见稍远处的水中似有人形，下水探寻，果然触到一具尸体，正是死去多时的王国维。

■ 殉难说

有人说，王国维作为清朝遗老，沉湖自尽是为逝去的"大清国"殉难"完节"。鲁迅在《谈所谓"大内档案"》一文中，也说王国维"在水里将遗老生活结束"。王国维自杀后，伪满皇帝溥仪还为他举行了葬礼，赐谥"忠悫"。

■ 逼债说

当时报纸载，王国维曾与儿女亲家罗振玉合伙做生意，结果亏本，欠下巨额债务。王国维的长子死后，他与罗振玉已经交恶。王国维一介书生，债务在身，羞愤交集，所以萌生短见。

这种说法经郭沫若认可后，一时几乎成为定

论。但从王国维遗书中对后事的安排看，他生前应该并没有巨额债务。

■ 文化殉节说

著名学者陈寅恪先生与王国维同为清华导师，两人志趣相投、过从甚密。他在论及王国维沉湖一事时说道："凡一种文化值衰落之时，为此文化所化之人必感苦痛，其表现此文化之程量愈宏，则其所受之苦痛亦愈甚；迨既达极深之度，殆非出于自杀无以求一己之心安而义尽也。盖今日之赤县神州值数千年未有之巨劫奇变，劫尽变穷，则此文化精神所凝聚之人安得不与之共命而同尽，此观堂先生（王国维）所以不得不死，遂为天下后世所极哀而深惜者也。"陈寅恪的解释在学者中得到广泛共鸣，并在文化界产生了重要影响。

国学大师王国维

王国维（1877~1927年），字伯隅、静安，号观堂，浙江海宁人，近代中国著名学者，杰出的古文字学家、古器物学家、古史地学家、诗人、文艺理论学家、哲学家。

颐和园昆明湖

颐和园风光如画，昆明湖碧波荡漾，但这里却是国学大师王国维的罹难之地。1927年6月2日上午，王国维在颐和园沉湖自杀。

Part 4
自然奇观之谜

长江、黄河的源头在哪里

你知道吗：黄河水挟带的大量泥沙，进入下游平原后迅速沉积，河道不断淤积抬高，成为高出两岸的"地上河"，很容易决口泛滥，改走新道。

- ▶ 河流正源的标准
- ▶ 江源之争
- ▶ 河源未定

长江与黄河的源头在哪里，是学术界长期以来争论不休的话题。

■ 河流正源的标准

关于河流正源的界定标准，学术界的意见很不统一：有人主张根据河道上下游的一致性，将形似干流的自然延长的河流作为正源；有人说应该以水量大者为正源；有人主张依照历史习惯，遵循人们长期以来的普遍看法；有人将河谷形成较早者推为正源；此外，还有人强调流域面积大小和发源地海拔高低应作为参考意见。众说纷纭，不一而足。

长江源

据说长江发源于唐古拉山脉主峰各拉丹冬西南侧姜古迪如雪山的冰川，这里平均海拔近5500米，有庞大的雪山群，海拔6000米以上的雪峰共有20座，群峰上有40条现代冰川和许多冰斗。

■ 江源之争

新中国成立以后不久，科学工作者们将木鲁乌苏河和楚玛尔河分别定为长江的南北两源。1976年和1978年，长江流域规划办公室等单位又进行了两次江源考察，根据"河源唯远"的原则，把各拉丹冬雪山下的沱沱河定为长江的正源。但是到了1986年，长江科学考察漂流探险队又提出了不同的看法，他们认为长江另一支流当曲的长度比沱沱河长3.7千米，而且流量是沱沱河的3倍，流域面积是沱沱河的1.7倍，所以长江正源应当是当曲。但是这一看法目前还未作为定论。

■ 河源未定

关于黄河源头在哪里也是众说纷纭。黄河的正源到底是哪一条呢？不同年份出版的《辞海》对其就有不同的叙述。

1947年版："源出青海省巴颜喀喇山之噶达素齐老峰，亦曰阿尔坦河。"

1965年版："源出青海省巴颜喀喇山约古宗列曲。"

1979年版："上源卡日曲，出青海省巴颜喀喇山脉各姿各雅山麓。"

究竟以什么为标准，怎样确定长江、黄河正源更科学合理，还有待于科学家继续探寻。

【百科链接】

巴颜喀喇山：
位于青海省中部偏南，为昆仑山脉南支，西接可可西里山，东连岷山和邛崃山，是长江与黄河源流区的分水岭。

河源唯远：
以距河口最远点作为河流的发源地（源头）的原则。

黄河源
位于青海腹地的黄河源。

- 佛光初现
- 科学解释

你知道吗：在月黑风轻的夜晚，峨眉山岩下幽谷中有时会出现点点神秘的星火，被称为"圣灯"，其形成原因正在研究中。

自然奇观之谜

峨眉山佛光之谜

峨眉佛光

佛经中说，佛光是释迦牟尼眉宇间放射出来的光芒。峨眉山佛光自公元63年有记载以来，1900多年间已出现过多次。

峨眉山是我国的四大佛教圣地之一，而著名的峨眉佛光又为这片圣地增添了许多神秘色彩。每当雨雪初霁、风静云出之时，夕阳的余晖斜照在峨眉金顶舍身崖下的云层上，就会形成一个无比绚丽的光环。这个光环常常出人意料地突然出现，光芒四射，形状和我们常见的佛像身后环绕的彩色光环一样，被称为"佛光"。尤为神奇的是，人们站在崖顶边缘，就会看见光环里出现自己的影子，如果人走动，影子也会随之移动，但总在光环之中。如果几个人甚至十多个人同时看佛光，每人只能看见一个光环和自己的影子，且互不干扰。

那么，佛光到底是怎么产生的呢？

■ 佛光初现

据古籍《嘉州志》记载，第一个发现奇异佛光的是北宋真宗大中祥符年间（1008～1017年）的一个人，姓蒲，名海通，住在峨眉山洗象池。一天，他上山采药，遇到一头野鹿，追踪至金顶，野鹿不见了。突然，他的眼前出现了绚丽的光环，他大吃一惊，连忙下山请教住在茅庵里的从西域天竺国（今印度）来的宝掌和尚。宝掌回答说："那是普贤菩萨显灵，化度众生。"后来这种说法越传越广。

■ 科学解释

科学工作者研究后认为，佛光是日光在传播过程中，经过障碍物的边缘或空隙间发生的展衍现象，即由于光的衍射作用而形成的。当云层较厚时，日光在射透云层后，会受到云层深处的水滴或冰晶的反射。反射光在穿过云雾表面时，会在微小的水滴边缘产生衍射现象，有一部分光束会偏离原来的放射方向，其偏离的角度与水滴直径成反比，而与各色光的波长成正比。于是，不同的单色光就逐渐扩散开来，在人们的眼前形成一个彩色的光环。

那为什么人们只能看到自己的身影呢？主要原因是，虽然云层中的水滴和冰晶很多，但人们所见的光环，只是各自眼睛所视为顶点的那个光锥面的与反射光作用的水滴或冰晶，就如同两个人照一面小圆镜，照见的自然只是自己的脸。

至于为什么会出现影随人动的奇象，学者们至今还无法作出令人信服解释。

【百科链接】

峨眉山：

我国四大佛教名山之一。位于四川省西南部峨眉山市境内，主峰万佛顶海拔3079.3米。峨眉山以多雾著称，常年云雾缭绕。

峨眉山金顶

金顶最高处，有一"金顶铜殿"，屋顶檐瓦镏金，在阳光映照之下，金光闪闪，迢耀百里，十分美丽。

4

你知道吗：由于印澳板块与欧亚板块的持续挤压，喜马拉雅山还在升高，主峰珠穆朗玛峰每年约增高1.27厘米。

▶ 为什么会移动
▶ 环境影响

"世界屋脊"在悄悄迁移吗

青藏高原位于中国西南边陲，平均海拔在4000米以上，享有"世界屋脊"和"地球之巅"的美誉。科学家通过GPS卫星定位系统惊奇地发现，这个世界上最年轻的高原竟然正在以每年7毫米至30毫米的速度整体向北和向东移动。另外，青藏高原南部的拉萨地块以每年约30毫米的速度向北、向东推移，中部的昆仑地块以每年21毫米的速度向北、向东推移，祁连山地块以每年7毫米至14毫米的速度向北、向东推移。尽管这种推移只以毫米计算，但是作为地质变化来说，这个移动速度是很可观的。那么，是什么原因造成了这种移动，它会给地球和人们的生活带来什么样的影响呢？

发现于喜马拉雅山的海螺化石

科学家在喜马拉雅山山体的岩石中发现了鱼、海藻、海螺的化石，可以推测喜马拉雅山区在遥远的过去曾经是一片汪洋大海。

■ 为什么会移动

据科学家推测，造成推移的比较重要的因素就是印澳板块向北运动挤压欧亚板块，除此以外还有受地热作用影响等多方面的因素，不能简单归结为某一种原因。中国科学家赵文津从球面数学的角度出发，对移动的原因进行了解释。他认为，处于高纬度的两个相邻地块分别沿其重心所在经度线向低纬度作南北方向的离极运动时，由于经度线间的距离

珠穆朗玛峰

珠穆朗玛峰位于中国和尼泊尔交界的喜马拉雅山脉上，海拔8844.43米，是世界第一高峰。

不断增大而逐渐相互分离；反之，处于低纬度的不相邻两个地块，分别沿其重心所在的经度线向高纬度作南北方向的向极运动，由于经度线间的距离不断减小而逐渐相互靠近，最终导致青藏高原向北、向东移动。

■ 环境影响

如果青藏高原一直运动下去会怎么样呢？是否会产生新的地形地貌？它会给这个地区乃至整个中国大陆的生态和气候环境带来什么变化？

专家说，这个问题太复杂了，不能轻易地下结论。从板块移动的角度来说，喜马拉雅山就是印澳板块和欧亚板块底部相互挤压形成的。如果板块向北、向东移动，肯定会对喜马拉雅山的高度产生影响。至于这种缓慢的移动对于气候的影响，应当把它放在一个很长的气候年代里去观测，因为在短期内是观察不到什么变化的。

由此看来，青藏高原的移动究竟会对环境乃至人类的生活产生什么样的影响，在一段时间之内还是一个未解之谜。

【百科链接】

青藏高原：
世界上最高的高原，平均海拔在4000米以上，有"世界屋脊"和"世界之巅"之称。

板块：
板块构造学说所提出来的概念。板块构造学说认为，地球的岩石圈并非一个整体，而是分裂成许多块，称为板块。全球岩石圈分为六大板块，即太平洋板块、欧亚板块、印澳板块、非洲板块、美洲板块和南极洲板块。

- 朱元璋与老爷庙
- 种种猜测

你知道吗：鄱阳湖是仅存的两个通长江的天然湖泊之一，像个歪脖子的葫芦，悬挂在长江上。

自然奇观之谜

鄱阳湖"魔鬼三角"之谜

鄱阳湖北部的老爷庙水域是一片让当地渔民船工闻风丧胆的"魔鬼三角地带"，船只航行到这里经常莫名其妙地停驶、沉没，从20世纪60年代到80年代，仅仅20年，这里就沉没了大小船只几百艘。

■ 朱元璋与老爷庙

这片水域位于鄱阳湖流域的江西省都昌县，南起松门山，北至星子县城。湖东岸有一座破旧的庙宇，叫老爷庙。传说元末的时候，朱元璋与陈友谅在鄱阳湖展开决战。一次，朱元璋失败逃亡，遇上一老神仙。老神仙便派遣一只乌龟将朱元璋救至此处。朱元璋为了感谢救命的乌龟，便在湖岸高地建起一座庙宇，定名"老爷庙"。旁边的水域就是由此得名的。

当地人敬畏神仙的威力，船行此地，便站在船头，遥望着老爷庙，用鸡血祭祀乌龟。然而他们总也逃不掉被湖水吞噬的悲惨命运。

■ 种种猜测

有人认为，这里有大型水生动物在兴风作浪。传说中老爷庙的神灵是巨龟的化身，因此这一带的人把甲鱼、乌龟等动物都当成神来供奉，老爷庙水域无形之中成了湖中动物的天然保护区。一般帆船行至这里，艄公会燃放爆竹，以爆竹声音为号，人们会把带来的鸡鸭等供品抛入水中，引得湖中的动物竞相前来争抢食物。这样一来，任何一条大鱼或江豚都有掀翻帆船的可能。

还有人认为这里事故频发是大风和龙卷风造成的。气象人员在老爷庙附近设立了3座气象观察站，对该水域的气象进行了为期1年的观察研究。从搜集到的气象数据看，老爷庙水域是鄱阳湖乃至江西省一个少有的大风区，最大风力能达16级，风速可达每小时200千米。行驶到老爷庙水域的船舶，也许就是在风起浪急的状态下沉没的。

鄱阳湖"魔鬼三角地带"究竟隐藏着什么奥秘？我们只能期待科技的进一步发展来解开其中的玄机。

鄱阳湖岸边的老爷庙
此庙位于鄱阳湖东岸，传为朱元璋所建。

鄱阳湖畔湿地风光

鄱阳湖面积约3583平方千米，是我国最大的淡水湖泊。它承纳赣江、抚河、信江、饶河、修河五大河的河水，湖水由湖口注入长江，每年流入长江的水量超过黄河、淮河、海河三河水量的总和，是一个季节性、吞吐型的湖泊。

【百科链接】

鄱阳湖：
地处江西省的北部、长江中游南岸。总面积约3583平方千米，是我国最大的淡水湖泊。

艄公：
操舵驾驶船的人，也泛指以撑船为业的人。

西湖是怎样形成的

你知道吗：我国各地共有"西湖"36处，其中以杭州西湖最为著名，其余较著名的还有颍州西湖、惠州西湖、扬州瘦西湖等。

- 筑塘成湖
- 火山爆发成湖
- 潟湖说

可与古代四大美女之一的西施相媲美的杭州西湖究竟是怎样形成的？学术界至今仍众说纷纭。

■ 筑塘成湖

西湖本与大海相通，这是古今较一致的看法。刘道真在《钱唐记》中记载，东汉时，钱唐郡官员华信为防止海水入侵，招募城中士民兴筑防海大塘，西湖从此与海隔绝而成为湖泊。这就是"筑塘成湖说"。

不过，学者林华东对这一说法提出了不同意见，认为即使真有华信筑防海大塘的史实，也不能说明一条拦洪蓄水大坝的建造，就促成了西湖的形成。

杭州西湖

杭州西湖古称钱塘湖，又名西子湖。据推测，杭州西湖原来是与钱塘江相连的一片浅海海湾，后来由于海潮和河流挟带的泥沙不断在湾口附近沉积，使海湾与海洋完全分离，才形成今日的西湖。

■ 火山爆发成湖

1909年，日本地质学家石井八万次郎提出，西湖的形成原因是火山爆发，岩浆阻塞海湾而形成了湖泊。约1.3亿年前的侏罗纪晚期，西湖一带发生了强烈的火山喷发，岩浆外流而使地壳内部空虚，最后火山口陷落成为洼地，这就是西湖形成的基础。

曲院风荷

曲院风荷位于西湖西北角，为西湖十景之一。

■ 潟湖说

我国著名科学家竺可桢通过详细的实地调查研究，认为西湖是一个潟湖。他认为，西湖本为钱塘江口附近的小海湾，后钱塘江挟带的泥沙在海湾南北两个岬角处逐渐沉淀堆积，最后相互连接，使海湾与大海分离而形成潟湖。地质工作者在西湖湖滨钻孔时，在地下8米至23米的青灰色黏土层里，发现了生活在海洋中的有孔虫化石，这也为潟湖说提供了一条强有力的证据。

【百科链接】

海塘：
我国古代人工修建的挡潮堤坝，最早出现于钱塘江口，是中国东南沿海地带的重要屏障。

有孔虫：
一类具有壳和网状伪足的单细胞动物，身体的直径多不足1毫米，绝大多数都是海生的，只有少数生活在潟湖、河口等半咸水的环境里。

- 水怪传说
- 鱼头怪现身
- 是哲罗鲑吗

你知道吗：哈纳斯湖深188.5米，是我国最深的高山淡水湖。"哈纳斯"是蒙古语，意为"峡谷中的湖"。

自然奇观之谜

哈纳斯湖水怪之谜

哲罗鲑

哲罗鲑为凶猛的冷水型纯淡水鱼类，冬季结冰前到大江或附近较深的水域寻找越冬场所，春季溯流游向清冷的山间支流，食物以鱼类为主。繁殖期身体变红，又称大红鱼。

在中国西北部阿尔泰山的南侧有一个哈纳斯湖，传说湖中有"水怪"出没，这给湖泊增添了一层神秘色彩。

■ 水怪传说

新疆哈纳斯湖边居住着一个被称为图瓦的神秘部落。图瓦人世代牧居在这里，却从来不敢到湖中捕鱼、游泳、划船。因为祖辈告诫他们说，湖里有水怪，水怪出现时，湖面上会狂风怒吼，黑云翻滚，恶浪滔天。据说图瓦人的祖先曾经组织过捕杀水怪的大行动。他们杀了十多头牛，用牛皮结成了一张大网，用5艘船拖着大网绕湖搜寻水怪。结果船被水怪撞沉，网被撕破，从此图瓦人再也不敢在湖边放牧，不敢在湖里打鱼了，而且每年都会祭祀水怪。

■ 鱼头怪现身

1987年7月24日，新疆环保所考察队员登上了哈纳斯湖边的骆驼峰，从峰顶的一个八角亭上向湖面远望。一个拿着望远镜的队员喊道："快看！大鱼！"此刻有些像水藻的红色东西开始浮出水面，正是大鱼群。据当时目睹这一壮景的队员说，鱼头的宽度有1米至1.5米，鱼长10米以上，最大的鱼有15米长，重量大约有2吨。如此巨大的鱼是鲸鱼还是其他巨型生物？

生物学家否定了这种猜测，因为像鲸鱼这样的生物只能生活在海洋环境中。像哈纳斯湖这样的淡水湖，鲸鱼是生存不下去的。

■ 是哲罗鲑吗

有人提出，生活在湖中的水怪可能是巨型的哲罗鲑，这是一种产于北方的冷水型食肉鱼类。从已经捕捞上来的一条长约1.45米的哲罗鲑来看，它们体型巨大而狭长，头部扁平，满嘴都是锋利的牙齿，猎物一旦被咬住将很难逃脱。

即便把哈纳斯湖水怪认定为哲罗鲑，仍有一些疑问难以解释：首先，迄今为止在哈纳斯湖中捕捉到的哲罗鲑还没有超过3米长的，无法证明湖中会有10米长的大哲罗鲑；另外，哈纳斯湖不具备供巨型哲罗鲑生存的环境，哲罗鲑属于鲑科鱼类，这类鱼的一个重要特性就是繁殖季节会洄游，而哈纳斯湖是一个过江湖泊，它的上下游河道都比较狭窄，大型哲罗鲑是没办法通过的。

关于哈纳斯湖水怪的问题至今还没有一个令人十分满意的科学解释。

哈纳斯湖

哈纳斯湖位于新疆布尔津县北部，是一个坐落在阿尔泰山密林中的高山湖泊。湖四周密布原始森林，环境异常优美。

你知道吗，罗布泊在历史上还有许多别名，如坳泽、盐泽、洄海、蒲昌海、牢兰海、孔雀海等。

▶ 游移湖论者
▶ 反对论者

罗布泊游移之谜

罗布泊位于新疆维吾尔自治区塔里木盆地东部，面积约3000平方千米，曾经是我国仅次于青海湖的第二大咸水湖。由于河流改道和入湖水量变小，湖面逐渐缩小，沿岸盐滩广布。据史书记载，罗布泊曾经是新疆南部最大的湖泊。在历史上，它曾接纳从塔里木盆地流来的"众河之水"。但是后来由于塔里木河多次改道以及气候的恶化，罗布泊成为环境险恶的沙漠。近年来，不少学者认为罗布泊是个游移不定的湖泊。究竟是不是这样呢？

■ 游移湖论者

早在19世纪70年代，俄国人普尔热瓦尔斯基就曾到塔里木河下游进行考察，在罗布泊洼地西南发现了一个湖泊，他认为是罗布泊移到了此处，从此罗布泊就被冠上了"游移湖"的称号。1900年，瑞典探险家斯文·赫定千里迢迢来到罗布泊考察，他看到的是一个滴水全无的干涸之地。1928年，他再度来到此地，看到的却是一片汪洋。回国后，他向世界宣布罗布泊是一个会移动的湖，并由此引发了百年的争论。

斯文·赫定认为，罗布泊是按照一定的时间规律在塔里木盆地湖区间来回游移的，当年普尔热瓦尔斯基发现的那个湖泊就是南移的罗布泊。1906年，美国人艾·亨丁顿提出了"盈亏湖"的理论；1931年，中国学者陈宗器也提出了"交替湖"的观点；1953年和1955年，两位苏联学者先后发表论文论证罗布泊是个游移湖。这些理论虽然不尽相同，但都认为罗布泊会移动。

戈壁滩上的胡杨树
胡杨又称胡桐，杨柳科落叶乔木，能从根部萌生幼苗，对荒漠中的干旱和盐碱有极强的忍耐力。

■ 反对论者

20世纪80年代，中国的科学家相继论证"罗布泊不是游移湖"。他们认为，罗布泊由于受湖盆内部新构造运动和入湖水量变化的影响，在历史上常出现积水多少的变动，并非游移。中国科学院新疆综合考察队地貌组对罗布泊进行实地调查的资料和卫星照片也都证明罗布泊不是什么游移湖或交替湖。从第四纪以来罗布泊就始终没有离开过罗布泊洼地，它只是在自己的"故乡"内进行涨缩变化。

罗布泊究竟会不会游移？众多学者的观点暂时还无法统一。

罗布泊雅丹地貌
现在的罗布泊曾经是塔里木盆地的积水中心，是古代发源于天山、昆仑山和阿尔金山的河流的河水，源源注入而形成的湖泊。

【百科链接】

塔里木盆地：
中国第一大内陆盆地。位于新疆维吾尔自治区南部。气候干燥，雨量很少。

新构造运动：
地形演化中最新的构造运动，在现代地形的形成中起着重要作用。

- 长江第一弯
- 河流袭夺
- 地壳断裂

你知道吗：宋朝时，人们发现金沙江沿河盛产沙金，这里很快聚集了大量淘金人，"金沙江"也因而得名。

自然奇观之谜

金沙江大拐弯之谜

金沙江位于长江上游，和怒江、澜沧江都在青藏高原东北部发源，然后几乎平行地一齐向南流淌，在青藏高原东侧切成几列深邃的平行河谷。而在河谷之间，就是一条条大致平行的高山，这就是中国有名的横断山脉。在这3条河流中，金沙江位于最东边。

■ 长江第一弯

起初，金沙江也是向南流的，可是当其流经云南石鼓时，江流突然折转向东，而后又转向北，差不多来了一个180度的大拐弯，江流转弯的地方因此被誉为"万里长江第一弯"。金沙江流过石鼓以后，坡度骤然加大，江水在只有几十米宽的深谷中呼啸奔腾。千百年来，"万里长江第一弯"曾使许多学者迷惑不解，就是世世代代居住在江边的居民们也弄不清这个弯到底是怎样形成的。

■ 河流袭夺

科学工作者通过对金沙江的河流形态进行深入研究，作出了下面一些推断。

从前金沙江并没有今天的大拐弯，而是和怒江、澜沧江等一起南流。同时，在它东边不远的地方还有一条河流由西向东

【百科链接】

金沙江：
位于我国第一大河长江的上游，发源于青海境内唐古拉山脉的各拉丹冬雪山北麓。

虎跳峡：
位于丽江和中甸交界处的金沙江上，海拔高差3900多米，是世界上落差最大的大峡谷之一，以奇险雄壮著称于世。

不停地流淌，叫"古长江"。湍急的古长江水不断地侵蚀江中的岩石，河道也不断向西伸展。终于有一天，它与古金沙江相遇了。它的地势比起古金沙江要低得多，于是滔滔金沙江水掉头向东，流向古长江谷地。从此，金沙江就成了长江的一部分。这种现象在地貌学上叫"河流袭夺"。

■ 地壳断裂

也有人不同意"河流袭夺"的看法，认为这里根本就没有发生过古长江与古金沙江相互连通的河流袭夺事件。今天的金沙江之所以会有这样奇怪的拐弯，只不过与当地地壳断裂有关。

金沙江大拐弯形成在几十万年前甚至更早的时期，因河流袭夺也好，因地壳断裂也好，当时留下来的遗迹已被风雨侵蚀得面目全非了。所以，这两种意见争论多年，直到今天仍然没有达成一致。

长江第一弯
长江自青藏高原南下，到云南石鼓被海罗山阻挡，突然转向东北，这里就是举世闻名的"万里长江第一弯"。

你知道吗，我国境内共有60多块风动石，其中较著名的一块位于海南省文昌市龙楼镇铜鼓岭山顶，高3米，重约20吨。

▶ 奇妙的风动石之谜
▶ 山崖"生"石蛋之谜

中国奇石之谜

■ 奇妙的风动石之谜

福建省东南部的东山岛上有一块奇石——风动石，被誉为"天下第一奇石"。

风动石危立于福建铜山古城东门海滨。石高4.73米，宽4.57米，长4.69米，重200吨，外形像一只雄兔，斜立于一块卧地磐石上，两石接触点仅有几厘米见方。当海风从台湾海峡吹来的时候，强劲的风流会使风动石微微晃动，让人觉得其岌岌可危。海风停后，风动石也随之平稳如初了。

1918年2月13日，东山岛发生7.5级地震，山石滚落，屋倒人亡，可风动石却稳立无恙。

对这块风动石的来历，历来众说纷纭。其中一种说法是，此石为"天外来客（即陨石）"，自太空坠落在此地，经长期风化却变化甚微，所以成了现在的状态。据说这块石头早已滚落于此，经地质变化，形成了现在这种巨石悬于崖边的情形。推测和传闻都无法完全令人信服。因此，这块奇石到底是怎样形成的，至今还是个难解的谜。

■ 山崖"生"石蛋之谜

众所周知，下蛋是地球上一些禽类动物的繁衍方式。然而令人奇怪的是，有些石头也能"下蛋"。

石头"下蛋"是贵州省三都水族自治县的特有奇观。在县城西南陡峭险峻的石崖

生蛋崖的石蛋

生物学家和地质学家对石头生蛋的原因作了各种推测，但至今没有得出准确的答案。

上，错落排列着一些圆溜光滑的石蛋（即石疙瘩）。把石蛋剖开后，里面和普通石头无异，没有任何生命迹象。但这种石头却会"下蛋"，当其"生产"时，只要用手轻轻一敲，外层岩石就会脱落，露出一个完整光洁的圆蛋。更令人惊讶的是，石头"下蛋"似乎有一定规律，大概每隔30年出现一次。

这些古怪的石蛋是怎样形成的呢？有人认为，贵州一带曾经是汪洋大海，某些物质在海中旋涡的作用下积聚成球状物。后来海底上升为陆地，这些球状物便附着在岩石中了。由于二者的密度不同，当周围岩石表皮脱落后，这些球状物（即石蛋）就露了出来。但是海陆变迁在世界各地都有发生，为何只有贵州的岩石中藏有石蛋？还有人认为，石蛋可能是岩石中的特殊矿物质受热形成的一种特殊结晶，在地壳的热运动中逐渐从岩石中被挤出来。但是石头每隔30年"下"一次"蛋"又作何解释？这一切都还是未解之谜。

风动石

风动石巍然屹立在一块卧地凸起且向海倾斜的磐石上，两石接触面仅十余平方厘米。大风袭来，巨石微微晃动，故名"风动石"。

- 白色动物之乡
- 为什么是白色

你知道吗：相传上古时代，神农氏曾在神农架遍尝百草，他为了采到高峰绝壁之上的珍贵药草，伐木搭架而上，神农架因此而得名。

自然奇观之谜

神农架白色动物之谜

神秘的神农架
神农架位于中国地势第二阶梯的东部边缘，由大巴山脉东延的余脉组成高山地貌，区内山体高大。

神农架位于湖北省西部边陲，是我国国家级的风景名胜区。有人说，神农架是白色动物之乡，可谓名副其实。在这个乐园里，人们除发现白熊、白蛇外，还发现了白喜鹊、白猴、白獐、白麂、白乌鸦、白黄鼠狼等奇异的动物，这种奇怪的"白色现象"使动物学家们惊诧不已。

■ 白色动物之乡

1954年夏，神农架田家山药材场老药农李孝满在采药时，从熊窝中捉到一只小白熊。这只白熊的出现，立刻轰动了世界。这是人类在亚洲第一次发现白熊。从此以后，人们又先后从神农架捕获4只白熊。这种白熊全身白毛如细绒一般，颈与肩的毛较短，上唇和鼻端呈淡红色，眼睛也是红的，头长尾短，两耳竖立，性情温驯，喜欢与人嬉闹，甚至会主动爬到人怀里闭目养神。它们长得像大熊猫，只是嘴部比较突出。

神农架白蛇也屡屡进入人们的视野。1987年4月，探求神农架"野人"之谜的奇异动物考察队队长胡振林在酒壶坪林场发现一条长约1米的白蛇；1992年6月，人们在神农架国家级自然保护区核心区域又发现一条长约3米、直径约10厘米、浑身雪白的蛇，它的背上有三条清晰的黄色条纹。

神农架拥有数量如此之多、种类如此之广的白色动物，确实令世界为之震撼。

■ 为什么是白色

有人认为，一系列白色动物的出现是由于人类的发展和活动范围的扩大，致使动物的生存空间逐渐缩小，种群数量减少。为继续繁衍，许多动物开始近亲交配，也因此出现退化现象，表现就是皮肤变白，好像患了白化症。但也有人认为，神农架的白色动物可能在很远的古代就有了，不大可能是由于纯粹的白化现象造成的。另外，对于这个问题，现在还有许多学者认为这些动物呈白色是因为基因突变导致了其体内某种物质的缺失而造成的。

至于为什么只有神农架出现数量如此之多、种类如此之广的白色动物，有学者认为这是神农架原始的自然形态受到人为的干扰、破坏相对较少的缘故。

在神农架捕捉到的白蛇
神农架地区生活着许多白色动物，这些动物在其他地区从没有被发现过，非常奇异。

【百科链接】

基因突变：
一个基因内部可以遗传的结构的改变，又称为点突变，通常可引起一定的表型变化。基因突变是生物进化的重要因素之一。

白化症：
一种遗传疾病，患者由于体内缺少酪氨酸酶，不能合成黑色素，于是皮肤出现了白化现象。

4

你知道吗，远古时期，神农架地区还是一片汪洋大海，燕山和喜马拉雅造山运动将其抬升为多级陆地，成为大巴山东延的余脉。

▶ 目击野人
▶ 猩猩之误
▶ 幸存的巨猿

神农架野人之谜

神农架野人传说在历史上流传了很久，3000年以前的古籍中就有过记载。在神农架山区，目击过野人的人达数百之多，所见野人以红毛野人最多，也有麻色和棕色毛的。

■ 目击野人

1974年5月1日，神农架地区曾经发生过一起目击野人事件。那天，神农架地区农民殷洪发在去青龙寨的途中，看见一个人形怪物。据殷洪发说，这个人形怪物约1.4米高，头发下垂到颈部，眼睛是圆形红色，眉骨突出，鼻子位置略比人的高，嘴比一般人的宽，手臂及腰，手大指长，两腿上粗下细，两脚前宽后窄。

无独有偶，1976年5月14日凌晨1点多，司机蔡先志开车从十堰返回神农架，在经过海拔1700米的椿树垭时也遇上了野人。

神农架野人谷瀑布

野人谷原名"神农峡"，后因《房县志》中关于野人在此出没的记载更名为"野人谷"。峡谷曲折幽长，又称"十里长峡"。

■ 猩猩之误

传说中的野人能直立行走，面部带笑，外貌似人又似猿，而这些特点猩猩似乎都具备，而且猩猩并非仅仅生存在非洲大陆，在中国南方也曾多次发现更新世时期的猩猩化石。所以有学者提出，也许神农架还残存着猩猩这种动物，而人们把它当作了野人。

■ 幸存的巨猿

在历次考察当中，最难以解释的就是数量众多的奇怪脚印。专家们用石膏浇铸复制出脚印模型后发现，这些脚印的尺寸巨大，最长可达48厘米！

1956年8月，广西柳城农民覃秀怀在楞寨山一座溶洞中发现了一块形状与人类下颌骨非常相似的动物骨骼化石，科学界称之为巨猿化石。大约在600万年前，猿和人分化开来，前者进化成为现代类人猿，后者进化为现代人。于是有人提出，也许历史上的巨猿并没有完全灭绝，而是顽强地生存到了今天，它们就是科学家们苦苦寻找的野人。这一说法可以很好地解释这些长达48厘米的脚印存在的原因。

目前，无论是"猩猩说"还是"巨猿说"，都拿不出确切的证据，一切都还只是猜测。

神农架风景区

神农架风景区在神农架南部的自然保护区内，风景区内山峰海拔均在3000米以上，堪称"华中屋脊"。古老漫长的地理变迁和相对封闭的自然环境，使神农架拥有丰富的自然资源和美不胜收的风景。

- 传说中的净土
- 香格里拉在哪里

你知道吗，香格里拉在藏语中意为"心中的日月"，是英文Shangrila的汉语音译，英语发音则源于香格里拉腹地的藏语。

自然奇观之谜

圣地香格里拉在哪里

美国作家希尔顿在小说《失去的地平线》中，描绘了一个名叫"香格里拉"的地方，据说它在喜马拉雅群山之中。那里风光秀美，空气清新，居民品格高尚，而且健康快乐，长生不老，他们与世隔绝，以喇嘛教为信仰，守护着自己的文明。

云南香格里拉

1997年，云南省人民政府向世界宣布："香格里拉在云南迪庆！"从此，国内外兴起了空前的香格里拉热，云南香格里拉也开始为世界熟知。

■ 传说中的净土

香格里拉一词源于藏经，在藏传佛教的发展史上，一直作为"净土"的最高境界而被频繁提及。据藏经记载，香格里拉隐藏在青藏高原雪山深处的某个隐秘的地方，整个王国被双层雪山环抱，由8个呈莲花瓣状的区域组成，中央耸立的内环雪山上建有卡拉巴王宫，宫内住着香巴拉王国的最高领袖——香巴拉国王。

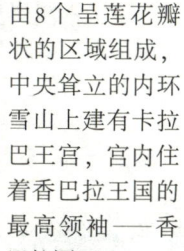

布达拉宫

至今还有不少人相信，在布达拉宫地下的某处有通往香格里拉圣地的秘密通道，只有具有大智慧的人才能进入其中。

■ 香格里拉在哪里

神奇而美丽的香格里拉究竟在什么地方呢？

传说，在中国的西藏就有前往香格里拉圣地的入口，而且这个入口就在布达拉宫的神殿之下。有人认为这种传说有一定的道理，因为布达拉宫是藏传佛教的圣地，其选址和设计必然有独特的匠心。而且布达拉宫结构复杂，如同迷宫一般，香格里拉入口极有可能藏于其下。但直到现在，人们并未找到通往香格里拉的入口，也没有找到有关入口的记载。

另一种说法是，香格里拉位于印度和巴基斯坦交界处的克什米尔地区。那里位于喜马拉雅山西南，四周是银装素裹的冰峰雪山，中间却气候宜人、青葱碧绿，是梦幻般的雪中绿洲。因为交通不便，与世隔绝，所以那里民风淳朴，非常符合典籍中关于香格里拉的描绘。

还有一种说法认为，香格里拉在云南的中甸。中甸位于云南省西北部连绵起伏的群山之中，在著名的梅里雪山脚下，属于迪庆藏族自治州。

以上三种说法都有一定道理，但都缺乏确凿的证据。也许，香格里拉只是一个美好的象征，它可以代指任何人间仙境、世外桃源。

【百科链接】

净土：
佛教认为佛、菩萨等居住的世界，没有尘世的污染，所以叫净土。

你知道吗：小雁塔原名荐福寺塔。荐福寺是唐代著名的寺院，建于唐睿宗文明元年（684年），是睿宗李旦为追念高宗李治而兴建的。

▶ 数次"神合"
▶ 源于地壳运动

小雁塔"神合"之谜

西安市的小雁塔位于西安城南，至今已有1000多年的历史了。该塔是密檐式砖结构建筑，共15级，约45米高，形状秀丽，蔚为壮观。在漫长的岁月中，小雁塔有数次"神合"的经历！

■ 数次"神合"

1487年，陕西发生6级大地震，在小雁塔中间从上到下裂了一条一尺多宽的缝。然而时隔34年，在1521年的又一次大地震中，这道裂缝居然合拢了。人们百思不得其解，便把小雁塔的这种合拢叫"神合"。1555年9月，一位名叫王鹤的京官回乡途中夜宿小雁塔，听了目睹这次"神合"的堪广和尚讲的这段奇事后，惊异万分，便把这段史料刻在了小雁塔北门门楣上。

清代初年，著名学者贾汉复等人记述了小雁塔的另一次"神合"。清道光十八年（1838年），学者钱泳在著作《履园丛话》中记载了小雁塔的两次"神合"："西安府南十里有雁塔，嘉靖乙卯地震，塔裂为二，癸亥复震，塔合无痕。康熙辛未（1691年），塔又裂，辛丑（1722年）复合，不知其理。"一座砖塔遭遇地震而不倒塌，反而能自然将裂痕复合起来，的确是一件令人难解的奇事。到了民国年间，小雁塔在一次地震中第四次裂开。1965年国家拨款进行维修，并用钢箍加固了塔身，至此，小雁塔反复裂合的历史方告结束。

大雁塔

大雁塔位于西安和平门外4千米的慈恩寺内，与小雁塔东西相向，成为唐代古都长安保留至今的两处重要标志之一。

■ 源于地壳运动

有人推测，小雁塔的离合与西安地区地面裂缝的出现和消亡的机理是一样的，是地壳运动在不同物体上的不同表现，是一种"同质异相"，即地裂塔裂、地合塔合。塔裂开时要快速猛烈一些，容易被人们注意到；而合拢起来则要缓慢得多，地壳在均衡和调整应力的作用下，会使塔的裂缝自动缓缓地合拢。由于合拢的速度慢，所以一般不为人们所注意。

这种因地壳运动引起小雁塔离合之说，还不能完全令人信服。因为除了小雁塔之外，人们在西安地区并没有发现其他在地震中自动复合的建筑物，为什么独独小雁塔会"神合"呢？

小雁塔

因规模小于大雁塔，故称小雁塔，是唐代古都长安保留至今的重要标志之一。

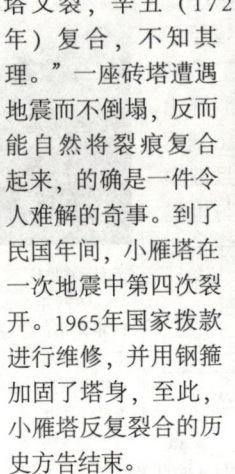

【百科链接】

小雁塔：
位于西安市南门外的荐福寺内，与大雁塔东西相向，因规模小于大雁塔，故俗称小雁塔，是唐代古都长安保留至今的重要标志之一。

应力：
物体由于外因（载荷、温度变化等）而变形时在它内部任一截面的两方出现的相互作用力，称为内力。单位面积上的内力称为"应力"。

- 磷火自燃
- 反射星光

你知道吗？庐山又称匡山或匡庐，传说殷周时期有匡氏兄弟7人结庐隐居于此，后成仙而去，所居的草庐幻化为山，故而得名。

自然奇观之谜

庐山千年"佛灯"自燃之谜

在庐山，有一种奇特的自然现象——"佛灯"，也叫"圣灯"、"神灯"。大天池旁的文殊台，偶遇月隐之夜，山下黑漆漆的幽谷间会倏然涌现荧荧亮光，好像一盏盏灯笼，所以被称为"佛灯"。千百年来，闪烁变幻的"佛灯"作为一种罕见的自然奇观，吸引了无数人前往览胜探秘。

■ 磷火自燃

对于"佛灯"出现的原因，古往今来有许多五花八门的解释。其中最占上风的说法是磷火说，认为"佛灯"即民间所说的"鬼火"，系山中千百年来死去的动物骨骼中所含的磷质或含磷地层释放出来的磷质在空气中自燃所造成的。但有的研究者认为，磷火说有不少破绽。一是磷火多贴近地面缓缓游动，不可能上升很高，更不会"高者天半"或"有从云出者"；二是磷火的光很弱，而庐山文殊台的海拔在千米以上，人不可能看得那么清晰。

■ 反射星光

有位飞行员认为，"佛灯"是"天上的星光反射在云上的一种现象"。在月黑星灿的夜晚，若有云层飘浮在庐山大天池文殊台下，天上的星光反射在云上，就可能出现"佛灯"。由于半空中的云层高低不一，飘移不定，所以它反射的荧荧星光也不是固定的，从而造成闪烁离合、变化无穷的现象。

然而，为什么在其他山区见不到这种云反射星光的现象呢？而且就是在庐山上，也只有在特定地点才能一窥"佛灯"的风采，可见这种说法尚有缺漏。

"佛灯"并不经常出现，就是居住在山上几十年的人也难得看见一次，因而这一千古谜团至今悬而未决。

庐山云雾

庐山多断崖陡壁，峡谷幽深，云雾弥漫山间，变幻莫测。有时淡云缥缈似薄纱笼罩山峰，有时云流顺陡峭山峰直泻千米，给庐山平添了许多神奇的景色。

庐山瀑布

庐山以雄、奇、险、秀闻名于世，素有"匡庐奇秀甲天下"之美誉。青峰秀峦、银泉飞瀑、云海奇观尽展庐山的无穷魅力。

【百科链接】

庐山：

地处江西省北部，雄峙长江南岸。以雄、奇、险、秀闻名于世，素有"匡庐奇秀甲天下"的美誉。

磷：

一种非金属元素，广泛存在于动植物体中，最初从人和动物的尿以及骨骼中取得。人们常说的"鬼火"就是磷化氢气体在空气中自动燃烧的现象。

你知道吗：据《清史稿》记载，顺治九年（1653年）正月，湖北黄冈曾下过一场墨水一般的黑雨。据分析，可能是大气污染造成的。

- 谷雨和鱼雨
- 一喊就下雨
- 箭雨之谜

怪雨之谜

古往今来，不少地方下过奇怪的雨，有些怪雨还严重影响了人类的正常生活，其中一些现象人们至今也无法解释。

■ 谷雨和鱼雨

"天上掉馅饼"本是句笑谈，但是"天上下谷物"在古籍中却有记载。据史书记载，东汉建武三十一年（公元55年）的一天，河南省开封一带突然乌云密布，狂风大作，大量的谷子与暴雨同时由天而降，撒满大地；"顺治三年（1647年）五月，丘县雨麦"；"（顺治）十二年（1656年）二月，渭南天雨米粟，平乐天雨荞麦"；"嘉庆十二年（1808年）春，黄陂豆雨"。

更有趣的是，在云南省古竹寨曾下过一场罕见的鱼雨。当时风势猛烈，满天乌云，雷电交加，大雨瞬间倾盆而下。人们发现数以万计的黑点随同暴雨由天而降，腥风阵阵，黑点掉到地下后，竟是一条条活蹦乱跳的鲜鱼。半小时后暴雨骤停，天气放晴，当地居民欢天喜地，一文不花地得到了不少鱼，给餐桌上增添了美味。

龙卷风

龙卷风是一种破坏力极大的天气现象，可把海（湖）水吸离海（湖）面，形成水柱，然后同云相接，俗称"龙取水"。许多"怪雨"都和龙卷风有关。

据分析，"鱼雨"可能是龙卷风经过池塘或河流时，把池塘或河里的水连同水里的鱼一起卷到天空，刮到数里之外才猛降下来形成的。

对于谷雨和鱼雨的成因，一些科学家还有其他不同的看法，目前尚无定论。

■ 一喊就下雨

"喊雨"发生在四川省宝兴县和小金县之间的夹金山中。夹金山山势起伏，温差悬殊，天气变化非常快。当地牧民在炎炎烈日下放牧时，如果想要解除疲劳和暑气，只需对着天空高声大喊，天上就会洒下纷纷的雨点来，喊声停止，天空中的雨点即刻全都无影无踪。很快，天气放晴，日出云散，一切如常。至于为什么一喊就下雨，科学家们还无法给出明确的解释。

■ 箭雨之谜

平日生活中人们常说"风雨不误"、"天上下刀子也得去"之类的话，其实世界上根本不会有"下刀子"的事情，这些只不过是玩笑话。但是，史籍上却有"嘉庆十四年（1810年）冬，泰州箭雨"的记载。这雨中无缘无故带箭的怪现象，不知是人为所致还是龙卷风的威力。对此，科学界至今也没有一个合理的解释。

夹金山

夹金山雄峙于四川甘孜、阿坝和雅安三地，地势陡险，山岭连绵，重峦叠嶂，空气稀薄，天气变化无常。

- 空气与沙粒摩擦
- 地下共鸣箱
- 共鸣发生在地上

你知道吗：鸣沙山又名神沙山、沙角山，与月牙泉和莫高窟并称"敦煌三宝"。

自然奇观之谜

鸣沙山鸣沙之谜

鸣沙山位于甘肃省敦煌市南郊7千米处，面积约200平方千米，山峰连绵起伏，山体金光灿灿。最奇特的是，

鸣沙现象

一些科学家认为，鸣沙山的沙粒带有一层薄薄的钙镁化合物，在大量的沙子相互摩擦时，有时便会产生类似小提琴用琴弓沿着琴弦奏出乐曲一样的声音。

当人从鸣沙山山巅顺陡立的沙坡下滑时，耳边就会随之响起奇特的鸣叫声，初如丝竹管弦，继若钟磬和鸣，进而如鼓声大噪，轰鸣不绝于耳。那么，沙子为什么会发出鸣叫声呢？

■ 空气与沙粒摩擦

一些学者认为，鸣沙的基本原理在于沙粒上有一层薄薄的钙镁化合物，大量的带有钙镁化合物的沙子相互摩擦时，就会产生乐曲一样的声音。也有研究者认为，鸣沙的基本原理在于空气在沙粒之间的运动。当沙粒滑动的时候，空气会进出沙粒间的孔隙，因而振动发声。

■ 地下共鸣箱

苏联科学家马里科夫斯基认为，每个鸣沙沙丘的内部都有一个密集而潮湿的沙土层，它的深度是随雨水的多少而改变的。潮湿层较深时，被上面干燥的沙土层全部覆盖起来，潮湿层的底下又是干燥的沙土层，这就构成一个天然的共鸣箱。当沙粒雪崩似的沿着斜坡倾泻下来时，干燥沙粒的振动波传到潮湿层，就会引发共鸣，从而发出巨大声响。

■ 共鸣发生在地上

中国学者马玉明认为，鸣沙的"共鸣箱"在地面上。而且鸣沙发声需具备3个条件：一是沙丘高大且陡；二是背风向阳，背风坡沙面呈月牙形；三是沙丘底下有水渗出形成泉和潭。他还提出，由于空气温度、湿度和风的速度经常变化，不断影响着沙粒响声的频率和"共鸣箱"的结构，再加上策动力和沙子固有频率的变化，鸣沙的响声也会随之变化。

【百科链接】

莫高窟：
又名"千佛洞"，位于敦煌市东南25千米处鸣沙山东麓的断崖上，是我国三大石窟艺术宝库之一。

共鸣：
发声器件的频率如果与外来声音的频率相同，则会由于共振的作用而发声，这种共振现象叫作"共鸣"。

鸣沙山和月牙泉

鸣沙山位于甘肃敦煌市南郊。月牙泉被鸣沙山环抱，因其形酷似一弯新月而得名。

泰山回马岭来历之谜

回马岭位于泰山登山中路的中段，这里景色十分优美，现有石坊一座，额刻"回马岭"三字，是泰山风景区的著名景点之一。关于回马岭之名的来历，历来众说纷纭，莫衷一是。

■ 宋真宗回马说

这种说法流传最广。传说宋真宗当年来泰山封禅的时候，山路越来越陡，山势几乎直立起来，马匹无法再向前行，真宗无奈之下只好掉转马头。清朝人宋思仁编写的《泰山述记》中也记载："回马岭……相传宋真宗回马处。"

可是，从历史记录来看，宋真宗赵恒来泰山封禅的时候，并不是骑马或者乘马车上山的，而是乘山轿上山的，而且在有些地方还是徒步前进。既然没有马，当然也就谈不上"回马"了。

■ 唐玄宗回马说

明朝人萧协中所写的《泰山小史》和1986年山东人民出版社出版的《泰山导游》中一致认为，唐玄宗于725年骑马登封泰山时，行至回马岭，由于山势高峻陡拔，马不能再上，只得返回，"回马岭"因而得名。《旧唐书·礼仪三》中也有"玄宗御马而登"的记载。李白和唐玄宗李隆基是同时代的人，他的《泰山吟》六首流传很广，其中就有一首描绘唐玄宗骑马登泰山的情景："四月上泰山，石平御道开。六龙过万壑，涧谷随萦回。马迹绕碧峰，于今满青苔。"由此可见，唐玄宗李隆基骑马登封泰山是确信无疑的。但认为"回马岭"之名源出唐玄宗登泰山又缺乏有力证据。

■ 汉光武帝回马说

还有学者认为，东汉光武帝刘秀于建武三十二年（公元56年）登封泰山时，在此回马，"回马岭"由此得名。这种说法的主要依据是《泰山封禅仪记》的记载：刘秀"上山骑行，往往道峻峭，不骑，步牵马，乍步乍骑，且相半，至中观留马"。此文的作者是随汉光武帝刘秀一起登山的泰山郡守应劭，可信性较大，以此推断汉光武帝刘秀在此回马有一定的道理。

不管是宋真宗回马说，还是唐玄宗回马说，抑或是汉光武帝回马说，都有一定的史实依据，但又无法令人完全信服。因此，"回马岭"之名到底来历如何，至今没有定论。

回马岭

泰山回马岭是一座跨盘道而建的双柱单门式石坊，始建时代无考，1937年重修。坊后盘路陡绝，山势险要。"回马岭"三字，意即骑马上山至此因岭路陡绝，马不能再上，只好回马。

【百科链接】

泰山：

五岳之首，古时称岱宗，春秋时始称泰山。位于山东中部，跨越泰安、济南两市，总面积426平方千米，主峰玉皇顶海拔1532.7米。

封禅：

中国古代帝王为祭拜天地而举行的活动。"封"就是登上泰山筑坛祭天；而"禅"则是在泰山下的小丘祭地，向天地宣告人间太平。

- 史书记载
- 湖怪现身
- 湖怪存在之谜

你知道吗：天池中原本无任何生物，但近几年，池中出现了一种冷水鱼——虹鳟鱼。这种鱼生长缓慢，肉质鲜美，据说是朝鲜人在天池放养的。

自然奇观之谜

🌸 天池湖怪之谜

位于我国吉林省东南部中朝两国交界处的长白山山顶的天池是我国海拔最高、面积最大、湖水最冷的高山湖泊。近百年来，天池湖怪的传说被渲染得神乎其神。

长白山瀑布

长白山瀑布位于天池北侧，落差高达68米，与玉壁峰、金壁峰相映，似玉龙冲向谷地，溅起丈高的水浪和不息的水雾。

■ 史书记载

早在100多年前，长白山地区的历史资料中就记载了天池湖怪的出现，还有人因此而称天池为"龙潭"。《长白山江岗志略》中就记述：1908年，自天池中有一怪物浮出水面，金黄色，头大如盆，方顶有角，长项多须，猎人以为是龙。《长白山志》中的《大事纪要》也记述：1903年4月，有兄弟俩到长白山猎鹿，经过天池边时，看到池中有个怪兽，"大如水牛，吼声震耳，状欲扑人"。

■ 湖怪现身

20世纪60年代到80年代，人们发现怪兽的次数越来越多。

1976年8月的一个中午，一群旅游者正在天池边野餐，突然，一个姑娘发出一声尖厉的惊叫："你们看，水怪！"众人都惊愕地回头，只见一头毛色黝黑、状若棕熊的狰狞水兽正伏卧在天池边的一块嶙峋怪石后，双眼灼灼地向近在咫尺的人群窥探。它听见惊叫，惊骇地霍然蹿起，"扑通"一声跳入水中，转瞬间就无影无踪了。这也许就是许久以来传说中的天池湖怪。

■ 湖怪存在之谜

有人认为，天池中根本不存在什么湖怪。天池由活火山口积水而成，中有浮石。据史料记载，长白山曾有3次喷发，最后一次喷发距今只有300余年，因此它的形成时间并不算长。再加上天池海拔2000米以上，水温非常低，假设确有这样一类大型动物在天池中生活，那么它们的食物来源很成问题。另外，除微生物外，湖中没有发现其他生物，湖畔的草甸上也无被啃吃过的痕迹，这就更无法解释这类大型动物的食物来源。也就是说，湖怪也许并不存在。

但近几十年数以千计的人几十次的目击，使天池存在湖怪成为难以否认的事实。如果湖怪不是人们的错觉，它究竟又是什么呢？

【百科链接】

长白山：
位于吉林省东南，是中、朝两国的界山，最高峰海拔达2749米。长白山是一座休眠火山，历史上喷发过数次。

浮石：
火山喷发出的岩石，主要由玻璃质构成，偶含少量结晶质矿物，比重小，在水中可以浮起。

长白山天池

长白山天池坐落在吉林省东南部的中朝边境，是中朝两国界湖，湖北部为中国吉林省，是松花江之源。因为水面海拔达2150米，所以被称为"天池"。

4

你知道吗：刚出生的大熊猫幼崽平均体重不到140克，而且发育极不健全，实际上，它们的发育状况只相当于人类4个月的胎儿。

▶ 身世之谜
▶ 习性之谜
▶ 种群兴衰之谜

"活化石"大熊猫之谜

我国特产的大熊猫是世界上稀有的珍贵兽类之一，体型较大，外形似熊，头较圆像猫，因而得名。大熊猫是一种孑遗物种，有"活化石"之称。

■ 身世之谜

目前对大熊猫的分类，归纳起来有三种看法：

一种认为，大熊猫属熊科，其依据是大熊猫外形与熊相似；也有人通过对它的颅骨、牙齿以及化石的研究，得出大熊猫属熊科的结论。

另一种看法则认为，大熊猫应属浣熊科，理由是大熊猫与小熊猫的形态特征、骨骼以及雄性外生殖器的形态等都十分相似，小熊猫是浣熊科动物，大熊猫也应属浣熊科动物。

还有一种看法认为，应单独分出一个大熊猫科。因为大熊猫牙齿脱换的特点及胎儿尾长的返祖现象都与熊不同。

■ 习性之谜

大熊猫独特的生活习性也带给人们许多未解之谜。大熊猫对食物非常挑剔，虽属于食肉兽，却喜欢素食。据调查，它们取食的植物有五十多种，但只偏爱其中的二十几种竹子，尤其是冷箭竹和缺苞箭竹及其竹笋；而且，大熊猫只吃一两年生的嫩竹，而不吃生长多年的老竹；竹子开花结的子，它也不吃；再好的竹笋，只要有野猪、黑熊等动物取食的痕迹，它也一概不吃。考察人员发现，有些竹林枯死的地区，翻过山便有大片竹林，但大熊猫宁可饿

吃竹子的大熊猫

大熊猫是一种神奇的动物，人们一直对其分类有很大的争议。现在国际上普遍将它列为熊科、大熊猫亚科。而国内将大熊猫单列为大熊猫科。

死在这里，也不会迁徙过去，这也是大熊猫令人费解的生活习性之一。

■ 种群兴衰之谜

大熊猫种群的兴衰存亡也是一个悬而未决的谜：其一，每逢栖息地竹子因开花而大面积枯死时，都有大批大熊猫死亡；其二，大熊猫的繁殖能力也比较低下，成年大熊猫的生殖率和幼崽存活率都很低。雌性大熊猫有四个乳头，理论上应该能够抚育四只幼崽，但是通常它只能顾得上一只，而且还不一定能够抚育成活；其三，雄性大熊猫的生殖器退化，自然交配成功的机会更是微乎其微。大熊猫的生存及繁育能力为什么会这么差呢？又有什么方法可以帮助它们提高繁衍能力？这些对于保护大熊猫的工作者来说，都是需要进一步研究的问题。

大熊猫头骨化石
这是在中国南方出土的大熊猫头骨化石，距今大约200万年，其体积比现代大熊猫的头骨约小一半。

- 渡海成龙的传说
- 特殊的环境

你知道吗：蛇岛上的蝮蛇是黑眉蝮蛇的一种，形态习性同大陆上的蝮蛇均有较大差异，所以科研工作者为它另起新名叫"蛇岛蝮"，为我国特有。

自然奇观之谜

蛇岛上为什么只有蝮蛇

在中国辽宁省旅顺市西北25海里处的渤海湾中，有一个蛇岛。蛇岛以蝮蛇数目众多而闻名中外。人们不禁要问，在这弹丸之地上为什么栖息着这么多的蝮蛇？为什么它们的种类是如此单一？

蝮蛇

蝮蛇是我国分布最广、数量最多的一种毒蛇，蛇岛上全部是亚种之———黑眉蝮蛇。

■ 渡海成龙的传说

关于蛇岛的来历，过去曾流传着一个有趣的传说。相传在很久以前，岛上住着雌雄两条大蛇和无数蛇子蛇孙。有一天，公蛇对母蛇说："只要游过大海就能变成龙了！这个海岛太小了，一定要游过大海去，到大陆上变成巨龙，成为百兽之王！"说完他就告别了母蛇，带领千百条蛇子蛇孙向大陆游去。谁知海中龙王得知了这个消息，他不能容忍蛇渡海成龙，于是派遣一只绿龟率虾兵蟹将痛歼蛇群，把不安分的渡海毒蛇杀得片甲无存，公蛇也被绿龟咬死了，只剩几条小蛇逃回了岛上。从此，岛上的毒蛇再不敢冒险渡海了。

■ 特殊的环境

中国科学工作者经过考察研究后认为，蛇岛特殊的地理位置为蝮蛇的生存和繁衍创造了良好的环境：首先，蛇岛面积虽小，但岛上的石英岩、石英砂和砂砾岩中有许多大大小小的裂缝。这些裂缝既能蓄留雨水，又能为蝮蛇的穴居提供良好的场所。其次，蛇岛位于温带海洋中，气候温和湿润，对植物生长和昆虫、鸟类繁殖极为有利。特别是该岛处于候鸟南北迁徙的路线上，而这些候鸟的到来可为岛上的蛇群提供丰盛的大餐。再次，岛上土壤相当深厚，土质结构疏松，水分丰富，宜于植物生长和蝮蛇"打洞"穴居。另外，岛上人迹罕至，也没有蛇类的天敌，对蝮蛇的生存繁衍非常有利。

如果说上述分析基本可信的话，那么，为何这些蛇竟是清一色的蝮蛇？对此，有人认为，蛇岛面积很小，那些食性较窄、自卫能力较弱的一般蛇类很难在岛上生存；而蝮蛇的食性相当广，猎食和自卫能力都很强，于是蛇岛逐渐成了单一的蝮蛇的天下。但也有人提出，蛇岛周围海域共有5个小岛，地理环境和气候条件和蛇岛差不多，为何其他4个岛上没有蝮蛇，唯独蛇岛上有这么多的蝮蛇呢？看来，只有经过科学工作者的进一步努力，才能探明其中的奥秘。

【百科链接】

蝮蛇：
爬行纲蝮蛇科的一种毒蛇，大多长60至70厘米，多生活于平原及较低的山区，以鼠、鸟、蛙、蜥蜴等动物为食。

石英：
一种物理性质和化学性质均十分稳定的矿物，主要成分为二氧化硅，晶体叫做水晶，半透明或不透明。

渤海（卫星图像）

渤海古称沧海，是我国一个近封闭的内海。辽东半岛南端与山东半岛北岸蓬莱遥相对峙，像一双巨臂把渤海环抱起来，岸线所围的形态好似一个葫芦。

动物"集体自杀"之谜

你知道吗：1976年10月，在美国科特角湾沿岸辽阔的海滩上，突然涌来成千上万只乌贼，它们前赴后继地游向海岸，最终因搁浅而亡，尸体布满了沙滩。

▶ 鲸鱼"自杀"
▶ 羊群"自杀"
▶ 马群"自杀"

美国死马点州立公园

100多年前，在死马点附近的高原上有很多野马。据说，牛仔们捕获到强悍的野马后，就会放其他野马回去，但是这些野马仍旧留在死马点不肯离去，结果眼睁睁地望着悬崖下的科罗拉多河在干渴中死去。

目前在世界很多地方都出现动物"自杀"的现象，这引起了学者们的研究兴趣。

■ 鲸鱼"自杀"

1994年11月13日，一条黑色巨鲸随早潮闯入江苏省启东市和合镇江楼村的长江外滩上搁浅身亡。这条巨鲸长达13米，重约8吨。

1976年，美国佛罗里达州的海滩上，突然涌入250条鲸鱼，当潮水退下时它们搁浅在海滩上。鲸鱼缺水很快就会死掉，美国海岸警卫队员们急忙带领数百名自愿救鲸者进入冰冷的海中，阻止那些鲸鱼"自杀"。有的人用消防水管向鲸鱼喷水，想以此延长它们的生命；有的人则开来起重机，试图把鲸鱼拖回大海，但因鲸鱼太重，反而拖翻了起重机。结果，这些鲸鱼全部死掉了。

■ 羊群"自杀"

在我国内蒙古达茂联合旗曾发生过一起羊集体跳湖"自杀"的怪事。一天，一牧民的530只羊由羊倌赶着像往日一样去湖中饮水，当羊群来到湖畔时，两只山羊率先带头跳入水深平均为1.5米的湖中，随后其他羊也跟着纷纷跳入。牧民们连忙救羊，但救上岸的羊又纷纷跳入湖中，经过近3个小时的全力抢救，救活281只，其余249只全部溺死于湖中。

按说羊天性惧水，一般情况下强行赶也是不会下水的；同时羊又稍具水性，即使不慎落入水中，一般也能自己爬上岸。而这群羊跳入水中后只在水中打转，没有任何想要游水上岸的迹象，被人强行救出后又纷纷跳入水中，一副自绝于世的样子。这究竟是什么原因造成的，目前尚无结论。

■ 马群"自杀"

1986年8月4日，云南大理市郊有6家农民的10匹马在山坡上吃草时突然狂奔，毫不犹豫地从崖上往下跳，结果当场摔死7匹，重伤3匹。据畜主反映，事发前，马群无任何异常反应。

这些动物的"自杀"行为究竟是什么原因造成的，目前仍是个未解之谜，还有待动物学家去进一步探解。

"自杀"的鲸鱼

在太平洋东西海岸，每年都会发生多起鲸鱼冲上海滩而搁浅的事件。人们设法阻挡它们冲上海滩或将它们拖回大海，但这种努力总是徒劳的。

- 死于蚂蚁
- 人类猎杀

你知道吗：新疆古称西域，意思是中国西部的疆域，这一名称自汉代出现于我国史籍，一直沿用到清朝。

> 自然奇观之谜

新疆虎灭绝之谜

斯文·赫定

斯文·赫定（1865～1952年），瑞典著名探险家、博物学家，一生中有30年在中亚和中国进行探险，发现了罗布泊游移现象、楼兰古城遗迹及新疆虎的踪迹等。

1979年，在印度召开的保护老虎国际会议宣布，作为里海虎分支的新疆虎已于1916年灭绝。但直到今天，新疆虎的灭绝原因以及灭绝时间仍然悬而未决，加之最近几年不断有新疆虎重现的传闻，更使人们对新疆虎的灭绝产生了疑问。

■ 死于蚂蚁

瑞典探险家斯文·赫定曾于1896年和1899年先后两次来到罗布泊荒原探险。在第二次探险中，他亲眼看到了新疆虎。然而，赫定当时发现的新疆虎数量并不像俄国人普尔热瓦尔斯基在20年前描述的那样——像狼一样多。为什么仅仅过去20年，新疆虎的数量就有如此大幅度的减少呢？

罗布泊人告诉赫定，当地以虎崽的胞衣（胎儿体表的一层膜）为食的蚂蚁急剧增加，导致虎崽成活率不断下降。老虎一般在11月至翌年2月发情，发情期和孕期在100天到120天，所以小老虎一般出生于每年4月至6月份，而这一时期天气转暖，正是蚂蚁的活跃期，虎崽的成活率下降也就不足为奇了。赫定对这种说法深信不疑。

后来，中国社会科学院研究人员曾数次进入塔里木地区考察。他们发现，那里的蚂蚁的确比一般的蚂蚁要大，而且颜色奇异，蚂蚁发现动物尸体或动物产崽就会蜂拥而至。

■ 人类猎杀

赫定在第二次探险中，曾记录了当地人捕杀老虎的方法。记录中描述，罗布泊人有猎虎的习俗，其方法也是多种多样的：一是毒杀老虎；二是围猎，猎人占据有利地形，摆好阵势，待虎出现，一些人高声叫喊，另一些人持枪射击；三是将虎追逼到四面环水的芦苇丛中，进行围猎；四是冬天将虎赶进冰水里，然后驾小舟追赶，待虎力竭后将其打死。

动物学家认为，老虎要生存下去必须具备三个条件：足够的活动范围，丰富的食物，隐蔽的地方。新疆虎因为得不到以上三个条件，所以灭绝。人们一步步向森林逼近、侵占，对野生动物大量捕杀，最终导致了新疆虎的灭绝。因此导致新疆虎灭绝的真正祸首也许是人类，而非蚂蚁。

以上两种解释都有一定的道理，但又无法完全令人信服。因此，关于新疆虎灭绝的种种原因，还需学者们进一步探讨。

【百科链接】

里海虎：
又名波斯虎，是虎的一个亚种，曾分布在伊朗、伊拉克、阿富汗、土耳其、蒙古及俄罗斯境内。里海虎一般单独捕猎，以大型有蹄哺乳动物为食。

新疆虎

新疆虎是我国虎种的五个亚种之一，是里海虎的一个分支。1900年3月28日，瑞典人斯文·赫定在考察楼兰古城遗迹时发现了新疆虎。1916年，新疆虎灭绝。

4.

你知道吗：2004年12月26日，印度尼西亚苏门答腊附近的大地震引发海啸，斯里兰卡的数百头野象和大量野生动物皆提前逃离海啸地带，灾难后没有发现一具动物尸体。

- 感受声波
- 热感反应
- 带电微粒

动物预报地震之谜

人们发现，大地震发生之前，许多动物往往有异常反应。动物预报地震的原理尚未完全被人们破译，但是几点来自科学界权威的解释，使这个问题多少有了点眉目。

■ 感受声波

地震前会有异常地声，这是众所周知的。近年来的实验研究和现场观测发现，这种地声是由震源区的岩石破裂而发出的，包括超声波和次声波。人耳对超声波和次声波是毫无反应的，但有些动物对这些声波的反应却相当灵敏。当它们接收到地震前发出的次声波和超声波后，会本能地变得躁动不安。

■ 热感反应

蛇可以说是地球上众多生物中对地震最敏感的动物。通常蛇可以在距震源120千米外的地方感觉到地震，甚至可以在5天前预知地震。地震来临前，即使在冬眠之中的蛇也会离开巢穴。有科学家认为，这是因为蛇感受到了地震前从地下深处传来的地热变化。因为蛇类具有颊窝或感觉小窝，窝内的感觉细胞对"热"极为敏感。

【百科链接】

次声波：
频率小于20赫兹的声波。次声波不容易衰减，不易被水和空气吸收。次声波的波长往往很长，因此能绕开某些大型障碍物发生衍射。

超声波：
频率大于2万赫兹的声波。由于已经高于人耳听觉上限，所以无法被人听到。超声波具有方向性好、穿透能力强的特点，易于获得较集中的声能，在水中传播距离比较远。

■ 带电微粒

有外国科学家通过研究认为，地震前，地层深处压力增大，会产生一种压电效应，使地下水分解，产生一种带正电的微粒，这些微粒从地壳的裂缝中升到地面，弥散在空气中，能使动物体内产生一种特殊的激素，对中枢神经起到刺激作用，使动物出现反常现象。这种看法还为我们解开了另一个谜——为什么动物对某些地震预感强烈，而对另一些地震却毫无反应。科学家解释，如果地震前天气突变，如突然下大雨刮大风，带电微粒就无法保留，动物接触不到这些带电微粒，自然也就无法对地震作出"预报"了。

对于动物与地震关系的研究，现在仍处于探索阶段，要完全破解其中的奥秘尚需人类付出更多的努力。

大象
大象能够感觉到很微弱的次声信号。地震或海啸发生前，大象感觉到这些异常的次声信号时，就会巧妙地躲避即将来临的灾难。

- 钱塘潮的传说
- 科学的推测

你知道吗：钱塘江旧称折江，又名之江，三国时，因其流过钱塘县，被称为钱塘江。

自然奇观之谜

钱塘涌潮之谜

千百年来，钱塘江以其奇特卓绝的江潮，不知倾倒了多少游人看客。为什么钱塘秋潮如此壮观而又如此准时呢？

钱塘潮

观赏钱塘秋潮，早在汉、魏、六朝时就已蔚成风气。千百年来，钱塘潮以其奇特卓绝，不知倾倒了多少游人看客。

■ 钱塘潮的传说

关于钱塘潮，有这样一个传说。春秋战国时期，吴王夫差打败了越国。越王勾践表面上向吴国称臣，暗中却卧薪尝胆，准备复国。此事被吴国大臣伍子胥察觉，他多次劝说吴王杀掉勾践。吴王奸忠不分，反而赐剑让伍子胥自刎，并将其尸首抛入钱塘江中。越王勾践在大夫文种的辅佐下，灭掉了吴国。但越王也听信谗言，迫使文种伏剑自刎。伍子胥与文种这两个功臣，各保其主，但下场悲惨，同命相连。他们的满腔郁恨，化作滔天巨浪，掀起了钱塘怒潮。

【百科链接】

钱塘江：

钱塘江古称折江、之江，是浙江省最大的河流。全长588.73千米，流域面积48887平方千米，经杭州市闸口以下注入杭州湾。江口呈喇叭状，海潮倒灌，形成著名的"钱塘潮"。

■ 科学的推测

有些科学家认为，钱塘潮如此之盛，主要是由其独特的地理条件造成的。钱塘江外的杭州湾是一个非常典型的喇叭状海湾，出海口江面宽达100千米，到海宁县盐官镇一带时，骤缩至3千米宽。起潮时，宽深的湾口一下子吞进大量海水，由于江面迅速收缩变窄变浅，夺路上涌的潮水来不及均匀上升，因此形成后浪推前浪、一浪更比一浪高的壮观景象。到大夹山附近，海水又遇水下巨大拦门沙坝，遂一拥而上，掀起更加高耸惊人的巨涛。

除此之外，钱塘潮的形成还有一些其他原因。浙江沿海一带，夏秋之交，东南风盛行，风向与潮波涌进方向大体一致，风助潮势，推波助澜；潮波的传播在深水中快，在浅水中慢，钱塘江由深变浅的特点极为突出，这种特殊条件，能使后浪很快赶上前浪，层层巨浪叠加，形成潮头。此外，潮涌还与月亮、太阳的引力有关。

但科学家们也无法解释为什么钱塘秋潮如此准时。钱塘潮涌之谜，还有待科学家们进一步研究。

《观潮图》

此画的大半画面用以表现滔滔潮水和淡淡的远山，充分显示了江潮的汹涌壮阔。

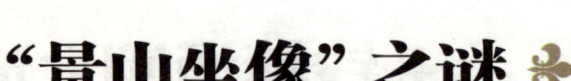

你知道吗：景山位于紫禁城北面，又称"煤山"。1644年，明朝最后一个皇帝明思宗崇祯帝就吊死在煤山的一棵古槐树下。

▶ 道家养生图示
▶ 偶然巧合

"景山坐像"之谜

1987年1月，在"北京地区航空遥感成果展览会"上，国家测绘局测绘科学研究所向外界郑重宣布：用遥感技术拍摄的北京景山公园园林平面图像酷似一尊闭目盘腿打坐的人像，即"景山坐像"。从国家测绘局拍摄的景山公园平面图来看，园林北部寿皇殿建筑群是"坐像"的头部，大殿和宫门组成眼、鼻、口，"坐像"眯着眼，面带笑容，而松柏就是他的胡须，南部那座山就是他的肩、胸、手和腿。这个发现一经公布，立即轰动了国内外舆论界。"景山坐像"究竟是怎么回事？它是如何形成的？是纯粹的巧合吗？如果是人为的安排，它表达了一种什么意愿呢？

■ 道家养生图示

武当山拳法研究人员谭大江经过研究后认为，北京"景山坐像"与武当山"紫霄坐像"均为道家养生图示。他认为"景山坐像"与其周围山势地形是根据人体形象妙意安排的，应系道教之神，因为"坐像"头上戴冠，有胡须，手合于腹前，符合道教之神的貌态，特别是与真武大帝相似。

那么道家为什么要将建筑设计为养生图示却又让人不易发觉呢？谭大江的解释是，道教的经典始终贯穿一个意念，那就是"长生不老"。道家按照"天人合一"的道义修性炼真，并力图把这种奥秘告知世人。但是，在"神"的限制下，在清高脱俗的心理的支配下，他们又不愿将"天机"廉价地告知"俗人"，而是等待"有缘人"来发现。这便是"景山坐像"在500多年后的今天才被世人发现的原因。

这仅是一家之言而已，至于"景山坐像"是否真是道家养生图示，目前尚无定论。

■ 偶然巧合

有的学者则认为"景山坐像"并非人为所致，只不过是一种巧合而已。从哲学的角度来看，在自然界和人类社会中，这种偶然性是经常发生的，我们不必非得把它和必然性联系在一起。

古人当初设计或改建景山园林的时候，是不是有意识地把它做成一个人像，目前仍然找不到原始设计图纸作为证据，文献上也没有相关记载。因此，这仍旧是个未解之谜。

景山公园卫星图

仔细辨认可以看出，景山山体好似盘坐的人，寿皇殿建筑群组成了人的头部，内宫墙是两只眼睛，眉毛由树组成，两边对称的三角形树林组成了胡须，但它被寿皇殿外墙隔开了。

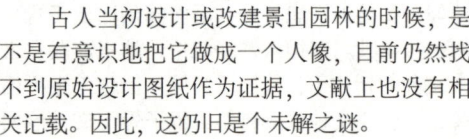

景山公园

景山公园地处北京城中轴线最高点、故宫北侧，是一座环境优美的皇家园林。园内松柏葱郁、古树参天，登高远眺，可俯瞰全城。

【百科链接】

遥感：
20世纪60年代初以航空摄影技术为基础发展起来的一门新兴技术。它利用遥感器从空中探测地面物体性质，根据不同物体对波谱产生不同反应的原理，识别地面上各类事物。

- 原地埋葬说
- 异地埋葬说
- 综合论

自然奇观之谜

你知道吗：2006年，自贡出土了一只身长达23米的特大型蜥脚类恐龙的化石，这是目前自贡出土的最大的恐龙化石。

自贡"恐龙坟墓"之谜

太白华阳龙复原图
太白华阳龙化石发现于四川省自贡市大山铺。太白华阳龙生活在中生代的侏罗纪中期，是一种中等大小的原始剑龙。

1977年，在四川省自贡市郊的大山铺发现了一个面积约17000平方米的化石点，这里出土了大量的侏罗纪中期恐龙类及其他共生脊椎动物化石，因而大山铺又有"恐龙坟墓"之称。然而，人们对这个"墓"是怎样形成的一直没有统一的意见。

■ 原地埋葬说

有人认为，在1.6亿年前的侏罗纪中期，大山铺地区河流纵横、湖泊广布。这样的自然环境，再加上当时温和的气候条件，使得这里成了一个恐龙生存繁衍的"天堂"。可能是由于食用了含砷量很高的植物，后来大批恐龙中毒而死，并被沙质浅滩迅速地掩埋起来。因此，此地恐龙化石数量丰富。

■ 异地埋葬说

有人则认为，大山铺的恐龙是在异地死亡后被河流漂运到本地区埋藏下来的。因为在此出土的恐龙化石中完整或较完整的仅有30多具，靠近地表的化石较破碎零散，大都是恐龙的肢骨，而且很像是经过搬运后才被磨蚀得支离破碎的。学者们以此作出推论，认为在1.6亿年前，离大山铺较远的地方生活着大量的恐龙。后来，它们的生活环境变得非常恶劣，缺水少食，大量恐龙因此而死亡。久旱之后往往是洪灾，洪水一来，恐龙的尸体就被冲到一个相对低洼的地方沉积下来，这个地方就是大山铺。

■ 综合论

现在大多数人认为，大山铺大部分恐龙化石是经搬运后被埋藏下来的，也有少部分是原地埋藏的。因为大山铺除恐龙化石外，还有其他脊椎动物化石。恐龙与这些动物的生活环境和习性有很大差别，为何会集中到一起呢？唯有将上述两种看法加以综合，才能予以解释。

相信随着科学技术的进步，这个谜总有一天会解开。

【百科链接】

恐龙：
已绝灭的爬行动物，晚三叠世由假鳄类进化而来，至晚白垩世绝灭。在中生代，恐龙是最繁盛的动物种类之一，包括蜥臀目和鸟臀目。

蜥脚类：
蜥臀目恐龙中的一类，体型巨大，四肢粗壮，四足行走，以植物为食。侏罗纪时期最盛，至白垩纪末绝灭。

鸟脚类：
鸟臀目乃至整个恐龙家族化石最多的一个类群。它们两足或四足行走，下颌骨有单独的前齿骨。生活在晚三叠纪至白垩纪，全是植食性恐龙。

自贡恐龙博物馆里的恐龙化石
侏罗纪时期，自贡地区是开阔的滨湖地带，气候炎热，水草丰茂，大树参天，是恐龙理想的生活场所。

你知道吗：四川省乐山市又发现一尊长3000米的巨型女卧佛，由三龟山（上龟山、中龟山、下龟山、东岩山构成。下龟山为头，中龟山间为颈，中龟山一峰犹如其胸，上龟山、东岩山为其双腿。

- 举世无双的卧佛
- 有意而为
- 纯属巧合

乐山卧佛是自然的巧合吗

1989年5月11日，一位游客在乐山拍了一张风景照。照片洗出后，这位游客突然感到照片中山形恰如一佛像仰卧，细看头部，更是眉目传神。前前后后共有近千人观看过照片，众人无不惊呼："此乃乐山卧佛！"

■ 举世无双的卧佛

从乐山市滨江路一个叫"福全门"的地方举目望去，清晰可见仰卧在青衣江畔的卧佛的魁梧身躯。那形态逼真的佛头、佛身、佛足，分别由乌尤山、凌云山和龟城山三山连襟构成。

仔细观察，佛头就是整座乌尤山，其山石、翠竹、亭阁、寺庙加上山径与绿荫，分别呈现为卧佛卷卷的发髻、饱满的前额、长长的睫毛、平直的鼻梁、微启的双唇、刚毅的下颌，看上去栩栩如生。佛身是那巍巍的凌云山，有九峰相连，依次为卧佛宽厚的胸脯、浑圆的腰脊、健美的腿胯。远眺佛足，实际上是苍茫的龟城山的一部分。龟城山山峰恰似卧佛跷起的脚板，显示着卧佛的无穷神力。

更令人称奇的是，那座天下闻名的乐山大佛，恰好耸立在卧佛的胸脯上。这尊世界最高最大的石刻坐佛，通高71米，安坐于卧佛前胸，正应了

举世闻名的乐山大佛

乐山大佛雕凿在岷江、青衣江、大渡河汇流处的岩壁上，依岷江南岸凌云山栖鸾峰临江峭壁凿造而成，又名凌云大佛，是世界上最大的石刻佛像。

巨型睡佛

巨型睡佛形态逼真的佛首、佛身、佛足，分别由乌尤山、凌云山和龟城山三山连襟构成。迄今为止，还没有发现和听说关于巨佛的文字记载和民间传说。

佛教"心中有佛"、"心即是佛"的禅语，这是否为乐山大佛所暗示的天机呢？

■ 有意而为

乐山卧佛是怎么形成的呢？据《史记·河渠书》记载："蜀守冰凿离堆，辟沫水之害。""冰"即李冰，他是都江堰的创建者，"离堆"就是乌尤山。看来，在2100多年前古人就凿开麻浩河，造就了卧佛的头。唐代僧人惠净曾为乌尤寺立下法规：任何人不得随意砍伐和挪动乌尤山上的一草一木一石。代代僧众都视此为神圣不可违犯之法规，因而才保证乌尤山林木繁茂、四季常青，使"佛头"千年完美无损。据此看来，卧佛是人们有意而凿的。

■ 纯属巧合

但据研究乐山大佛的专家们介绍，迄今为止还没有发现和听说关于卧佛的任何文字记载和民间传说。那么，卧佛纯属是山形地貌的巧合吗？可为何佛体人工的刀迹斧痕比比皆是呢？为什么1200多年前，唐代开元年间的海通法师劈山雕凿乐山大佛，偏偏选中了凌云山西壁的栖鸾峰，并将乐山大佛雕在卧佛的心胸处呢？

【百科链接】

乐山大佛：

弥勒坐像，位于四川省乐山市，开凿于唐玄宗开元元年（713年），至唐德宗贞元十九年（803年）完工，通高71米。

自然奇观之谜

你知道吗：黑竹沟内大大小小的瀑布不胜枚举，它们在崇山峻岭和密林深谷中奔腾咆哮，极为壮观。

- ▶ 神秘失踪之谜
- ▶ 幽谷奇雾之谜

令人却步的黑竹沟

四川省西南边小凉山区的林海深处有一个神秘的黑竹沟。黑竹沟在当地被称为"斯豁"，即死亡之谷。新中国成立初期，解放军3个侦察兵从甘洛县方向进入黑竹沟，仅排长一人生还；1965年，解放军某部测绘队派出两名战士购粮，战士在黑竹沟失踪，后来只发现二人的武器；1976年，四川森林勘探一大队3名队员失踪于黑竹沟，经搜寻只发现3具无肉的骨架……这些神秘失踪事件，使黑竹沟显得更加神奇莫测，被人称为"魔沟"。

黑竹沟的瀑布

在传说的渲染下，神秘的黑竹沟以其特殊的魅力吸引了越来越多的游人前来探秘寻幽。

被茂盛，再加之雨量充沛，湿度大，山雾便成为这里的特色。此处的山雾千姿百态，清晨紫雾滚滚，傍晚烟雾满天，时近时远，时静时动，忽明忽暗，变幻无穷。

据当地彝族同胞讲，进沟不得高声喧哗，否则会惊动山神，山神发怒会吐出青雾，将人畜卷走。据考察者分析，人畜入沟死亡失踪与迷雾有很大关系。因为人进入这深山野谷的奇雾之中，地形又不熟，很容易迷失方向。当地人和考察者总结出这样一个顺口溜："石门关，石门关，迷雾暗沟伴深潭；猿猴至此愁攀援，英雄难过这一关。"黑竹沟的雾为什么这样变幻莫测？为什么会导致伤亡？雾气会不会含有有毒成分？这些都有待人们去进一步研究。

■ 神秘失踪之谜

自1951年至今，川南林业局、四川省林业厅勘探队、部队测绘队成员和彝族同胞曾多次在黑竹沟遇险，其中3死3伤，2人失踪。据当地彝族长者介绍，1950年，国民党胡宗南残部30余人，仗着武器精良穿越黑竹沟，入沟后无一人生还，因而黑竹沟亦有"恐怖死亡谷"之名。

当地彝族同胞说，黑竹沟最险地段——石门关上部开阔的谷地便是他们祖先住过的地方，"祖训"告诫他们不能入内，否则会遭灾。曾有不少探险队历尽艰辛，最终也未能成功深入这块险恶地带。

■ 幽谷奇雾之谜

黑竹沟由于山谷地形独特，植

黑竹沟一景

黑竹沟位于四川省凉山彝族自治州东北部小凉山区中段的密林深处，地理坐标为东经102度，北纬29度9分，与百慕大魔鬼三角、埃及金字塔等一些神秘地带几乎处于同一纬度。

你知道吗：九龙潭自然风景区位于河北省承德市兴隆县城南13千米处，北京、天津、唐山、承德4市的结合部，面积约30平方千米，动植物资源十分丰富，有"京东绿色宝库"的美称。

▶ 怪井的发现
▶ 构造奇特

冬暖夏寒的怪井之谜

河北省承德市兴隆县九龙潭风景区内的一口井冬暖夏凉，散发着神秘气息，这就是天下奇井"太极八卦井"。这口井有着怎样的奥秘呢？

■ 怪井的发现

1987年8月，兴隆县兴隆镇双林村农民于忠庭为解决饮水问题，在自家的庭院里打了一口井。当井打到8米多深的时候，还没有打出水来，他发现井底纵向有一个洞穴，拳头大的石头扔进去，很长时间才能听到回音。当他想把井用水泥筑起来当水窖用时，来帮忙的村民于广军却发现了一个奇怪现象：外面酷暑炎炎，在井底搅拌的水泥却很快凝固了，根本抹不动，又隔了一夜，水泥表面竟结了一层冰。于忠庭把家里的啤酒和肉放进井里，一天一夜之后，啤酒10瓶有7瓶被冻裂了，而肉也冻得硬邦邦的；到了冬天，这口井又有了新"情况"：缕缕白雾袅袅从井口冒出，仿佛炊烟，上前一看，原来是从地下冒上来的热气。一来二去，这口井便笼上了一丝神秘的面纱，还被人称作"太极八卦井"。

古老的水井

普通水井中的井水四季恒温，给人冬暖夏凉的感觉，很少会像"怪井"的井水那样在夏天冻结成冰。

■ 构造奇特

人们大胆丰富的想象代替不了科学的真理。地质专家通过对双林村及周围山谷的探寻发现，怪井周围山体的岩体构造并不相同，并且还存在许多断层。怪井东西北三面皆环山，其所处位置是一个簸箕似的洼地，而且这个洼地处在岩体断层的地方。怪井的西边是火山岩侵入的地方，其岩体构造为火山岩，东边岩体构造为沉积岩，中间即通过井的地带又是一个大的石灰岩断层破碎带。火山岩起到了阻水的作用，而石灰岩的裂隙又能为其补充地下水。在井的北面和下面松散物质厚度大，中间有缝隙，这些缝隙连通在一起能延伸到比较远的地方，有良好的导热导水性。更重要的是，井下的洞具有很强的导热导气性，它能把很远地方的冷空气或热气带过来，造成井底奇特的变温现象。

至于这个洞是怎么形成的？还需要科学家收集更多的数据，进一步研究才会有最终的答案。

【百科链接】

断层：
由于地壳的变动而使岩层发生断裂，并沿断裂面发生相对位移的构造。

Part 5
古代科技之谜

你知道吗：位于成都的金沙古蜀国遗址曾出土过有史以来最大的甲骨文龟腹卜甲，长达59厘米。

▶ 刻写之谜
▶ 用途之谜

西周微刻甲骨文之谜

1976年，考古学家在陕西岐山县发现了西周甲骨，它们大都是3000年前周文王晚年到周康王初年的作品。上面的文字记载的很多内容是以前发现的甲骨中没有记载过的，因此极为珍贵。这批甲骨共293片，上面锲刻的文字非常小，需借助5倍以上放大镜方可辨认。其中有一片卜甲的面积仅2.7平方厘米，上刻细如发丝的文字共30个。人们不禁要问：这些文字是怎么刻上去的？

■ 刻写之谜

2002年，在陕西宝山村商代遗址出土了一枚距今3000多年的铜针。针首又尖又细，末端有一个微小的针鼻，针孔直径只有0.1厘米，做工之精让现代人也为之惊叹。有人认为，它就是微刻甲骨文用的。当然，这也只是猜测，没有确定的根据。

那么在没有放大镜的西周时期，人们怎么能刻出那么小的字呢？现代医学研究发现，患有某些眼疾（如中心性浆液性脉络膜视网膜病变晚期等）的人看东西会比实物大好几倍。也许西周时期有人得了这种病，恰好能胜任微雕的工作。

另外，据说在美洲丛林中有个原始部落的人能够用肉眼看到人造卫星，所以说不定远古人类比现代人视力要好得多。

■ 用途之谜

那么，当时的人们刻这么小的甲骨文有什么用呢？据专家研究，甲骨文所记载的内容多是周与商王朝的关系、商王狩猎及占卜之类的事情。这些内容之所以要微刻是因为关乎"军事机密"。周人在灭商之前必须进行长期的准备工作。除了发展势力、访贤任能、研究周与商的关系之外，对商王行踪进行侦察记录也是必不可少的。记录属于国家机密，所以需要微刻。

当然，这一切都属于猜测。古人到底是怎么完成微刻这一精细工作的？微刻甲骨文到底是做什么用的？至今尚无定论。

占卜兽骨
3000多年前的殷商时期，人们在占卜后，会把占卜的问题和结果刻在龟甲和兽骨上，留下记录，这就是甲骨文的来源。

甲骨文书法
笔画瘦硬方直，线条无论粗细都显得遒劲而有立体感，表现出锲刻者运刀如笔的娴熟技巧。

【百科链接】

甲骨文：
主要指殷墟甲骨文，是中国商代后期王室用于占卜记事而刻在龟甲和兽骨上的文字。它是中国已发现的古代文字中时代最早、体系较为完整的文字，被认为是现代汉字的早期形式。

微雕：
我国传统工艺美术品中最为精细微小的一种工艺品，在米粒大小的象牙片、竹片上进行雕刻，要用放大镜或显微镜方能观看到镂刻的内容，故微雕技术被称为"绝技"。

- 蒙恬造笔
- 早于蒙恬

你知道吗，毛笔中软毫的原料是山羊和野黄羊的毛，写起来柔软圆润。硬毫的原料是狼毫和紫毫（山兔毛），弹性强，写出的字锐利刚劲。

古代科技之谜

谁发明了毛笔

各行各业都有自己的祖师爷，而制笔业把蒙恬当作自己的祖师爷，像供奉神明似的供奉着蒙恬的神主牌位。那么，毛笔真的是蒙恬发明的吗？

■ 蒙恬造笔

据说毛笔发明之前，中国的文字是用刀锲刻的。由于军情瞬息万变，蒙恬需要向内地送达大量书信。为了刻写书信，蒙恬的双手磨出了血泡，两眼熬红了，还是不能按时完成"书写"任务。于是蒙恬便想寻找一种更好的书写办法。一天，他看到部下拿着红缨枪比画，忽然想到，何不把兽毛绑在竹竿上，蘸点颜料写在白色的丝绸上呢？他试了试，效果果然很好。于是，他命手下如法制出许多"毛笔"来。蒙恬身处塞外，这里时有野狼出没，也常有人放牧羊群，狼毛和羊毛就成了最方便的制笔材料，这就是狼毫笔和羊毫笔的起源。

■ 早于蒙恬

但是，事实证明，毛笔实际的出现时间要比蒙恬所处的时代早得多。1954年，我国长沙发掘出一座完整的战国坟墓，里面有一支毛笔。它全身套在一支小竹管里，杆长18.5厘米，直径0.4厘米，毛长2.5厘米，是用上好的兔毛制作的。但制作方法与现在的毛笔不同，并非将笔毛插在笔杆里，而是将笔毛围在杆的外端，然后用细丝线缠住，外面涂漆。与笔放在一起的还有用来当"纸"的竹片、刮削竹片的铜削和用来装墨的小竹筒。这是迄今为止我国发现的年代较早、保存最完整的一支毛笔。

一些学者认为，毛笔的产生可能远远早于战国。因为从历史上遗留下来的甲骨文片来看，龟甲和兽骨上的文字整齐划一，有的字还细如毫发，其中一些文字写而未刻。由此可见，距今3000年前的人可能已经使用过类似毛笔的书写工具。

总之，从现有的考古发掘的资料来看，在蒙恬以前就已有毛笔了。但究竟是什么人发明了毛笔？人们为什么会把毛笔的发明归功于蒙恬？蒙恬是不是改进了毛笔的制作方法？这些问题至今都还是无法解开的谜。

蒙恬像

蒙恬是秦始皇时期的著名将领，曾为秦朝的建立和巩固立下赫赫战功。

毛笔

毛笔发明于公元前1600年至公元前1066年之间，制作材料主要是兽毛和竹管。

> 你知道吗：英国科学史专家李约瑟说，中国古代的指南车是人类"第一架'体内'稳定机"。

- 黄帝指南车
- 马钧指南车
- 宋代指南车

古代指南车之谜

据载，指南车又称司南车，是一种指示方向的机械装置，它是中国古代科技成果的杰出代表。但古代究竟有没有指南车这种神奇的车辆呢？如果有，又是谁最早发明了指南车呢？

■ 黄帝指南车

相传在4000多年以前，我国南方有个九黎部族。有一年，他们的首领蚩尤与炎帝族发生了冲突，炎帝族和黄帝族联合起来，在涿鹿同九黎族进行了一次激烈的战斗。蚩尤使用妖法，造出漫天的大雾，把黄帝和他的军队团团围在里面。正当黄帝愁眉不展、万分焦急的时候，一个叫风后的臣子做了一辆指南车。有了指南车的引导，黄帝统帅的军队冲破重重迷雾，终于战胜了蚩尤。

■ 马钧指南车

三国时，曹魏有个叫马钧的人重新造出了指南车。有一次，一部分官员就到底有没有指南车争论起来。有人认为史书记载不可靠，根本就没有指南车，而马钧则认为古代有过指南车，只不过现在已经失传了。魏明帝听到他们的争论后，就命令马钧制造指南车。不久，马钧果然成功造出了一辆指南车。马钧制造的指南车装有齿轮传动装置，车无论向哪个方向拐，车上木人的手臂都始终指向南方。

■ 宋代指南车

南北朝的祖冲之、姚兴和唐朝的金公立等都曾经制造过指南车，但都没有留下有关指南车内部构造的记载。直到宋代，燕肃在宋仁宗天圣五年（1027年）、吴德仁在宋徽宗大观元年（1107年）又先后制造出了指南车。他们的指南车的制造方法、内部结构、部件尺寸在《宋史·舆服志》中都有比较详细的记载。

【百科链接】

马钧：
三国时期著名科学家，字德衡，扶风（今陕西兴平）人。马钧发明了排灌水车，还研究制造出了指南车，改进了诸葛亮的连弩。由于他在机械制造方面造诣颇深，在当时被誉为"天下名巧"。

燕肃的指南车是一辆双轮独辕车，车上立一木人，伸臂指南。车子除两个沿地面滚动的足轮（即车轮）外，还有大小不同的七个齿轮。吴德仁设计的指南车基本原理与燕肃的一致，只是附设装置较为复杂。他的车分上下两层，上层除木人指南外，还有两只龟、四只鹤和四个童子的像。他还发明了绳轮离合装置，以保证车转大弯也不影响木人指向。

因为缺乏历史资料，指南车的奥秘还有许多未被解开。

马钧指南车复原模型
马钧创制的指南车装有齿轮传动系统和离合装置，不管车子如何转向，车上的小人手臂始终指向南方。

- 来源于地名
- 得名于规模
- 建于大陵之上

你知道吗：据史书载，阿房宫建于公元前212年，是秦始皇命人所建。

古代科技之谜

阿房宫得名之谜

秦小篆体十二字砖

长30.8厘米、宽26.7厘米、厚4厘米，砖文是"海内皆臣，岁登成熟，道毋饥人"。秦始皇统一文字，促进了社会思想、政治、经济、文化等方面的交流，对后世产生了深远的影响。

关于阿房宫，《史记·秦始皇本纪》是这样记载的："阿房宫未成；成，欲更择令名名之。作宫阿房，故天下谓之阿房宫。"可见，阿房宫并不是正式宫名，只是俗称。秦代统治者本想等到宫殿全部完工，再正式命名，但是他们没能等到这一天。那么，人们为何称它为"阿房宫"？

■ 来源于地名

唐代《括地志》称："秦阿房宫亦曰阿城，在雍州长安县西北一十四里。"持这一看法的人认为，此宫前殿所在地名为"阿房"，因而时人便称它为阿房宫。唐颜师古则称："阿，近也，以其去咸阳近，且号阿房。"日本学者泷川资言的《史记会注考证》，论证"阿房"本是山名，世人因山而名宫。

■ 得名于规模

较多的人认为，阿房宫得名于它的规模和形制。阿，在古意中可解释为曲处、曲隅、庭之曲等。阿房宫"盘结旋绕、廊腰缦回、屈曲簇拥"的建筑结构就体现了"阿"的含义。

■ 建于大陵之上

《汉书·贾山传》注释曰："阿者，大陵也，取名阿房，是言其高若于阿上为房。"这就是说，阿房宫是由于建在大陵上而得名的。

西安市郊的阿房村一带是古阿房宫的遗址所在地。从发掘的遗址可以看出，当年的阿房宫坐落在地势高峻的丘陵上，这里至今还残存着宫殿的高大地基。在阿房村村南附近，有一个大土台基，周长约310米，高约20米；在村西南还有一个据考证是阿房宫前殿遗址的高大夯土台基，最高处约8米。阿房宫就建在这些高大的台基之上。

【百科链接】

《史记》：

中国历史上第一部纪传体通史，作者是西汉时期的著名史学家司马迁，因此《史记》又被称为《太史公书》。《史记》记事起于传说中的黄帝，止于汉武帝时期，全书共130篇，约52万字。

阿房宫图卷

此图为明朝人依据杜牧《阿房宫赋》中所描述的景色绘制而成，以青绿山水画的手法，将阿房宫雄伟奢华的气势展现无遗。

5. 阿房宫焚毁之谜

你知道吗：相传阿房宫大小殿堂七百余处，宫中珍宝如山，美女如云，秦始皇巡回各宫室，一天住一处，至死时也未把宫室住遍。

▶ 阿房宫遗址
▶ 项羽没烧阿房宫

史书记载，西楚霸王项羽进入咸阳后，看到阿房宫如此奢华，就放火烧了阿房宫。从此人们就一直认为阿房宫是项羽毁掉的。但现在不断有研究者指出，楚霸王项羽烧的是秦始皇在咸阳的宫室建筑，而不是阿房宫。项羽究竟有没有烧阿房宫？如果项羽没有烧过，那规模宏大的阿房宫又为何消失了？

■ 阿房宫遗址

今天的阿房村村南附近，有一座大土台基，周长约310米，高约20米，全用夯土筑起，当地人称为"始皇上天台"。阿房村西南夯土不断，相连形成长方形台地，面积约26万平方米，当地人称之为"眉坞岭"。这两处是阿房宫遗址内最显著的建筑遗迹。

■ 项羽没烧阿房宫

根据近年来的考古发现，专家认为，历史上有关项羽放火焚烧阿房宫的记载是不准确的。据考古队介绍，阿房宫遗址中经过勘探的面积超过20万平方米，发掘面积也有1000平方米，但是发现的红烧土（经火焚烧后的土）却极少。如果阿房宫被大面积火烧3个月的话，红烧土应该遍地都是，除了红烧土外，还应有大量草木灰。但这些在阿房宫遗址内都没有被大量发现。那么项羽烧的究竟是哪座宫殿呢？

有人认为，项羽火烧的是秦咸阳宫。研究人员说，关于项羽火烧阿房宫、大火三月不灭的说法，秦汉时期的文献资料中并没有记载。《史记·项羽本纪》中记录项羽"烧秦宫室，火三月不灭"。这里所说"秦宫室"的地点在咸阳。《史记》中其他各篇更明确地指明项羽火烧的秦朝宫殿在咸阳：《史记·高祖本纪》说项羽"屠烧咸阳秦宫室"，《史记·秦始皇本纪》也说项羽"遂屠咸阳，烧其宫室"。咸阳是秦朝都城，项羽烧毁的是都城宫殿，根本不是地处渭水之南上林苑中的阿房宫。这从后来的考古发掘中也得到了证实——秦咸阳宫遗址曾发现大片的红烧土遗迹。

也有人说，阿房宫其实并没有想象的那样庞大，它只是个未完成的工程，虽然秦始皇有意把它修建成庞大的宫殿群，但他还未来得及将其修好就死了。项羽是没有必要火烧这样一个半成品的。至于阿房宫因何而毁，只能留待科学家去考证了。

《阿房宫图》

清代袁耀作，拟写阿房宫胜景。画面重峦耸翠，曲水萦环，重楼叠阁，各抱地势，廊腰缦回，亭桥卧波，龙舟游荡。楼阁、人物笔致细腻，生动入微。

【百科链接】

咸阳：
我国著名古都之一，在今陕西省西安市。秦王嬴政在此建立了中国历史上第一个中央集权制封建帝国——秦朝。

夯土：
一种建筑材料。"夯"指用力打，"夯"土是利用重物将泥土中的空隙去除，以使泥土变得更结实。夯土是城墙、宫室常用的建材之一。

阿房宫遗址

阿房宫遗址在今西安市郊的阿房村一带。据考证，在整个阿房宫前殿的发掘中没有发现火烧的痕迹，迄今没有证据表明阿房宫曾经历过大火。

- 史书中的记载
- 无法工作的模型
- 悬垂摆原理

你知道吗,为纪念张衡在天文学上的贡献,后人将月球背面的一座环形山及1802号小行星命名为"张衡环形山"和"张衡小行星"。

古代科技之谜

候风地动仪运作之谜

张衡在132年创制的候风地动仪是世界上第一台测震仪器,它同中国四大发明之一的指南针并列,分别是人类在地震学和地磁学上的首创仪器,在人类科学发展史上占有举足轻重的地位。可是,候风地动仪在1700多年前神秘消失了,它的制作原理长期成为人们心中的谜团。

■ 史书中的记载

据《后汉书·张衡传》记载,候风地动仪制成于东汉阳嘉元年,系用青铜铸造,仪体形状就像汉代酒樽。仪体上装饰有篆文山龟鸟兽之形,内部立一根都柱。都柱周围有八条滑道,称为"八道"。仪体的外部装有八条铜铸的龙,分布在八个方位,龙口各含铜丸一个,龙头下方各放置一个张口向上的铜蛙(蟾蜍)。仪体内部装有机关,与体外龙头相连,一旦发生地震,机关被触发,龙口打开,铜丸落入铜蛙口中,发出声音,使掌管人知晓,便能判明地震震源的方向。根据这一史料记载,中外科学家一直试图复原候风地动仪并弄清它的原理。

科技文物专家王振铎于1951年设计的,其内部结构依直立杆原理制造。但是,几十年来,国内外地震学界一直对它的科学性表示怀疑,因为它不能检测地震。20世纪70年代后,国内外相继设计出了六种新的复原模型,但都属于概念模型。

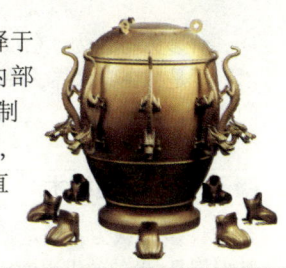

候风地动仪复原模型

候风地动仪用精铜制成,其外形像一个大型酒樽。地动仪内部结构精巧,中间立有一根都柱,都柱周围有8条滑道,称为"八道"。

■ 悬垂摆原理

最近,中国地震学家和考古学家通过大量理论计算和科学实验,认为地动仪的工作原理应该是"悬垂摆原理",即地动仪是利用了一根悬挂柱体的惯性来验震的,而非当今历史教科书中所说的在仪器底部简单地竖立一根直立杆。根据这一原理,在候风地动仪内部应悬挂有一铜柱,下压一铜球,当地震发生时,铜柱会向地震的方向倒下,触动内部的杠杆,原来被杠杆压住的龙口中的铜丸掉进铜蛙口中,测得地震的方向。但这也只是猜测。

张衡发明的地动仪究竟是什么样子?又是怎样实现地震预测的?还都是未解之谜。

■ 无法工作的模型

19世纪末,日本和英国的科学家先后制作出候风地动仪复原模型。而目前家喻户晓的候风地动仪模型是中国历史博物馆

浑仪模型

浑天仪是浑仪和浑象的总称,也是由我国东汉天文学家张衡所制。浑仪是测量天体球面坐标的一种仪器,而浑象是古代用来演示天象的仪表。

【百科链接】

张衡:

我国东汉时期伟大的天文学家,浑天说的代表人物之一,创制了世界上第一架能比较准确地表演天象的漏水转浑天仪和第一架能预测地震的候风地动仪。

造纸术起源之谜

你知道吗，蔡伦将成本低廉、质地轻便的纸进贡给汉和帝，受到赞赏。汉安帝年间，他被封为"龙亭侯"。

▶ 蔡伦发明造纸术
▶ 只是革新者

许多人都认为，东汉宦官蔡伦发明了造纸术。可是，在学术界，关于这个问题还有不同的意见。

■ 蔡伦发明造纸术

许多人认为，纸是蔡伦于105年发明的。其根据是5世纪的历史学家范晔所著的《后汉书·宦官列传》，书中记载："（蔡）伦乃造意，用树肤、麻头及敝布、鱼网以为纸，元兴元年（105年）奏上之。帝善其能，自是莫不从用焉，故天下咸称'蔡侯纸'。"

据研究，蔡伦发明的造纸工艺除淘洗、切碎、泡沤原料之外，还要用石灰进行碱液烹煮。这是一项重要的工艺革新，既加快了纤维的离解速度，又使植物纤维分解得又细又散，提高了生产效率和纸张质量。同时，蔡伦采用树皮作为造纸的原料，扩大了造纸原料的来源，为造纸术的推广和发展开辟了广阔的途径。

■ 只是革新者

另一种意见认为，西汉初年就已经出现了造纸技术，所以蔡伦只是造纸术的革新者。持此种意见者的根据是，早在蔡伦之前200年的西汉，就已经有了以废旧麻绳和破布为原料制成的麻类植物纤维纸。1933年，新疆罗布泊汉代烽燧遗址中出土了公元前1世纪的西汉麻纸，比"蔡侯纸"早了2个多世纪。

西汉纸地图
此地图绘制于西汉初期，纸呈黄灰色，品质优良，表面沾有污点，这是迄今发现的年代最早的纸张实物。上面绘有代表河流、道路、山川等地貌的线条。

此外，比《后汉书》成书更早的东汉官修国史《东观汉记·蔡伦传》中，也没有蔡伦发明造纸术的明确记载。《东观汉记》成书距蔡伦之死不到30年，如果真是蔡伦发明了纸，书中不会没有记载。但其中只是说蔡伦任尚方令，曾经主管尚方（宫廷御用手工作坊）的造纸工作。也许蔡伦的贡献是组织并推广了高级麻纸的生产，促进了造纸术发展。

如果蔡伦没有发明造纸术，那么，纸的发明究竟源于何时？又是谁发明的呢？

考古研究表明，在蔡伦以前出现的纸张质地较为粗糙，很难代替竹简和丝帛成为主要的书写工具。东汉蔡伦以后，纸张的生产得到极大的发展，笨重的竹简和昂贵的丝帛也逐渐退出了历史舞台，易写轻便的纸书大量出现，大大促进了文化知识的传播。从这个意义上讲，蔡伦在中华民族文化史上的地位仍然是无可取代的。

手工制造的宣纸
宣纸因产于宣州府（今安徽泾县）而得名，有易于保存、经久不脆、不易褪色等特点，故有"纸寿千年"之誉。直到今天，宣纸生产的关键环节依然依靠手工操作。

- 江边石阵
- 广义的理解

你知道吗，诸葛亮曾在隆中隐居10年，其间他广交名士，对天下大势了如指掌，被称为"卧龙先生"。

古代科技之谜

诸葛亮八阵图之谜

"功盖三分国，名成八阵图。江流石不转，遗恨失吞吴。"杜甫的这首《八阵图》，将诸葛亮的八阵图与他彪炳史册的《隆中对》相提并论。八阵图名声如此显赫，不由得激起人们对它强烈的好奇心。八阵图究竟是什么？自古以来，人们对此众说纷纭，莫衷一是。

■ 江边石阵

按照《三国演义》的描写，八阵图是诸葛亮当初入蜀时布下的一种阵法，分休、生、伤、杜、景、死、惊、开八门，可比十万精兵。诸葛亮自己说过："八阵既成，自今行师，庶不复败矣。"陈寿在《三国志》中也特别提到："亮性长于巧思……推演兵法，作八阵图，咸得其要云。"但诸葛亮并没有说明八阵图是什么，只是肯定了八阵图在军事上有重要意义，认为有了八阵图，在今后征战中就可立于不败之地。而陈寿也没有对八阵图的内容加以解释。

从现存八阵图遗迹来看，遗迹的石堆确有明显的人工垒砌痕迹，而不是自然形成的石堆。如果说这些石阵就是八阵图的话，那么它显然是一种防御性的军事设施，其功能与城墙或要塞相类似。但是这种石阵固定不动，只能起单纯的防御作用，而诸葛亮对八阵图的评价是："八阵即成，自今行师，庶不复败矣。"说明八阵图的应用范围要广泛得多，不仅仅用于防御。

【百科链接】

隆中对：

东汉建安十二年（207年），刘备到隆中三顾茅庐探访诸葛亮，当时27岁的诸葛亮对刘备陈说三分天下之计，人们把他的这番话称为"隆中对"。

《三国志》：

主要记载魏、蜀、吴三国鼎立时期历史的史书，作者为西晋时的陈寿。全书共65卷，包括《魏书》、《蜀书》、《吴书》。

■ 广义的理解

有人认为，八阵图是对灵活多变的阵势的统称。我国自春秋战国以来兵法就有"八阵"一说，八阵图并非诸葛亮所首创。也有人说诸葛亮在总结前人作战经验的基础上加以发展和创新创造出了一种变幻莫测的阵势，即八卦阵，最终成为他克敌制胜的法宝。这种说法比较符合陈寿所说的"推演兵法，作八阵图，咸得其要云"。

还有人认为，八阵图指的是一套兵法，主要包括军队训练、行军、作战、屯驻以及视不同情况变更战斗部署等军事内容。诸葛亮去世以后，司马懿查看蜀汉军队的营地，曾极力赞叹诸葛亮是天下奇才。这似乎表明，八阵图也包括军队屯驻等方面的内容。显然，对八阵图作广义的理解较之其他解释更为合理，也更为全面一些。

八阵图遗址

八阵图遗址在四川省成都市青白江区弥牟镇西南。《八阵图碑记》云："诸葛武侯之八阵图，在蜀者二，一在夔州永安宫，一在新都弥牟镇（现属青白江区）。"该遗址今仅余土垒6座，当年之风貌已荡然无存。

你知道吗: 传说木牛流马中设有机关,只要将牛马的舌头转一下,它们就寸步难行,这样可以防止牛马落入敌手为敌所用。

- 普通独轮推车
- 自动机械
- 特殊的独轮车

诸葛亮木牛流马之谜

据史书记载,三国时期,诸葛亮组织蜀军北上伐魏时,为了保证军粮的供应,于是"推己意做木牛流马",解决了在崎岖蜀道上运输军粮的难题。可是这个木牛流马到底是什么东西,又是什么样子的呢?

■ 普通独轮推车

很多史书都认为,木牛流马是一种木制独轮小车,汉代称为鹿车,经诸葛亮改进后称为木牛流马。高承《事物纪原》卷八说:"(诸葛亮始造)木牛,即今小车之有前辕者;流马即今独推者是,民间谓之江州车子。"其确凿佐证是成都羊子山二号汉墓出土的"骈车"画像,其右下角有一人推独轮小车的形象。因为独轮车不用牛马,一个人就能推走,也就是"不吃草的牛"(木牛)和"不吃草的马"(流马也是木制的,"流"暗含移动之意),故称"木牛流马"。

但这种解释有欠妥之处,独轮车机械原理十分简单,何劳"长于巧思"的诸葛亮亲自制作?

■ 自动机械

还有一些研究者认为,木牛流马是奇异的自动机械。在三国时代,运用齿轮原理制作的机械已屡见不鲜。东汉时毕岚制造的

诸葛亮造木牛流马
此作是清代人根据《三国演义》故事描绘出来的,画面中的木牛流马完全跟真牛、真马一样。

翻车是利用齿轮转动来汲水的一种装备;魏国发明家马钧重新造出指南车,能用水力带动齿轮转动,使木人击鼓吹箫,跳丸掷剑。

《南史·祖冲之传》中曾说,祖冲之"以诸葛亮有木牛流马,乃造一器,不因风水,施机自运,不劳人力"。可见祖冲之是亲眼见过木牛流马的,又因木牛流马的启发,他创造出一种自动机械,比木牛流马更胜一筹。由此可知,木牛流马一定是利用齿轮原理制造的自动机械,否则祖冲之不会拿它来作参考制作机械。可惜的是此论缺乏确凿的论据。

■ 特殊的独轮车

学者陈从周等人实地勘察川北广元一带的古栈道遗迹后,提出新观点:木牛有前辕,行进时人或畜在前面拉,还有人在后面推,有车轮架,车身长4尺,宽近3尺;流马构造与木牛大致相同,但没有前辕,行进时不用人拉,仅靠推,车身狭长,车形似马。

但到目前为止,木牛流马究竟为何物,还没有定论。

汉代独轮车
此复原模型主要依照汉代画像上独轮车的样子制成,较为轻便,对道路要求较低。据推测,诸葛亮设计的木牛流马就借鉴了独轮车的原理。

【百科链接】

独轮车:
只有一个车轮的运输工具,我国古人用它载重、载人,可长途跋涉且平稳轻巧。

栈道:
沿悬崖峭壁修建的一种道路,又称阁道、复道。主要是在悬崖峭壁上凿孔,插入木梁,上铺木板或再覆土石而成。

- 湖南桃源县
- 武陵苗寨
- 宿城地区

你知道吗：在中国文学史上，陶渊明是第一个以田园景色和田园生活为题材进行大量诗歌创作的诗人。他的田园诗促成了古典诗歌的一个新流派，被历代诗人推崇备至。

古代科技之谜

桃花源究竟在何处

读过东晋著名散文家、诗人陶渊明《桃花源记》的人，都对桃花源产生了深深的向往。桃花源究竟是纯属虚构，还是有它真实的原型呢？

■ 湖南桃源县

湖南桃源县西南15千米的水溪，景色绮丽，被人当作陶渊明笔下的桃花源。这里自唐代时始建寺观，宋代更加兴盛，元末毁于大火。明代景泰六年（1455年），明政府又在此建造了殿宇，明末又毁于大火。直到清代光绪十八年（1892年），重修了"渊明祠"，并建造了观、亭、洲等。此后虽屡经修葺，仍有不少建筑遭到毁坏。新中国成立后才陆续进行了整修和复建，形成了今天的规模。

《桃花源记》故事画

此图是根据陶渊明《桃花源记》文意所绘。但桃花源真正在哪里，大概只有陶渊明自己知道了。

《渊明醉归图》

桃花源是陶渊明心目中的理想社会，其原形在哪里，后人不得而知。

■ 武陵苗寨

有学者认为，《桃花源记》所描绘的美好社会生活图景，是当时武陵地区的苗族社会的写照。武陵地区苗族人民素有的对桃树的崇拜以及见客人"便邀还家，设酒杀鸡作食"的习俗等，都说明桃花源的原型应是武陵地区的苗族地区。

■ 宿城地区

也有人认为，桃花源在江苏连云港市的宿城山凹。这里三面环山，一面向海，这样一个天然巧成的堡垒，中间却是一片坦荡美丽的川原。据说，诗人陶渊明曾到过这个地方，并在其《饮酒诗》里写道："在昔曾远游，直至东海隅。"根据《晋书·地理志》的记载，"东海隅"正是处于东海一角的宿城山凹。

也许"桃花源"的原型，并不是上文所陈述之处。桃花源到底"身"在何处？只能留待学者们进一步研究和考证了。

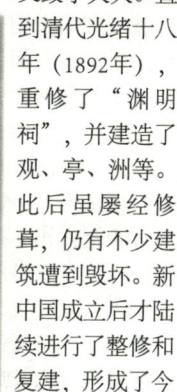

【百科链接】

陶渊明：

字元亮，别号五柳先生，晚年更名潜，东晋浔阳柴桑（今江西九江市）人。陶渊明是魏晋南北朝时期最杰出的诗人，以田园诗见长。

153

5

你知道吗：针灸疗法最早出现在新石器时代，春秋战国时期就已经出现了不少精通针灸的医生，神医扁鹊就是其中之一。

▶ 铜人的下落
▶ 追踪铜人

针灸铜人流落何方

北宋以前，医生主要按照唐代《皇帝明堂经》指定的人体经穴进行针灸治病。然而《皇帝明堂经》在唐末佚失，致使后来的针灸取穴失去了标准。为给针灸经穴重新制定标准，宋天圣四年（1023年），宋仁宗诏令医官王惟一铸造了著名的针灸铜人。

■ 铜人的下落

宋天圣针灸铜人由青铜铸成，身高和青年男子相仿，体健貌美。人形为正立，两手垂立，掌心相对。铜人身体标有354个穴位名称，所有穴位都凿穿小孔。各穴均与体内相通，外涂黄蜡，内灌水或水银，刺中穴位，则液体溢出，稍差则针不能入，因而可按此试针，以供教学和考试之用。

宋天圣针灸铜人是中国乃至世界上最早铸成的针灸铜人，开创了用铜人作为人体模型进行针灸教学的先河。宋天圣针灸铜人共有两具：一具放在朝廷医官院，用于学医者观摩练习之用；另一具放置在京城大相国寺的仁济殿，供百姓参观。

1126年，金兵攻破北宋都城汴京，大肆掠夺奇珍异宝。从此，两具宋天圣针灸铜人失去了踪迹。

■ 追踪铜人

专家们推测，金军入侵汴京后，宋天圣针灸铜人中的一具可能被金军掠走，另一具则可能在康王赵构登基不久后被送归南宋朝廷。后来南宋朝廷惧于元朝的势力，又将宋天圣针灸铜人献给了元朝。

1260年，元世祖忽必烈诏命尼泊尔工匠阿尼哥修复宋天圣针灸铜人。明朝建立时，宋天圣针灸铜人和《新铸铜人腧穴针灸图经》石碑仍然放置在三皇庙内。明正统年间，英宗诏命仿照宋天圣针灸铜人铸造一具针灸铜人，同时还仿制了《新铸铜人腧穴针灸图经》石碑。明正统针灸铜人被放置在药王庙内，并一直保存到清代。明景帝时北京遭到瓦剌进犯，战乱中明正统针灸铜人头部被毁坏，直到清顺治时期才被修补好。从此只剩下明正统针灸铜人，而宋天圣针灸铜人则至今下落不明。

明正统针灸铜人
明正统针灸铜人是明英宗命人仿北宋铜人铸造的，通高213厘米，全身共标有666个针灸穴位。

人体穴位图示
按照中医理论，人体穴位既是经络之气输注于体表的部位，又是疾病反映于体表的部位，还是针灸、推拿、气功等疗法的施术部位。

【百科链接】

腧穴：
脏腑经络之气输注于体表的部位，也是针灸、推拿等疗法主要的施术部位，又称孔穴、穴位等。腧穴定位的准确与否，可直接影响治疾病的疗效。

- 庞大的宝船
- 大小不同

你知道吗，1405年7月11日，35岁的郑和率领船队第一次出使西洋。随行人员包括水手、翻译、医生和士兵。

古代科技之谜

郑和宝船的形制之谜

在郑和下西洋的船队中，有一种船叫"宝船"。据《明史》记载，最大的宝船长44丈4尺，宽18丈，载重量800吨。这种船可容纳上千人，是当时世界上最大的船舶。人们将这些尺寸换算成现代尺寸，发现宝船竟长达138米、宽56米。如此大的"宝船"在明代可能出现吗？

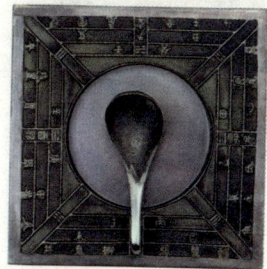

汉代司南
指南针是我国最伟大的发明之一，是远洋航海必不可少的辨认方向的仪器。司南是指南针的前身，中间的磁勺用天然磁体磨成，有指示方向的功能。

■ 庞大的宝船

郑和下西洋时配备了大量规模庞大的船只，这其中是有缘由的：一是装载官军及应用物资的需要；二是装载赏赐品和贸易物资的需要；三是"耀兵异域，示中国富强"的需要。由此可见，制造大船不单是远洋航行的需要，也是明朝政治上耀兵、经济上示富的需要。

研究者详细描绘了郑和宝船的全景。宝船共分8层。上面的2、3层是两个长80米、宽36米、高2米的大型货舱，是载货和载食物用的。第4层是顶到甲板的一层，沿船舷两侧设有20个炮位。而整个舰队的"大脑"则在宝船船尾的舵楼上。这个舵楼共有4层，最上面是指挥、气象观测、信号联络的场地。在舵楼前后楼之间的甲板上除了火炮、操帆绞盘外，还特地留出了两个篮球场大小的空间，专门供士兵操练之用。据推算，整个船上可载各色人员1000多人。

■ 大小不同

还有一种观点认为，《明史》记载的宝船尺寸的数字是可信的，只是古代和现在使用的尺度不一样。明代通用尺寸一尺相当于现在的31厘米，而量古船的尺度为更古老的"七寸"尺，这种尺一尺相当于现在的20多厘米。不过即使这样，宝船也大得惊人，这充分证明了中国古代造船技术的先进。

【百科链接】

郑和：
中国历史上最杰出的航海家。1405年至1433年，郑和先后率领船队七下西洋，最远到达红海和非洲东海岸；航海足迹遍及亚、非30多个国家和地区。

排水量：
船装满货物后排开水的重量，可用于计算船满载后受到的水的浮力。

郑和下西洋海船模型
《明史·郑和传》记载："宝船六十三号，大船长四十四丈四尺，阔一十八丈。"即长约138米，宽约56米。

5. 永乐大钟铸造之谜

你知道吗，永乐大钟用铜、锡、铅合金铸成，历时500多年，至今仍声音洪亮，穿透力强，钟声可传四五十千米，余音达两分钟之久。

▶ "华严钟"的来历
▶ 到底有多重

在北京西郊大钟寺的钟楼里，悬挂着一座明代永乐年间铸造的巨型铜钟。据说，明成祖朱棣攻下南京后，改年号"永乐"，并迁都北京，他根据《太祖实录》里"唯功大者钟大"的说法，下令铸造了这举世无双的大钟。

■ "华严钟"的来历

永乐大钟又叫"华严钟"，这是为什么呢？有人说，是因为大钟上铸有《华严经》；也有人认为，永乐大钟的铭文经咒属于佛教华严宗，所以永乐大钟被称为"华严钟"。但是，永乐大钟钟身所有汉文、梵文经咒中，不仅没有《华严经》，也看不出与《华严经》有直接的关系。永乐年间至万历年间这百余年当中，并没有将此钟称为华严钟的记载，而是称为文皇旧钟、大铜钟、洪钟等。明朝后期，特别是孙承泽著《春明梦余录》后，才明确称此钟为"华严钟"。

也有人认为，"华严钟"是对所有佛钟的一种泛称。如果是这样，那么这里说的"华严钟"就失去了专有名称的意义。如果不是泛称，而是特指永乐大钟因铸有《华严经》而得名，又明显和大钟上的铭文不符。这可真成了一个难解之谜了。

■ 到底有多重

关于永乐大钟的重量，有的文献说是八万四千斤，也有的文献认为是八万七千斤。

不过更多的人倾向于八万四千斤的说法，因为永乐大钟的钟身铭文多次出现过"八万四千"这几个字，频率非常高。"八万四千"在古印度是个吉祥的数字，也表示数量很多的意思。由此可见，永乐大钟重八万四千斤的说法是有文化渊源的。

但永乐大钟具体有多重，现在仍无定论。

永乐大钟

大钟寺大钟楼内高悬的永乐大钟是永乐年间明成祖迁都北京后下令铸造的，距今已有500多年的历史。音色好，衰减慢，传播远。轻撞，声音清脆悠扬，回荡不绝达1分钟；重撞，声音雄浑响亮，尾音长达2分钟以上，方圆百里皆闻其音。

大钟寺

大钟寺原名觉生寺，建于清雍正十一年（1733年），因寺内珍藏一口明代永乐年间铸造的大钟而得名。

【百科链接】

大钟寺：
原名觉生寺，曾是清朝皇帝祈雨的地方，建于清雍正十一年（1733年），寺内珍藏着一口明代永乐年间铸造的大钟。

华严宗：
中国佛教宗派之一，因以《华严经》为根本经典而得名。

梵文：
是印度的古典语言、印度雅利安语的早期形式，也是佛教的经典语言。其语法和发音均被当作一种宗教仪节而丝毫未变地保存下来了。

- 经络不存在
- 血管、神经论
- 未知系统论

你知道吗：中医认为，经络是人体气血运行的通路，内属于脏腑，外布于全身，将各组织、器官联结成为一个有机的整体。

古代科技之谜

中医经络之谜

《村医图》

两晋至唐宋是针灸史上灸疗发展最重要的时期。这幅宋代的风俗画作描绘了一位乡下郎中为病人背部施行艾灸疗法的情景。

经络学说有着悠久的历史，2000多年前成书的医学著作《黄帝内经》中对其就有了系统的记载。而针灸是从古代延续到现代的一种医疗方法，其理论基础就是经络学说。但是，现代解剖学无论用多么先进的显微镜，也找不到与古典图谱一致的经络。人体内究竟有没有经络？如果有，古人是如何发现经络的？如果没有，针灸疗法的疗效又该如何解释？这些都是至今没有找到答案的问题。

经络不存在

在科学界，尤其是在生物学和医学领域，许多科学家都否定经络的存在。他们认为，经络学说是中国古代哲学与医学相结合的产物，经络是古人根据人天观的哲学观点虚拟出来的，在客观上并不存在，所以是科学实验永远无法证实的。

血管、神经论

在生物学、医学包括中医学领域内，有一种相当普遍的观点：所谓经络就是人体的血管神经系统，只不过古代医学与现代医学对同一事物使用了不同名称而已。中医文献中没有现代意义上的血管和神经系统的概念，所以一些人认为，古人描述的经络实际上指的是血液循环系统。不过，持这种观点的学者也承认，还有很多经络现象目前难以用血管学、神经学理论来解释。

未知系统论

还有一种观点认为，广义的经络系统包含血管、神经系统，可能还包含体液调节、淋巴系统等现代医学已经证实存在的一些系统。但是人体还存在一种现代科学未证实存在的系统，也就是经络特有的系统，而狭义的经络就是指这种独特系统。它有如下特征：独特的循行路线，独特的经脉脏腑关系。

经络理论认为，经脉是"气"的循行通道。"气"是什么？这是个未知问题。按阴阳平衡、虚实相生等不同于西医学的理论，针灸经络可以取得现代医学难以解释的独特疗效。

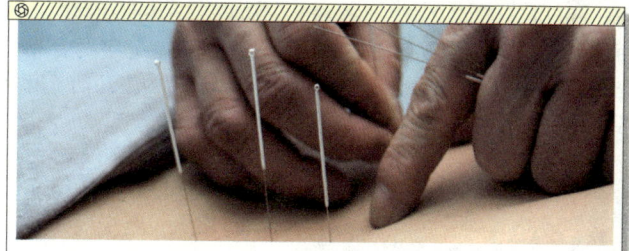

针灸

针灸是针法和灸法的合称。针法是把毫针按特定穴位刺入患者体内，用捻、提等手法来治疗疾病。灸法是用燃烧着的艾ום熏灼一定的穴位，利用热的刺激来治疗疾病。针灸是我国医学的宝贵遗产。

【百科链接】

《黄帝内经》：

一部研究生理学、病理学、诊断学和药物学的医学巨著，大约成书于2000年前的秦汉时期，是我国现存成书最早的一部医学典籍。

157

麻沸散之谜

你知道吗，据说麻沸散对人类的中枢神经系统有较强的抑制作用，能使人暂时失去意识，呈现浅麻醉状态。

▶ 有没有麻沸散
▶ 成分之谜

据史籍记载，我国东汉时期的名医华佗曾创制了一种神奇的麻药"麻沸散"，病人在手术之前喝下这种药，就可以在无痛的情况下接受手术。但麻沸散的配方在华佗死后就失传了。到底有没有麻沸散这种麻药？至今仍是众说纷纭，莫衷一是。

■ 有没有麻沸散

麻沸散的方名，出自陈寿撰的《三国志》和范晔撰的《后汉书》。可是，这两本书对麻沸散的成分却没有具体说明。正因为千百年来，没人弄清麻沸散的主药究竟是什么，有人就怀疑华佗并没有用过麻沸散，麻沸散很可能是出自不懂医学的史家的杜撰和臆测。

1973年，长沙马王堆三号汉墓出土了医学帛书《五十二病方》，这是我国的一本早期医药文献。其中有"令金伤毋痛"方，方后记载了麻醉药的性能和用法，"已饮，有顷不痛。复痛，饮药如数。不痛，毋饮药。"这说明当时人们已知道麻醉药可以麻醉止痛，而且知道过了有效时间就会感觉到疼痛，可以再照原来的剂量服药，如果已达到麻醉状态，就不要多服了。同时，史书中记载的腹腔手术创口愈合时间为四五天，与现代无感染创口愈合时间也是相符的。在隋朝巢元方等编写的《诸病源候论》中，有"缕如法"这种缝合断肠的常规方法。既然已经形成常规，说明肠吻合手术已趋向成熟。因此，华佗曾用麻沸散进行腹腔手术的文献记载是可信的。

■ 成分之谜

那么，麻沸散究竟是由什么组成的？后人对此有过种种猜测。日本江户后期的名医华冈青洲认为，麻沸散是由曼陀罗花和生草乌、香白芷、全当归、川芎、天南星制成的。但不少人怀疑这种说法的真实性，因为曼陀罗这味药最早载于宋代医书，而唐代以前也没有川乌、草乌之分，而是统称"乌头"。

还有人依据"沸"字和"蕡"字两音相近，推测"麻沸散"就是以麻蕡为主药的"麻蕡散"。

总之，麻沸散的组成成分是什么，可谓千古"奇案"，至今尚未被"侦破"。

神医华佗
华佗是东汉末期医学家，医术十分精湛，尤擅外科。他最早用全身麻醉法施行外科手术，被后世尊为"外科鼻祖"。

曼陀罗花
曼陀罗全株有剧毒，叶、花、籽均可入药，味辛，性温，有镇痛麻醉、止咳平喘作用，主治咳逆气喘、面上生疮、脱肛及风湿、跌打损伤。

【百科链接】

麻醉：
施行手术或进行诊断性检查时为消除疼痛、保障病人安全、创造良好的手术条件而采取的方法，也用于控制疼痛。

Part 6
文化民俗之谜

6 华表用途之谜

你知道吗：山西省临汾市尧都广场的华表为全国最大，全高21米，直径2.1米，用优质汉白玉雕刻而成。

▶ 纪念、标志的立柱
▶ 纳谏的"谤木"
▶ 远古部落的图腾
▶ 天文仪器

在天安门、明十三陵、清东陵、清西陵以及卢沟桥等处都可以见到华表。那么，古人为什么要建造华表？华表究竟有什么作用？

■ 纪念、标志的立柱

一般认为，华表是在古代建筑物中用于纪念、标志的立柱。华表起源于古代的一种立木，相传在我国尧舜时代，人们就在交通要道竖立木柱，作为行路时识别方向的标志，这就是华表的雏形。

■ 远古部落的图腾

另一种意见认为，华表起源于远古时代原始部落的图腾标志。

远古时的人们都将本民族崇拜的图腾标志雕刻在华表上，对它视如神明，顶礼膜拜。华表柱顶的雕饰也因各部落图腾的标志不同而各异。如天安门前的华表上蹲着一头怪兽，非狮非狗，头望宫外，名为"望天犼"。民间传说这种怪兽生性好望，让它望着宫外，是让它督促远游的皇帝不要迷山恋水，早作归计，以理朝纲。学者们认为，这也是远古图腾的一种。

原始人的图腾柱
图腾柱属于图腾标识的一种，即在柱子上雕刻动物或半人半兽形象，以象征本氏族的祖先。有人认为华表是由原始的图腾柱演变而来的。

■ 纳谏的"谤木"

还有一种说法认为，上古时华表名为"谤木"。相传远古贤王尧和舜为了接纳天下人的谏言，在交通要道和朝堂上竖立木柱，让人在上面书写谏言，也就是鼓励人们提意见。

晋代崔豹在《古今注·问答释义》中就曾提到过这件事，他所说的华表的形状与今天安门前的华表大致相同。只是华表的"谤木"作用早已消失，上面不再刻以谏言，而为象征皇权的云龙纹所代替，成为皇家建筑的一种特殊标识，从此威严地耸立在皇宫院墙之外。

汉白玉华表
天安门前的华表可以分为3个部分，即柱头、柱身和基座。柱头上的部分又叫"承露盘"。它们和天安门前的石狮以及两侧的金水桥一起烘托着紫禁城的威严气势。

■ 天文仪器

还有人认为，华表原是古代观天测地的一种仪器。春秋战国时就出现了一种天文仪器，叫"表"，人们立木为竿，以日影长度测定方位、节气，并以此来观测恒星，计算恒星年的周期。古人在建筑施工前，也用这种方法定位取正。一些大型建筑因施工期较长，立表必须长期留存。为了坚固起见，常改立木柱为石柱。一旦工程完成，石柱也就成了这些建筑物的附属部分，久而久之就作为一种形制而保留下来了，成为宫殿、坛庙、寝陵等重要建筑物的标识。

- 洛神是甄后
- 洛神是曹丕

你知道吗：洛神是古代神话中的洛水女神，又称洛嫔，名宓妃。传说她乃河伯之妻，又曾与射日英雄后羿相爱。

文化民俗之谜

《洛神赋》写的到底是谁

曹植是曹操第三子，曹丕的亲弟弟。后来曹丕、曹睿相继为帝，曹植备受猜忌压迫，郁郁而死。《洛神赋》是曹植的代表作，也是建安文学的代表作之一。《洛神赋》塑造了一位美丽痴情的洛神形象，以恍惚迷离之辞，描写了一个人神互恋但最终不能结合的感伤故事。《洛神赋》的主题是什么？千百年来，一直是文人墨客争论不休的话题。

■ 洛神是甄后

一种说法是，《洛神赋》是曹植为怀念他死去的嫂子甄后而作，故初名《感甄赋》。据《文选》记载，甄后死后，曹植进京朝拜皇上，看到甄后的遗物，想到甄后的不幸，不禁落泪。回来时，他途经洛水，看见甄后元神显形，悲喜交加，写下了《感甄赋》，后由魏明帝改为《洛神赋》。

古往今来，认同此观点的人不在少数。《太平广记》中的《萧旷》篇、《类书》中的《传奇》篇，都认为文章中的洛神指的是甄后。唐代诗人李商隐在他的诗中，也曾多次引用曹植怀念甄后的情节，甚至说："君王不得为天下，半为当时赋洛神。"现代学者郭沫若在《论曹植》一文里也认为，《洛神赋》是曹植为怀念甄后而作。

但这种说法未见正史记载，一些学者多认为这是后人从小说《感甄记》中得来

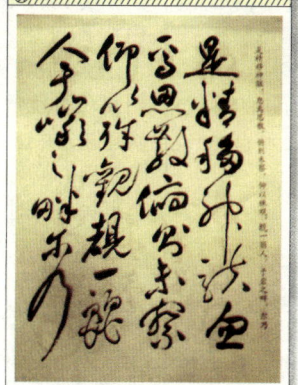

祝允明草书《洛神赋》（局部）
《洛神赋》为曹植辞赋中的杰出作品。该赋以浪漫主义的手法，通过梦幻的境界，描写了人神之间的真挚爱情。

的，不可信。而且如果曹植把甄后比作洛神，那就是说他对嫂子产生了爱慕之心。在魏晋时代，就兄弟之道而言，这是不义；就君臣之道而言，这是不忠。这种不义不忠、大逆不道的事，曹植应该是做不出来的。

■ 洛神是曹丕

也有不少学者认为，《洛神赋》实是曹植"托词宓妃，移寄心文帝"而作，"纯是爱君恋阙之词"。朱干在《乐府正义》中指出，《感甄赋》确有其文。但"甄"并不是甄后之"甄"，而是鄄城之"鄄"。"鄄"与"甄"通，因此应当是"感鄄"。曹植在写这篇赋的前一年，任鄄城王。

关于《洛神赋》的主题，学者争论了千百年，但争论者都没有拿出充分的、直接的证据来说明《洛神赋》究竟是为怀念甄后而作，还是为其他目的而作。以上观点也多是推论。

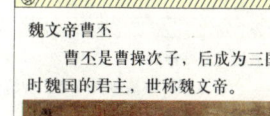

魏文帝曹丕
曹丕是曹操次子，后成为三国时魏国的君主，世称魏文帝。

【百科链接】

曹操：
东汉末年杰出的政治家、军事家和诗人。政治上，消灭了北方的众多割据势力，实现了中国北方的统一；文化上，开创了文学的新局面，是建安文学的开创者和主将。

《兰亭序》之谜

你知道吗：王羲之的《兰亭序》是中华书法史上一部彪炳千秋的杰作，全文共28行，324字，字字道劲飘逸，其后千余年再也没有出现过如此美妙的作品。

- 智取《兰亭序》
- 真迹何在

《兰亭序》是王羲之书法代表作，是著名的行书法帖。这幅作品是王羲之信手写来，字体潇洒流畅，气象万千，其中20多个"之"字，千变万化，无一雷同，是中国行书的绝代佳作。但《兰亭序》真迹流落何处，一直是一个未解之谜。

■ 智取《兰亭序》

唐太宗李世民酷爱历代名家书法，尤其喜爱王羲之的书作，监察御史萧翼奉命出京访求。萧翼打听到《兰亭序》已传到王羲之第七代孙智永禅师处，而智永临终前又把它传给了他的弟子辨才和尚。于是，萧翼主动接近辨才，双方谈学论禅，十分投缘。一天，两人饮酒酣醉，萧翼"醉后吐真言"，从囊中取出《兰亭序》摹本，却说这是真迹。为人忠厚的辨才不知是计，对假装烂醉的萧翼说："你这个不是真迹，真迹在我的阁楼上藏着呢！"萧翼一直"醉而不醒"，似未听见。第二天，辨才发现萧翼不辞而别，桌上放着一张"感谢馈赠"的字条和许多银两。

李世民取得《兰亭序》真迹后，奉为至宝，经常放在座侧，朝夕观览欣赏，多次题跋，并让太子李治用心临习。李世民临终时对李治说："我死后，你只要把《兰亭序》装匣放进我的墓室中，就是你尽孝了。"李治照办，将《兰亭序》随葬昭陵。

王羲之像
王羲之（303~361年），字逸少，号澹斋。原籍琅玡（今属山东临沂），后居会稽山阴（浙江绍兴），东晋书法家，世称"书圣"。

■ 真迹何在

唐末五代的军阀温韬在任陕西关中北部节度使期间，盗挖唐帝陵墓，李世民的昭陵自然难以幸免。难道真迹落于温韬之手？如果《兰亭序》真被温韬凿陵盗出，为何迄今千余年来从未见它流传？

对此，有人认为，史书虽然记载温韬盗掘昭陵，发现了王羲之的书法真迹，但是并没有指明其中包括《兰亭序》，而且此后也从未见真迹流传和收录的任何记载。温韬盗墓匆忙草率，未全面、仔细清理，真迹很可能仍藏于昭陵墓室中更隐秘之处。

总之，《兰亭序》的下落是长期以来众说纷纭、争论不休的一个历史之谜。

王羲之《兰亭序》

《兰亭序》书法遒媚多姿，神清骨秀，通篇敲斜疏密，错落有致，历代书法家都称其为"天下第一行书"。其真迹已佚，传世的有唐冯承素、欧阳询、褚遂良、虞世南等名家摹本，其中以冯承素摹本最为精美。

- 一座桥
- 二十四座桥
- 修辞中泛指

你知道吗：晚唐诗人韦庄也曾在诗作中提到过"二十四桥"，他的《过扬州》有"二十四桥空寂寂，绿杨摧折旧官河"的句子。

文化民俗之谜

"二十四桥"之谜

晚唐诗人杜牧在《寄扬州韩绰判官》诗中写道："青山隐隐水迢迢，秋尽江南草木凋。二十四桥明月夜，玉人何处教吹箫？"这"二十四桥"究竟是一座桥，还是二十四座桥，抑或另有所指？

■ 一座桥

宋代词人姜白石在淳熙三年（1176年）冬至日来扬州，写下了千古绝唱《扬州慢》，词中有云："二十四桥仍在，波心荡，冷月无声。念桥边红药，年年知为谁生？"若以这首词的语言环境来看，"二十四桥"似乎是指一座桥。

■ 二十四座桥

有人则认为，"二十四桥"就是遍布扬州地区的二十四座桥梁。宋代科学家沈括就曾对"二十四桥"进行过考证，并在著作中一一列举，但只凑成二十一座。南宋的王象之在《舆地记胜》中则记载："所谓二十四桥者，或存

扬州二十四桥

扬州甘泉路中段东面有二十四桥景区。景区内有一座20世纪80年代建的小拱桥，两头各有24层台阶，两边各有24根栏杆，故称"二十四桥"。

或亡，不可得而考。"

■ 修辞中泛指

更多的人认为，诗人这样写，只不过是泛指扬州小桥很多罢了。

而且，杜牧常常喜欢用数字入诗，如《江南春》绝句有"南朝四百八十寺，多少楼台烟雨中"；《赠别》一诗中有"娉娉袅袅十三余，豆蔻梢头二月初"等。由此可见，杜牧用的数字多为约数，不是实数。

也有人指出，"二十四桥"借指扬州，泛指扬州的繁华，或者专指扬州美人，这似乎也有一定的道理。不过，学者们要真正解开"二十四桥"之谜，也许还要很长的时日。

【百科链接】

杜牧：
字牧之，京兆万年（今陕西西安）人，晚唐杰出诗人，尤以七言绝句著称，擅长文赋，其《阿房宫赋》为后世传诵。

姜白石：
即南宋文学家姜夔，饶州鄱阳（今江西鄱阳）人，字尧章，号白石道人，故后人多称之为"姜白石"。他多才多艺，精通音律，作品素以空灵含蓄著称。

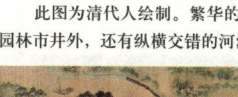
扬州全景图

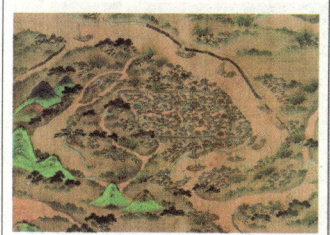
此图为清代人绘制。繁华的扬州除园林市井外，还有纵横交错的河流。

你知道吗，《清明上河图》在5米多长的画卷中，共描绘了550多个人物、牛、马、骡、驴等牲畜50多匹，车、轿20多辆乘，大小船只20多艘，房屋、桥梁、城楼等也各有特色。

- ▶ 清明节说
- ▶ 清明坊说
- ▶ 清明盛世说
- ▶ "上河"之争

《清明上河图》之谜

北宋画家张择端的传世名作《清明上河图》是我国古代美术遗产中的伟大作品之一，也是我国古代风俗画的杰出代表。但对其画名中的"清明"与"上河"二词的含义，学术界却颇有争议。

■ 清明节说

古今许多学者，包括已故文物鉴定专家郑振铎先生等人，都认为"清明"指的是清明节。郑振铎说："时节是清明的时候，也就是农历三月三日，许多树木还是秃枝光杈，并未长叶，天气还有点凉意，可是严冬已经过去了。"这样，把"三月三日"这个具体日子也肯定下来了。又如《中国古代美术作品介绍丛书·清明上河图》一书中，也肯定这幅画是在描绘"清明节这一天城郊人民的种种活动"。

■ 清明坊说

已故的河南开封中学教师孔宪易先生于1981年发表了《〈清明上河图〉的"清明"质疑》的文章，他通过对画面中木炭、石磙子、扇子、西瓜、服饰等细节的考证研究，认为这幅作品画的是秋景，而不是早春之景。"清明"之意实际是指"清明坊"。当时东京城划分136坊，外城东郊区共划分三坊，第一坊就是清明坊，所以他认为这幅画画的是清明坊一带的景致。

《清明上河图》

这是全图的后段，描绘了汴京市区的街景。人物高不足3厘米，小者如豆粒，个个形神毕备，毫纤俱现，极富情趣。

■ 清明盛世说

著名的文物鉴定专家史树青先生指出："'清明'非指清明节这一天，而是作为称颂太平盛世的寓意，'清明'即政治清明。"

河南大学历史系教授周宝珠先生经过细致考证，对孔宪易的秋景之说持否定态度，而对"政治清明"一说颇为赞赏。他认为，北宋长期实施"偃武修文"政策，使国家经济趋于繁荣，出现了一个太平盛世。文人官宦热衷于歌颂朝廷政治清明，描绘天下富足、太平安乐的景象。《清明上河图》中展现的磅礴气势和繁盛景象，正体现了宋都汴京的富庶。

■ "上河"之争

那么《清明上河图》中的"上河"又是指什么呢？长期以来，专家学者对这个问题也是众说纷纭。有人认为"上河"是"逆水行舟"的意思。

然而，也有专家学者提出了不同的观点：有人认为"上河"是指"河的上游"，有人认为"上河"即"上坟"之意，还有人认为"上河"是"上街赶集"的意思。

看来，史学界对于《清明上河图》名称寓意之争还将持续下去，让我们耐心等待谜底揭开的那一天吧。

《清明上河图》

《清明上河图》画面分为3部分，这是全图的中段，主要描绘的是上土桥及大汴河两岸的繁忙景象。

- 窑址究竟在何处
- 珍品重现人间

你知道吗：北宋官瓷烧制后，未施釉的底部呈黑铁色，口沿处则微显深紫色，形成"紫口铁足"的明显特征。

北宋官窑之谜

在北宋五大名窑（哥窑、钧窑、定窑、汝窑、官窑）中，其他四窑皆是由民窑发展到一定程度后再由朝廷派官监造贡瓷，唯独官窑由朝廷直接监管，其出产的瓷器工艺先进，制作精良，达到了登峰造极的境界。

可惜好景不长。1125年金兵攻陷汴京，官窑也随之被毁，存世仅18年。

■ 窑址究竟在何处

北宋五大名窑中的哥窑、钧窑、定瓷古窑址都先后被发现，就连被考古界称为千古悬案的汝窑遗址也于2000年在河南宝丰县清凉寺出土，唯独官窑的窑址迄今尚未显露人间。

因北宋官窑存世器物极为稀少，加之无遗址出土物可以印证，所以许多人怀疑北宋官窑的存在。但陶瓷界专家坚持认为，前有北宋文献记载，后有南宋官窑的发现，足可证明北宋官窑确实存在过。因历史上黄河多次泛滥改道，如今的开封城下已埋没了七层城池，官窑窑址也许早已掩埋在泥沙之下了。因此有关其窑址的位置也就成了一个千古之谜。

宝丰县清凉寺汝窑遗址被发现之后，汝瓷博物馆副馆长朱文立又在北宋时汝州州衙附近的文庙和张公巷分别发现了青釉瓷片和釉料，并在河南省文物局的协助下发掘了大量窑具和匣钵残片。2001年初，经专家鉴定，张公巷出土的瓷片与上海博物馆收藏的国内仅有的四片北宋官窑瓷片十分相似，它们的胎质、釉色及化学成分均一致。据此，朱文立大胆推测，汝州张公巷窑址就是北宋官窑遗址。

但张公巷窑址是否真的就是官窑窑址，许多专家和学者对此持怀疑态度。

■ 珍品重现人间

今人能否重新烧制北宋官瓷也是学者们研究的一个重要课题。

20世纪70年代末，著名民间工艺美术大师何浩庄先生默默开始了重新烧制北宋官瓷的工作。在长达十多年的时间里，他遍访专家名师，经过上千次的实验，取得了重大进展。1984年6月，何浩庄仿制的30余种北宋官瓷全部通过了国家鉴定。36位古陶瓷专家签名认定："仿制品釉色如玉，风格逼真，可与故宫博物院、上海博物馆收藏的宋代官窑传世品媲美。"

诚然，与传世的北宋官瓷真品相比，仿制品在工艺、神韵乃至境界上还是略逊一筹，但随着对北宋官瓷认知的进一步加深和仿烧工艺的不断提高，"北宋官瓷"定能重现人间。

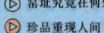

北宋汝窑花口温碗

汝窑亦是北宋五大名窑之一，此温碗为汝窑制品，现藏于台北故宫博物院。

【百科链接】

青釉：

中国瓷器最早的颜色釉，出现于南方，颜色并不是纯粹的青，而是具有黄、绿、青等几种颜色，但多少总能泛出一点青绿色。以氧化钙为主要助熔剂。

汝窑：

中国北宋后期在汝州建立的官窑。生产青瓷，釉色天青，淡绿发蓝，犹如蓝色的宝石，釉面有细碎的冰裂纹（开片）。

宋官窑青釉三足炉

北宋官窑也称汴京官窑。窑址在汴京（今河南开封）附近，专烧宫廷用瓷器。

你知道吗：《水浒传》在流传过程中，出现了不同的故事版本。大体上可以分为两个系统：简本和繁本。其中繁本流传较广，较简本主要增添了招安之后的情节。

▶ 托名之作
▶ 施耐庵写《水浒传》

《水浒传》作者之谜

作为四大古典名著之一，《水浒传》是中国历史上第一部用白话文写成的章回小说。全书叙述北宋末年官逼民反，梁山泊英雄聚众起义的故事，再现了封建时代农民起义从发生、发展到失败的全过程。但是，对于《水浒传》的作者，历来却颇有争议，众说纷纭。

《水浒传》人物绣像
图中人物左为梁山好汉首领"及时雨"宋江，右为"神行太保"戴宗。

■ 托名之作

传统的观点认为，《水浒传》的作者是施耐庵，或者是施耐庵和罗贯中两人。可奇怪的是，施耐庵这位主要作者的生平却不见于正史。任何一本介绍《水浒传》的书（包括文学史）在谈到施耐庵时，不是说"生平不详"，就是说"缺乏可靠的记载"。因此，有人提出，施耐庵是捏造出来的人，现实中并不存在。胡适先生就曾说，施耐庵大概是"乌有先生"，是明代中叶一位文学大家的假名；鲁迅在《中国小说史略》中说，《水浒传》原为简本，明代有人演绎为繁本，遂托名"施耐庵"所作。

至于托名者是谁，又有两种意见：一说认为《水浒传》是由民间说书艺人及杂剧作者创作、文人加工而成，它是"经过很多人、很长时期、很多次修改才完成的"；另一说认为"施耐庵"是明代官僚、武定侯郭勋的托名，因为嘉靖年间郭勋的刻本是《水浒传》最早的版本。

■ 施耐庵写《水浒传》

传说施耐庵是苏州人，36岁中进士，并结识了同榜的刘伯温。后施耐庵调任钱塘县尹，两年后辞官回乡，开馆教书，并开始创作《江湖豪客传》（即《水浒传》）。《水浒传》很快被传抄到社会上去，又传到已经登基为帝的朱元璋手中。朱元璋看了《水浒传》后当即批示："此倡乱之书也。是人胸中定有逆谋，不除之贻患。"施耐庵因而被捕入狱，由于刘伯温多方周旋才免于一死，但他在精神和肉体上都受到了很大的摧残，回归途中又染疾病，最后病逝于淮安，终年75岁。施耐庵死后，其弟子罗贯中将其遗作加以整理、增删后出版。故后人说《水浒传》是施耐庵、罗贯中著。

水泊梁山
梁山位于今天山东泰安、济宁、菏泽和河南濮阳四地的交界处。

【百科链接】

罗贯中：
名本，字贯中，号湖海散人，元末明初著名小说家、戏曲家，是中国章回小说的鼻祖。一生著作颇丰，代表作有《三国演义》等。

- 殉葬于永陵
- 藏于皇史宬夹墙
- 毁于乾清宫大火

你知道吗,《永乐大典》残本星散于10多个国家的30多个地方,大约400册。

文化民俗之谜

《永乐大典》正本下落之谜

《永乐大典》是中国古代最大的一部类书,也是世界上最早最大的一部百科全书。然而,这么一部重要的百科全书,在嘉靖年间被重录之后,其正本却不知去向。它的下落成了中国文化史上一件重大的谜案。

■ 殉葬于永陵

据记载,明世宗对《永乐大典》爱不释手。

永陵明楼

明永陵位于阳翠岭南麓,是明朝第十一位皇帝世宗朱厚熜及陈氏、方氏、杜氏3位皇后的合葬陵寝。据说,明世宗生前酷爱《永乐大典》,遗诏命人将其正本作为自己的陪葬品。

世宗的几案间常放着一两册《永乐大典》,不时翻阅。1557年某日,皇宫中不慎失火,因担心《永乐大典》毁于一旦,世宗一夜连下三四道命令抢救《永乐大典》,之后又决定"重录一部,贮之他所,以备不虞"。所以有人认为,正本极有可能随葬于世宗的永陵。

■ 藏于皇史宬夹墙

皇史宬修成于明世宗嘉靖十三年(1534年),为皇家档案库,专门存放《实录》、《圣训》和《玉牒》等。皇史宬的门、窗、大梁全用砖石修葺,殿基耸出地平面,具有防火防水的功能;大殿墙壁则更为奇特,东西墙厚3.5米,南北墙厚6.1米,实为建筑物中所罕见。因此有人认为,《永乐大典》正本完全可能藏于皇史宬夹墙内。

■ 毁于乾清宫大火

据清代全祖望所著的《鲒崎亭集外编》载:清初,《永乐大典》正本和副本均由皇史宬移藏乾清宫。可以肯定的是,雍正年间,副本又由乾清宫移藏翰林院,全祖望本人曾在翰林院看到了副本,并猜测正本尚在乾清宫中。到了清朝末年,缪荃孙进一步猜测:"嘉庆二年(1797年),乾清宫一场大火,正本被烧毁了。"从此,《永乐大典》正本毁于乾清宫大火说便正式流传开来。

若想真正解开《永乐大典》正本下落之谜,还有待于进一步的考古发掘和研究。

明《永乐大典》抄本书影

《永乐大典》是我国古代的一部大型类书,也是中国古代最大的百科全书,是中华民族珍贵的文化遗产,收录入《永乐大典》的图书均未删未改。

【百科链接】

解缙:

字大绅,又字缙绅,号春雨,江西吉水人,洪武进士,官至翰林学士。他主编了中国古代最大的一部类书《永乐大典》。其草书开晚明狂草先河。

你知道吗:《金瓶梅》是中国文学史上第一部由文人独立创作的长篇小说,为其后《红楼梦》的出现做了必不可少的探索和准备。

▶ 王世贞说　　▶ 屠隆说
▶ 贾三近说　　▶ 集体创作说

《金瓶梅》作者身份之谜

《金瓶梅》是中国第一部由文人独立创作的长篇小说,也是中国第一部以家庭生活为题材的小说,作者署名"兰陵笑笑生",这显然是个笔名。对于作者的真实身份,历来争论最多,被喻为古典小说研究中的"哥德巴赫猜想"。

《金瓶梅词话》影印本
　　《金瓶梅》的版本有两种,其中明万历四十五年(1617年)东吴弄珠客作序的《金瓶梅词话》,属于早期版本,有民间说唱色彩,语言叙事都比较质朴。

■ 王世贞说

《金瓶梅》作者署名兰陵笑笑生,兰陵即山东峄县,书中又大量运用山东口语,所以人们推测作者应当为山东人。清代康熙年间,谢颐为《金瓶梅》作序时就说:"《金瓶梅》一书传为凤州(王世贞)门人之作也,或云即出凤州手。"据传,王世贞的父亲王忬因献上《清明上河图》的赝品得罪了权臣严嵩和严世蕃父子,被残害致死。王世贞为报父仇,特作小说《金瓶梅》献给严世蕃,投其所好。书的内容隐射严嵩父子,揭露他们的种种丑行,而书上又涂有毒药,严世蕃看完书即中毒身亡。

■ 贾三近说

许多人认为,《金瓶梅》作者应是贾三近,他是山东峄县人,嘉靖年间大名士、大官僚。有的人则认为"兰陵笑笑生"应是贾三近的父亲贾梦龙,因为他的生卒年代与《金瓶梅》成书时代吻合,他创作的诗词也可在《金瓶梅》中找到。

■ 屠隆说

有的研究者认为,《金瓶梅》成书的确切时间"当在万历十七年至二十四年间",这样,作者定非"嘉靖年间大名士"。从《金瓶梅》的内容来看,作者应是一个很不得志、看穿世事、不满现实、玩世不恭而又做过京官、"好叙男女情欲和熟悉小说戏曲文字"的人。明代万历年间文学家屠隆在《开卷一笑》中曾用过"笑笑先生"的笔名;而"兰陵"指的是屠隆祖居之地——江苏武进;屠隆对人欲的看法是"既想治欲,又觉得欲根难除",这与《金瓶梅》表现出来的"企图否定过度的淫欲"又"不自觉地流露出赞赏"的特点也是吻合的。因此,有人认为《金瓶梅》作者当为屠隆。

■ 集体创作说

有的研究者根据明人有关《金瓶梅》的记载、词话源流的特征及书中保留有说唱文学这一特征认为,《金瓶梅》不是哪个大名士、大文学家个人创作出来的,而是"在同一时间或不同时间里"由许多人加工整理的作品。

《金瓶梅》插图
　　《金瓶梅》另一个版本为绣像本,有200幅木刻插图。

【百科链接】

哥德巴赫猜想:
　　数学中的著名难题之一。1742年,德国数学家哥德巴赫提出:每一个大于2的偶数都是两个素数之和。二百多年来,许多数学家孜孜以求,但始终未能完全证明。

- 李二郎说
- 杨二郎说

你知道吗：传说二郎神是四大天王中北方多闻天王毗沙门的二子独健，曾率天兵救唐明皇于危难之中，是佛教护法神之一。

文化民俗之谜

二郎神到底是谁

二郎神是道教俗神，宋代以后各地多建二郎神庙。四川民间的二郎神崇拜最兴盛，凡驱难逐疫、降妖镇宅、整治水患、节令赛会等各种民俗活动，莫不搬请二郎神。然而二郎神究竟来历如何？却又是一个被重重迷雾围绕的难题。

京剧中的二郎神形象

二郎神是民间传统俗神。在京剧中，他是玉皇大帝的外甥杨戬，额头上有第三只眼睛，手拿三尖两刃刀，身边还常跟着哮天犬。

■李二郎说

秦朝时，蜀地郡守李冰在任期间，带领民众建成都江堰，将成都平原变为天府之国，造福万民，受到民众的崇拜。而蜀中民间传说，在这个浩大的工程中，李冰的次子"二郎"有协助父亲凿离堆、开二江的大功，因而也被民众作为神灵奉祀。

《宋会要》记载，宋仁宗于嘉祐八年封永康军广济王庙郎君神为惠灵侯，并表明"神即李冰次子"。《通俗编》也引《朱子语录》进一步点明："蜀中灌口二郎庙，当是李冰因开离堆有功立庙。今来现许多灵怪，乃是他第二儿子。"其后，这位李二郎曾被元朝封为"英烈昭惠显圣仁祐王"，被清朝封为"承绩广惠显英王"。

■杨二郎说

凭借小说的力量，杨二郎成为明清以来为人熟知的"二郎神"。《封神演义》更明指其名叫杨戬，是玉鼎真人的徒弟。

其实杨戬本是北宋徽宗宠信的一个宦官。他被编进了明话本小说《醒世恒言》第十三卷"勘皮靴单证二郎神"中，大意是徽宗后宫有一韩夫人患病，奉旨借居杨戬府中休养。某日，韩夫人由杨戬内眷陪同去二郎神庙里拈香，庙官孙神通窥其貌美，假扮二郎神，趁夜潜入杨府，诡称与韩夫人有仙缘，诱其苟合。后被杨戬识破，设计捉拿治罪。但这个杨戬捉拿假二郎的逸闻在辗转流传的过程中走样了，最终杨戬变成了二郎神，再经《封神演义》"落实"，遂成定论。然而，二郎神到底是谁？人们至今还没有形成统一意见，还有待于进一步考证。

都江堰二王庙

都江堰二王庙是纪念李冰及其二郎的寺庙，位于都江堰岷江东岸的玉垒山山麓。初建于南北朝，现存建筑系清代重建。庙内有李冰和李二郎的塑像。

【百科链接】

李冰：
战国时期的水利家，对天文地理也有研究。秦昭襄王末年为蜀郡守，在今四川省都江堰市（原灌县）岷江出山口处主持兴建了中国早期的灌溉工程都江堰。

《封神演义》：
一般俗称《封神榜》，是一部神魔小说。作者是明朝的陈仲琳（或曰许仲琳），也有一说为明代道士陆西星。其内容依托商灭周兴的历史背景，以武王伐纣为线索。

你知道吗：历史上还有"淮南八仙"之说，指的是帮助西汉淮南王刘安著成《淮南子》的八人。

- 八仙的出现
- 原型都是谁

八仙人物原型之谜

八仙是民间传说中的仙人，"八仙过海，各显神通"这个成语在中国几乎家喻户晓。那么，八仙在历史上是否实有其人？八仙的神话传说又是怎样演变的呢？

■ 八仙的出现

据研究，六朝时已有"八仙"一词，原是指汉晋以来神仙家所幻想的一组仙人。在汉唐时代，"八仙"只是一个空泛的名词，与铁拐李、汉钟离等有名有姓的八仙还没有直接的关系。现在公认的铁拐李、汉钟离、蓝采和、张果老、何仙姑、吕洞宾、韩湘子、曹国舅这八仙，似乎到明中叶才确定下来。元代马致远的《吕洞宾三醉岳阳楼》中，八位神仙中何仙姑榜上无名，取而代之的是徐神翁。自从明代吴元泰的《东游记》和汤显祖的《邯郸梦》问世后，八仙就按现在流行的八位固定下来了。

■ 原型都是谁

八仙并不是人们凭空杜撰出来的，而是有历史人物为依据的，但到底是哪几位历史人物，历来说法不一。

铁拐李，有人说他姓李，名洪水，隋朝人。鲁迅在《中国小说史略》中说，铁拐李姓李名玄；而清代学者赵翼在《陔余丛考》中记载，铁拐李本姓刘。

《八仙庆寿》年画
这幅画展现的是八仙与寿星会集在松柏台上，仰望云间，口诵祝词为王母贺寿的情景。

张果老，原名张果。有关他的情况，在《旧唐书》、《新唐书》中都有较详细的记载，说他诡称生于尧时，长生不老，因此不知他的籍贯和生年。

何仙姑的事迹见于宋人著《集仙传》，说她是唐代零陵人；还有人说她是武则天时代的人，生于广州增城，是何泰之女。

韩湘子，是大名鼎鼎的文学家韩愈的侄孙，进士出身，官至大理丞。

至于曹国舅，据记载，他是宋代丞相曹彬的儿子、曹太后的弟弟；然而《宋史》中记载曹彬之子、曹太后之弟名叫曹佾，并没有成仙之事。

在八仙的来历中，故事最多、分歧最大的是吕洞宾。大多数研究者认为，吕洞宾姓吕名岩，唐末人。《全唐诗》、《词综》中都收有吕洞宾的诗。明代有关吕洞宾的说法更多，有的说他是唐礼部侍郎吕渭之后，唐末举进士不第。

汉钟离，一般认为他的原型是汉代大将钟离权。

关于蓝采和，《太平广记》、陆游《南唐书》等书均有记载，认为他是唐末逸士。

关于八仙的来历，学者们至今也没有达成共识。

《八仙图》
清黄慎绘。八仙之名，明代以前众说不一，有汉代八仙、唐代八仙、宋元八仙，所列神仙各不相同。至明吴元泰《东游记》始定为：铁拐李、汉钟离、吕洞宾、张果老、曹国舅、韩湘子、蓝采和、何仙姑。

对联是怎么来的

对联即"楹联",又称"楹帖",俗称"对子",可以说是一种特殊的艺术品。对联产生于何时?是怎样产生的?或许大多数人都不甚了解。

过年时贴的春联

春联也叫"春贴",每逢春节,无论城市还是农村,家家户户都要精选一副大红春联贴于门上,为节日增添喜庆气氛。

■ 始于明初

清人陈云瞻《簪云楼杂话》记载:"春联之设,自明太祖始。帝都金陵,除夕传旨:公卿士庶家门上须加春联一副。"钱谦益的《列朝诗集》、周晖的《金陵琐事》以及乾隆年间长沙钱德苍的《解人颐》等都有类似记载。

故宫乾清宫内的对联

紫禁城内的众多对联匾额表现出极强的封建伦理道德观念。乾清宫内的对联"表正万邦,慎厥身修思永;弘敷五典,无轻民事惟难"为康熙帝手笔。

■ 源于北宋

王安石有首著名的《元日》诗,其中提到的"新桃"、"旧符"说的就是春联,这表明早在北宋时期人们就普遍地将贴春联作为辞旧迎新、点缀生活的一种艺术形式。

■ 隋唐之前

据说,晋代著名书法家王羲之,曾经写就一副"福无双至今朝至,祸不单行昨夜行"的妙联。由此看来,春联早在隋唐之前就出现了。

■ 东汉以前

在我国古代,一直有挂"桃符"的风俗习惯:用桃木板分别写上"神荼"、"郁垒"二神的名字,或者用纸画上二神的形象,悬挂、嵌缀或者张贴在大门两旁,意在祈福灭祸。这在东汉应劭的《风俗通义》上已有相关记载。有人认为,这就是春联的雏形。

【百科链接】

神荼、郁垒:

传说上古的时候,度朔山上住着神荼、郁垒两兄弟。山上有一棵桃树,树阴如盖。每天早上,兄弟俩便在这树下检阅百鬼。如果有恶鬼为害人间,他们便将其绑了喂老虎。后来,人们便用两块桃木板画上神荼、郁垒的画像,挂在门的两边以驱鬼避邪。

你知道吗：有些放置悬棺的崖壁上还有许多红色彩绘壁画，内容丰富，线条粗犷，构图简练，形象逼真。

▶ 棺木为何高悬
▶ 如何放上悬崖

高崖悬棺之谜

人悬棺
位于四川省宜宾市珙县，离地面约几十米，最高处达一百米。在生产力极其低下的时代，人们是使用什么方法将其安放上去的，至今不得而知。

在中国四川南部的珙县境内，曾经生活着一支风俗奇特的少数民族——僰族。从春秋时期到明代万历年间长达2000年里，僰人一直在这片土地上耕作、生息、繁衍。然而在明神宗万历元年的一场大战之后，这个部落就神秘地销声匿迹了，除了高悬在离地百米的断壁悬崖上的265具棺材，他们没有给这个世界留下其他任何信息。

■ 棺木为何高悬

僰人为何要把棺木高悬于千仞绝壁之上呢？专家们认为，按古人的意思，悬棺入云能吸日月之精气。从客观角度来说，西南地区的少数民族由于长期居住在山水之间，他们对山水产生了无比崇拜的感情，死后葬在靠山临水的位置表明了亡灵对山水的眷恋之情。至于把棺木放得很高，那是因为高处可以防潮保尸，并可以防止人兽的侵扰。

■ 如何放上悬崖

僰人所有放置悬棺的地方，上至峰顶、下距空谷，都有数十米到一百米的距离，而且到处都是异常陡峭的石壁，无路可走。僰人是怎样将这些悬棺放置到悬崖峭壁上去的呢？对此，人们颇多猜测，代表性的说法有"栈道论"和"吊装论"，还有"洪水说"、"隧道说"、"天外来客说"等，众说纷纭。悬棺因此被蒙上了一层异常神秘的色彩。

"栈道论"认为，悬棺是通过栈道运到悬崖上的。古人可能就像今天造房子搭架子那样沿着悬崖向上搭建栈道，当栈道搭到指定地点时便可将棺木一层层递上来，直至安放好，或者由山顶搭栈道向下直至洞口。

"吊装论"认为，悬索下柩可以解决千斤之物挂上悬崖的问题。僰人先找到安葬地点，在那里架设数米长的栈道，棺木在峰顶就地制成，装殓死者后吊坠至预先选好的地点。

悬棺隐身在云雾缭绕的峭壁之上，充满了神秘色彩。僰人为何悬棺而葬？刀耕火种的年代如何置棺高崖？这些谜都有待研究者进一步研究。

僰人衣裤
这套衣裤发现于僰人悬棺内，保存基本完好。僰人男子通常穿麻布或棉布短衣裤，外套一件绣有花纹图案的无袖麻布褂子。

- 纪念屈原说
- 龙的节日说
- 夏至说

你知道吗：传说法认为，阴恶从五而生，五月五日恰恰是阳气运行到端点之时，恶疠病疫多泛滥，因此，人们在这一天的活动大都为消灾防毒。

文化民俗之谜

端午节的来历之谜

端午节是我国不少民族人民的传统节日。尽管端午节年年过，但是关于端午节的来历，却众说纷纭。归纳起来，大致有以下诸说：

粽子

粽子是端午节的节日食品，古称"角黍"，传说是为祭奠投江的屈原而制，是中国历史上文化积淀最深厚的传统食品。

■ 纪念屈原说

此说最早出自南朝梁代吴均《续齐谐记》和北周宗懔《荆楚岁时记》。据说，屈原于五月初五自投汨罗江，死后为蛟龙所困，老百姓非常同情他，就在每年此日往江中投放五色丝线缠裹的粽子，以驱赶蛟龙。另有传说，屈原投汨罗江后，当地百姓闻讯马上划船捞救。那时恰逢雨天，江面上的小舟大都停靠在岸边的亭子旁避雨。当小舟上的人得知人们是打捞贤臣屈大夫时，皆冒雨出动。为了寄托哀思，每年的这一天人们都要荡舟于江河之上，后来逐渐发展成为龙舟竞赛。

屈原故里

屈原的故乡湖北秭归位于长江北岸的卧牛山麓。秭归县城东门外立一高大牌坊，上书"屈原故里"4字，系郭沫若手书。

■ 龙的节日说

这种说法来自近代学者闻一多的《端午考》和《端午的历史教育》。他认为，五月初五是古代吴越地区"龙"的部落举行图腾祭祀的日子。首先，端午节两个最主要的活动吃粽子和竞渡，都与龙相关。竞渡与古代吴越地方的关系尤深，吴越百姓还有断发文身"以像龙子"的习俗。此外，古代五月初五有用"五彩丝系臂"的民间风俗，这应当是断发文身习俗的遗迹。

■ 夏至说

学者刘德谦认为，古代的权威岁时著作《荆楚岁时记》中，并未提到五月初五要吃粽子的节日风俗，却把吃粽子写在夏至节中。至于竞渡，隋代杜台卿所作的《玉烛宝典》也把它划入夏至日的娱乐活动。《岁时风物华纪丽》对端午节的解释是："日叶正阳，时当中。"即端午节正是夏季之中，故端午节又可称为天中节。由此可见，端午节的最早起源与夏至关系密切。

其实，端午节因何而来并不重要，重要的是它凝聚了中华民族博大精深的文化内涵，是中国传统文化的重要体现形式之一。

【百科链接】

夏至：

　　二十四节气之一，时间在每年的6月21日或22日。夏至这天，太阳直射地面的位置到达最北端，几乎直射北回归线，北半球的白昼达到最长。

蛟龙：

　　古代传说中能使洪水泛滥的龙。

你知道吗：在古代，小脚是女子最隐秘的地方，甚至连丈夫都不能看，缠足女子睡觉时也要穿睡鞋。

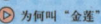

古代妇女缠足之谜

缠足是中国古代的一种陋习。在女孩子小时候，就把她的双脚用布帛缠裹起来，使其不再长大，成为又小又尖的"三寸金莲"。小脚一度是中国古代审美的一个重要标准。

■ 缠足始于何时

关于缠足的起源，说法不一。传说大禹治水时，曾娶涂山氏女为妻，而涂山氏女是狐精，她的脚就很小。又说商纣王的妃子妲己也是狐精，或说是雉鸡精，但是她的脚没有完全变成人脚，不得不用布裹起来。由于妲己受宠，宫中女子便纷纷学她把脚裹起来。

还有人认为缠足始于五代时南唐李后主的一个嫔妃。据说她美丽多才，能歌善舞，李后主专门制作了高六尺的金莲，用珠宝绸带璎珞装饰，命她以帛缠足，使脚看起来纤小弯曲像一轮新月，再穿上素袜在莲花台上翩翩起舞，舞姿更显优美。

还有学者指出，中国古代女子缠足兴起于北宋。南宋末年时，"小脚"已成为妇女的代称。元代的缠足之风继续蔓延，元代末年甚至出现了"以不缠足为耻"的观念。清朝统治者一再下令禁止女子缠足，但此时缠足之风已难以止住，到康熙七年（1668年）只好罢禁。由此可见，缠足之风根深蒂固。

三寸金莲

缠足时代，人们将女人的小脚称为"三寸金莲"，大脚女人往往不容易嫁出去。

■ 为何叫"金莲"

一种说法认为，金莲得名于南朝时齐朝的东昏侯的潘妃"步步生莲花"的故事。东昏侯用金箔剪成莲花的形状，铺在地上，让潘妃赤脚在上面走过，从而形成"步步生莲花"的美妙景象。但这里的"金莲"指的是舞台形状，而不是舞者的小脚。

有学者认为，小脚之所以被称为金莲，应该从佛教中的莲花加以考证。莲花出淤泥而不染，在佛门中被视为清净高洁的象征，故而以莲花来称妇女小脚当属一种美称。

妇女缠足历史真相如何，还有待史学家们进一步考证。

清末的缠足妇女

缠足的痛苦程度令人难以想象，是对妇女的迫害。人为造成妇女畸形的"美"，是古代男权主义的一种体现。

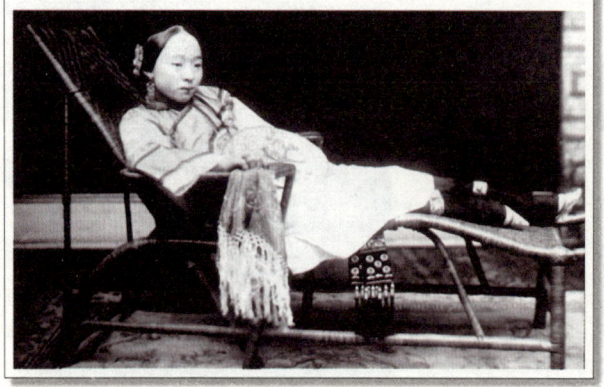

【百科链接】

大禹：
鲧之子，姓姒，名文命。相传生于西羌（今甘肃、宁夏、内蒙古南部一带），后随父迁徙于崇（今河南登封附近），尧时被封为夏伯，故又称夏禹或伯禹。

- 源于驱邪避灾
- 起源于战国说
- 起源于掠夺婚说

你知道吗，传统婚礼中普遍的习俗是在新房内置长明灯，彻夜长明，为的是驱邪避凶。

文化民俗之谜

闹洞房的习俗源于何时

洞房里的喜烛

按传统风俗，新婚之夜的洞房里要点燃一对龙凤蜡烛，一直燃到次日清晨，表示夫妻二人一生不离不弃。

闹洞房是我国传统婚俗中的重要组成部分，也是对新婚夫妻的一种祝贺方式。有关闹洞房这一习俗的起源，众说纷纭。

■ 源于驱邪避灾

关于闹洞房习俗的来历，传说源于驱邪避灾。相传，很早以前紫微星下凡，在路上遇到一个披麻戴孝的女子尾随在一伙迎亲队伍之后。他看出这是魔鬼在伺机作恶，于是就跟踪到新郎家，只是那女人已先到了，并躲进了洞房。当新郎、新娘拜完天地要进入洞房时，紫微星守着门不让进，说里面藏着魔鬼。众人请他指点除魔办法，他建议道："魔鬼最怕人多，人多势众，魔鬼就不敢行凶作恶了。"于是，新郎请客人们在洞房里嬉戏说笑，用笑声驱走邪鬼。果然，到了五更时分，魔鬼

凤冠霞帔

凤冠霞帔原是明代受朝廷诰封的命妇的装束，后来成为平民女子出嫁时的礼服，以示荣耀。

终于逃走了。可见，闹洞房一开始即被蒙上了驱邪避灾的色彩。

■ 起源于战国说

清人龚炜认为闹洞房习俗起源于战国晚期，由河北一带向其他地区传播。近年来研究闹洞房话题的学者多赞同此说。其依据出自《汉书·地理志下》等，大意是，燕太子丹广纳宾客，搜罗勇士，以维护燕国的安全，甚至主动献上美女以结宾客的欢心。这种看重宾客轻视女眷的行为，对民众影响颇大，导致该国一时形成愚悍轻薄的风气。所谓闹洞房的原始形态，就是这样形成的。

■ 起源于掠夺婚说

还有的学者指出，它是原始社会掠夺婚风俗的变相遗存。那时一个部落的男子到别的部落抢妻子，抢回妻子后，马上举行婚礼，女方部落则循迹追踪而至，企图抢回女子，此即"闹洞房"的原始意义。随着掠夺婚向交换婚、聘娶婚的过渡，"抢婚"、"抢亲"逐渐流于形式。这种婚俗形式的演变，最后仍免不了"闹洞房"：由女方部落追踪而至者（其实是前来参加婚礼的客人）对新郎实施种种象征性的惩罚。

正史上记载，南北朝时入主中原的鲜卑族就保持着这种传统：参加婚礼的女方的亲友用木棍抽打新郎，新郎不得还手。

你知道吗：摩梭人虽然实行走婚，但他们有自己的道德规范与行为准则，即不可以同时与几个人相好，还严禁与三代以内近亲走婚。

▶ 独特的走婚
▶ 为何保存至今

"女儿国"摩梭人走婚之谜

在云南西北宁蒗县美丽的泸沽湖畔，世代居住着这样一群特殊的人，他们过着走婚的生活。这是中国迄今唯一保存有母系氏族社会特征的人群——摩梭人。

■ 独特的走婚

神秘的走婚到底是怎么回事呢？

据了解，走婚之前，男女双方通过平时的接触了解（尤其是篝火晚会的跳舞对歌），建立了一定的感情。而后男女双方约好暗号，男方就能进入女方的花房。不过，这种爱情关系是在偷偷摸摸中进行的。

黑夜走婚时，男方不需带金钱厚礼，只要带上一包松籽与一顶帽子即可。松籽是为了对付女方家的狗，帽子则是进入女子花房后将其挂在门外用的，为的是告诉后来的男人，此时名花已经有主，以免发生不愉快的事情。男方大多在夜深人静时进入女方房中，而且必须在女方家人起床前离开。

经过一段时间后，尤其是有了爱情的结晶后，男女双方便可以公开出入，双方家人也就认可了。此后虽然还是走婚，但不必再偷偷摸摸了。待走婚双方有了子女，子女跟随母亲居住，血统世系按母系计算。男方无须到女方家生活，也无须对子女负任何责任，只要过年过节买些衣物给子女即可。

■ 为何保存至今

对于走婚风俗为什么能长期延续，学者詹永绪认为有五个原因：

一是摩梭人的母系社会尚未完全瓦解，而受外界的影响又还软弱；二是摩梭人社会生产力落后，仍然以家庭集体所有制为主；三是摩梭妇女仍然充当谋取生活资料的主力；四是母系氏族的血缘纽带关系使传统的观念根深蒂固；五是摩梭人的土司不反对走婚。

这些说法虽有一些道理，但是为什么外界对摩梭人母系社会的影响如此微弱？为什么许多比摩梭人生产力低下的民族早已实行一夫一妻制，而摩梭人仍然实行走婚？为什么摩梭人大多愿意选择走婚而不愿接受其他形式的婚姻？这些疑问，仍然是难解之谜。

摩梭妇女

摩梭妇女用黑色丝线编成大辫子盘头，穿金边交领右开口黑金绒或红金绒短上衣、白色或天蓝色百褶长裙。

泸沽湖

美丽的泸沽湖如梦似幻，被摩梭人奉为"母亲湖"。千百年来，这片神秘的水域不断演绎着原始而又浪漫的故事。

【百科链接】

摩梭人：

属纳西族，主要居住在金沙江东部的云南省宁蒗县以及四川盐源、木里等县，人口约4万。摩梭人子女从母居，血统世系按母系计算，男不娶，女不嫁，只缔结"阿夏"（情侣）关系。

- 美丽的女书
- 出自谁手

你知道吗：女书文字最早出现在太平天国公开发行的"雕母钱"上。该钱背面用女书字符铸印有"天下妇女"、"姊妹一家"字样。

> 文化民俗之谜

江永女书之谜

绣有女书文字的荷包
女书作品的载体分纸、书、扇、巾四大类，十分讲究形式美。

有这样一个传说。在宋代，永明县（今江永）有一年轻貌美的女子被选入宫为妃，后来因为失去皇帝的宠爱而非常苦闷，欲写信回家，又怕违反宫禁，于是就用一种早已失传了的文字写了书信，并把读信的方法告诉了信差，从而顺利地将自己的"信"传达给了家人。这些文字就是后来的女书。但这种说法仍有问题：这个妃子所用的失传了的文字是从哪里得来的？这种失传了的文字是什么时候失传的？它本身又是怎样起源的？

女书是世界上唯一的一种女性文字，起源于中国南部湖南省的江永县，所以又名"江永女书"。

■ 美丽的女书

女书作品的载体分纸、书、扇、巾四大类，都十分讲究形式美。比如写在纸张上的多在四角配有花纹，写于纸扇上的多插绘花鸟图案，而织绣在巾帕、花带和服饰上的则是精美的工艺品。女书多用来描写当地妇女的生活，还用来通信、记事、结交姊妹、新娘回门贺三朝等，作品文体多为七字韵文。

■ 出自谁手

这种神秘的文字到底从何而来，它们出自谁的智慧之手呢？

有人以女书中存在与壮、瑶等民族织锦上的编织符号类似的字符为据，认定女书源于百越族的记事符号。也有人根据女书中有与属于仰韶文化的刻画符号、彩陶图案相类似的字符，认为其起源的时间可追溯到新石器时代。

女书作品
女书文字的特点是书写从右向左，字形倾斜呈菱形，周围还描上装饰花纹。字体秀丽娟细，造型奇特，也被称为"蚊形字"。

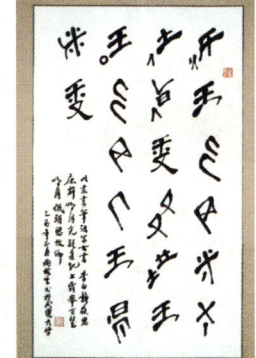

6.

你知道吗，江永女书不仅是人类唯一的性别文字、举世罕见的记号音节文字，还是一种流传至今的古老文字，堪称世界文化瑰宝。

▶ 和汉字的关系
▶ 到底是何种文字

■ 和汉字的关系

学者认为，女书和通行的汉字有着相同或相近的形体、笔画及结构，二者之间一定有着某种渊源。但是，二者的功能却又迥然不同，汉字是既表意又表音的文字系统，而女书是纯粹的表音文字。那么，女书与汉字到底是什么关系？女书是与汉字同时产生与发展的，还是先于汉字而存在？女书是借源于汉字，由汉字发展而来，还是完全独立于汉字之外的文字系统？在一般情况下，表音文字都是拼音文字，为什么独有女书不是拼音文字？这些谜团，至今仍未解开。

有的专家认为，女书不是一种独创发展起来的文字，它参考了汉字形体，它不同于汉字而又借源于汉字。同时，从女书中有不少文字类似于甲骨文这一情况来看，女书产生的年代比较久远，很可能不晚于汉代，甚至可能上溯到商、周时期。女书中有不少文字与汉字现代楷书类似，又说明女书应有一个不断发展完善的过程，不是由某个人在某个特定时间创造的。

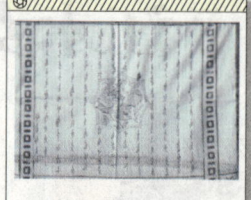

绣在手帕上的江永女书

女书是一种独特的"文化化石"，没有印刷出版物，而是蘸墨汁写在毛边纸、折扇或手帕上，也有绣在手帕上、织在花带上的。

江永女书文化村

江永古为百越人居住繁衍之地。在江永县上江圩镇及其邻近一带，妇女中流传着一种奇特的异形字，是独为妇女使用的性别文字，叫作"女书"。

■ 到底是何种文字

女书到底属于哪一种文字，至今还没有形成统一的看法。归纳起来，主要有以下三种观点：

第一种看法认为，女书是一种方言文字，专门用来记录当地的土话。

第二种看法认为，女书是春秋战国时期南方少数民族的文字。学者们猜想女书是一种古老的文字，甚至可能始于甲骨文流行的商周时代。秦始皇统一中国后，在全国范围内实行"书同文"，各诸侯国的文字都因此而消失了。但是，今天的江永一带那时闭塞落后，文化保守，很有可能保留了本地古老的文字，同时在发展过程中不断改造、吸收、创新，成为一种类似汉字的文字。

第三种看法认为，女书是一种瑶族文字。语言学家严学窘与宫哲兵合写的《湖南江永平地瑶文字辨析》一文中，将女书定位于平地瑶文字。平地瑶是对居住于农区的瑶族的统称，是瑶族的组成部分，也是汉化程度较高的瑶族。女书流传的区域都是平地瑶人较多的地方，而女书所记录的当地土话，在湖南、广东、广西、贵州四省交界的地方，被几十万瑶族同胞使用了几百年以上，有些地方干脆将这种土话作为"瑶话"对待。因此可以认为，女书是瑶族人借源汉字而创造的瑶族文字。

宋代以前，瑶族基本上处于母系社会，女性处于社会权力的中心地位，创造、掌握、使用文字当然是妇女的权力，男性不敢问津。宋代以后，瑶族社会逐步向父系社会过渡，男性逐步处于中心地位。而且在与汉族交往的过程中，逐步被部分汉化，汉语和汉字成为瑶汉交往的工具。而原来由妇女掌握和使用的文字，也逐步蜕变为仅供妇女间使用的文化交际工具。但是，这种说法能否成立，尚需进一步考证。

【百科链接】

瑶族：
我国的少数民族之一，主要分布在广西壮族自治区和湖南、云南、广东、贵州等省。瑶族有自己的语言，没有本民族文字，一般通用汉文。

织锦：
用彩色经纬线经提花、织造工艺织出图案的织物。

- 壁画的传说
- 仅有的考证

你知道吗:"花山"之名来源于壮语"岜莱"。其中"岜"指山,"莱"引申为花,合意为"花花绿绿的石山"。

文化民俗之谜

花山崖壁画之谜

花山位于广西壮族自治区宁明县城北面14.5千米处的明江北岸,整座崖壁画满了各种呈土红色的人像和物像,是我国现存最大的崖壁画群。花山崖壁画现存各种图像100组,内容包括人、马、兽、铜鼓、刀、剑、羊角、船、道路等,是岩画中罕见的精品。

花山崖壁上的祭祀图

人物画像线条粗犷,栩栩如生。佩刀剑的、戴桂冠的,是这些人物中的首领或指挥者。周围都有一群"小人物"面向他,神情各异。

■ 壁画的传说

从前,宁明有一个叫勐卡的会魔法的大力士想造反,但没有兵马,于是他就在纸上画兵马,画完以后放在箱子里。他画的兵马,经过100天就可以变成真人真马。至秋收时,勐卡已经画了90多天。但这时,他母亲不慎打开了箱子,谁知刚把箱子打开,所画的兵马就都飞出来了。

而此时,宁明县有一个砍柴人打柴时不小心丢了刀,他一路找到了明江边的一个岩洞里。砍柴人看见有很多兵马在那里驻扎。这里的兵士们得知砍柴人的遭遇,都很同情他,便要他挑选金银财宝。砍柴人很老实,只要了一把柴刀和两斤粮食。

后来,一个坏人向皇帝密报了此事。皇帝认为那岩洞里的兵马一定是勐卡的兵马,便派大军去剿灭,山洞里的将士们寡不敌众,结果全部被杀死了。血溅到明江边的峭壁上,就形成了现在的壁画。

■ 仅有的考证

据学者考证,花山崖壁画为壮族先民骆越人所创作,壁画线条粗犷,经过2000余年风雨侵蚀仍保持着鲜明的特色。

但这些崖壁画的绘画方式、颜料本源等都还是未解之谜,只有经过学者们的进一步考证才能解开。

花山崖壁上的狩猎图

有关资料记载,此壁画宽220米,高45米,画中人物1800多个,绘制于东汉以前。

【百科链接】

壮族:中国少数民族之一。主要分布在广西、云南、广东等省区,是我国少数民族中人口最多的一个民族。

你知道吗,龙的图案最早出现在5000年前的一座原始社会的墓葬中,用贝壳砌成,造型粗犷,样子像蜥蜴,没有艳丽的颜色,考古学家称它为"中华第一龙"。

▶ 蛇原型说
▶ 扬子鳄原型说
▶ 天象说

龙图腾起源之谜

在中国文化中,龙有着重要的地位。龙已成为中国的象征、中华民族的象征、中国文化的象征。这种大自然里没有的"神物"是怎么产生的呢?它的原型又是什么呢?

■ 蛇原型说

对于龙的起源,比较有影响的是闻一多的"以蛇为原型的综合图腾说"。闻一多认为,龙图腾,不管它局部像马也好,像狗也好,或像鱼、像鸟、像鹿都好,它的主干部分和基本形态却是像蛇。这表明,在当初图腾众多的时代,蛇图腾最为强大,众图腾的合并与融化,便是蛇图腾兼并同化了许多弱小图腾的结果。

■ 扬子鳄原型说

1981年,学者周本雄在研究扬子鳄时提出,扬子鳄除了没有角之外,面容酷似龙,可能就是龙形象的原型。旅居加拿大的学者许进雄亦认为龙的原型与扬子鳄关系密切,他认为扬子鳄经常在雷雨之前出现,有秋天隐匿、春天苏醒的冬眠习惯。古人总见扬子鳄与雷雨同时出现,因此想象它能飞翔,于是便根据它想象出了龙的形象。

■ 天象说

学者何新曾认为:"最初的龙形不过是抽象的旋卷状的云纹,而后来逐渐趋于具体化、生物化,并接近于现实生物界中两栖类和爬行类动物的形象。"而另一位学者朱大顺指出:"古人幻想龙这一动物神的契机或起点,可能是天空中的闪电现象。因为如果把闪电幻想成一种动物的话,它很容易被幻想成一条细长的、有四个脚的动物。"更有学者认为,在龙的"产生"过程中,雷、电、龙是"三位一体"的,而龙就是雷电的形象。

红山文化玉猪龙

玉猪龙肥首大耳,圆睛怒睁,眼周有皱纹,嘴部前突,也有多道皱纹,口微张,獠牙外露,背部卷曲如环,是猪首龙身相结合的表现。

九龙壁

壁上九条龙以高浮雕手法制成,具有很强的立体感。

【百科链接】

图腾:
原始人相信某种动物或生物同本氏族有血缘关系,因而以它们做本氏族的徽号或标志。

扬子鳄:
我国特有的鳄类,身体长约2米,属短吻鳄的一种。因为外貌像"龙",所以俗称"土龙"或"猪婆龙"。主要分布在安徽、浙江、江西等地。

> 孔雀原型说
> 雉类原型说

你知道吗，凤凰约起源于新石器时代。浙江余姚河姆渡遗址中出土的距今约6700年的象牙骨器上就有双鸟纹的雕刻形象，这应该是凤凰的最早雏形。

文化民俗之谜

神鸟凤凰的原型是什么

凤凰是中国神话传说中的神异动物、百鸟之王，能在火中再生，它与龙一起构成了龙凤文化。

然而，凤凰的原型究竟是什么？对此，历来说法不一。有人说是鸵鸟，也有人说是某种早已灭绝的巨鸟。但是，细加考辨后便会发现，鸵鸟之类我国根本没有；而说是某种早已灭绝的巨鸟，也欠缺古生物学上的证据。

■ 孔雀原型说

有人认为，凤凰的原型是与其外形较相似的孔雀。主要依据是《尔雅·释鸟》的记载："鹓凤其雌皇。"郭璞注曰："鸡头，蛇颈，燕颔，龟背，鱼尾，五彩色，高六尺……"可见，凤凰和孔雀外形有相似之处。

■ 雉类原型说

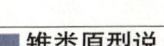

对凤纹漆耳杯
战国时期楚国制作。自商代以来，凤凰被当作四季和四方风的化身，一直受到崇拜。此杯底部装饰两只凤凰，形象逼真。

《吹箫引凤图》
明仇英绘，描绘的是秦穆公的女儿弄玉吹箫引来凤凰的故事。画面中的凤凰完全是被神化的形象，综合了孔雀、雉鸡等多种鸟类的特点，合成了中国古代人民心目中最美丽的神鸟。

更多的人认为，凤凰的原型是雉类，即俗称的山鸡、野鸡、锦鸡等。他们认为，凤凰以雉类为主体，融合了许多种鸟的典型形象，是以雉类为主体的"综合体"。《说文解字》云："凤之象也，五色备举。"凤凰的羽毛五彩斑斓，而雉类也是"丰采毛之美丽兮有五色之名"；凤凰之首为鸡头、蛇颈，而雉类之首也如此；凤凰之尾羽修长、雅丽，而雉类亦与之相同。

持这种意见的人还认为，上古神话的艺术形象，不仅形状和原型很像，而且原型的特点往往也决定着艺术形象的性质。雉鸡性情温驯祥和，对人还有许多好处，比如雉鸡肉是一种佳肴，是宫廷中的贵重食品之一，也是待客的山珍，雉鸡的尾羽是华丽的装饰品。人们尊雉为吉祥之鸟，这种特性融合到凤凰的形象里，凤凰遂以祥鸟的姿态出现在人们面前。

还有雉类求偶的情景，也与凤凰类似。《诗经·小雅·小弁》云："雉之朝雊，尚求其雌。"雉类往往一夫一妻，形影不离，而传说中的凤凰也是"凤侣鸾俦"，象征着最佳的姻缘。正因为如此，古代妇女既爱好用雉类作装饰（如用雉羽饰车舆），又喜欢凤冠、凤钗、凤衣、凤鞋之类的饰物，寓含着对幸福爱情的憧憬。

不管是孔雀原型说还是雉类原型说，都有一定的道理，也有一定的事实依据。但凤凰的原型到底是华美的孔雀、雅丽的雉类，还是其他，至今尚难作出明断。

> **【百科链接】**
>
> **孔雀：**
> 鸟，头上有羽冠，雄孔雀尾巴的羽毛很长，展开时像扇子。常见的有绿孔雀、蓝孔雀、黑孔雀和白孔雀四种。它们成群居住在热带森林中或河岸边，吃谷类和果实等。多被饲养来供玩赏，羽毛可以做装饰品。

181

你知道吗：《格萨尔》是世界上迄今发现的演唱篇幅最长的史诗，有120多卷、100多万行、2000多万字，字数远远超过了世界几大著名史诗的总和。

- 神授艺人
- 环境因素
- 藏传佛教的因素

史诗《格萨尔》千年传承之谜

《格萨尔》插画

《格萨尔》是世界上最长的一部史诗，但数千年来并没有完整的文字记述，主要通过说唱艺人传承下来。

《格萨尔》是藏族人民集体创作的一部伟大的英雄史诗，是世界上唯一的一部活史诗，它以口耳相传的方式讲述了格萨尔王降临下界后降妖除魔、抑强扶弱、统一各部，最后回归天国的英雄故事。这部史诗被号称"奇人"的民间说唱艺人以不同的风格从遥远的古代吟唱至今。《格萨尔》艺人皆能背诵十几部甚至几十部故事、几十万诗行、几百万字，他们是怎么记忆的呢？

■ 神授艺人

格萨尔艺人虽然基本上都是不识字的文盲，但遣词造句之精妙、把握结构能力之高超实在令人惊叹。至于他们脑子里的史诗从何而来，这些艺人大都说自己在青少年时代做过一个神奇的梦，或者大病一场，之后就同《格萨尔》结下不解之缘，无师自通地学会了说唱格萨尔故事。艺人的梦与史诗的传承究竟有什么内在联系？我们不得而知。

■ 环境因素

从科学的角度来说，一个艺人学会说唱史诗有许多因素，其中最重要的是环境因素。这里包括自然环境、社会环境、经济环境、文化环境和家庭环境等。牧区经济落后，文化生活贫乏，加上交通闭塞、居住分散，人们之间的交往少，生活节奏缓慢，所有这些都是《格萨尔》能够代代流传的环境条件。

这里的孩子，从生下来便受到了在长期牧业文化的生态环境中产生的《格萨尔》的熏陶。它是人们的生活教科书，人们从这部古书中学文化知识，学天文历算，学宗教观念，学自己民族的历史。这种文化熏陶代代相传，历久不衰，已经渗透到了每个牧民的血液之中、灵魂深处。

■ 藏传佛教的因素

藏传佛教十分重视修炼。修炼法的主要点是去邪见、除杂念、净化心境，使自己的心灵与神灵相通，使自己与大自然高度融合，达到天人一体。

说唱艺人们生活在这样的文化环境中，自然会受到这种熏陶和启示，从而能提高自己的记忆能力。更重要的是，他们常常云游四方，雄伟壮丽的大自然陶冶着他们的情操，净化着他们的心灵，使他们同大自然融为一体，胸襟开阔，思想专一，摒弃杂念，强识博记。因此，这部代表着古代藏族文化最高成就的《格萨尔》史诗就这样流传下来了。

以上几种说法都是人们的猜测，尚未形成定论。

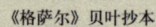

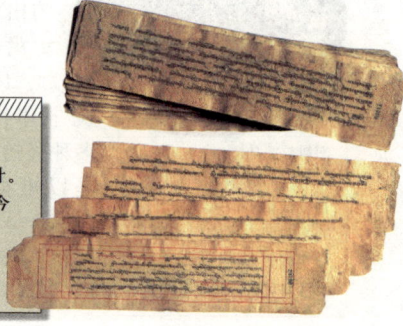

《格萨尔》贝叶抄本

贝叶即白桦树皮与贝多罗树叶。《格萨尔》从其原始雏形发展到今天，已有百余部之多，可谓长篇巨制。除民间艺人传唱外，也有一部分通过贝叶抄本传承下来。

- 精力凝结
- 钙化结石

你知道吗：据传，释迦牟尼涅槃后，弟子们在其火化遗体的灰烬中找到了1块头顶骨、2块肩胛骨、4颗牙齿、1节中指指骨舍利和8.4万颗珠状真身舍利。

> 文化民俗之谜

佛家舍利子之谜

佛指舍利金银双重棺
庆山寺在今陕西省西安市临潼区新丰镇，是武则天时期建立的著名皇家寺院，建有舍利塔，以安放释迦牟尼的真身舍利。真身舍利瓶放在金棺内，金棺放于银椁中，银椁放在舍利宝帐中。

"舍利子"一词为梵语，汉译为坚固子。舍利子分为火化舍利和感生舍利两种。不仅是释迦牟尼，历代不少高僧火化后都有舍利子出现，如后秦鸠摩罗什的舌舍利子、唐玄奘的头骨舍利子、民国太虚的心脏舍利子等。舍利子是怎样形成的？千余年来，一直是佛学界、医学界、生物界研究者的重要课题。到目前为止，已产生多种说法。

■ 精力凝结

有一种说法认为，气功家在练气功过程中，在调神、调息和调身的气功三要素要求下，人体能逐渐达到运气自如、恬淡虚无的绝对入静境界，能最大限度地获取自然界的真如能量，达到天人合一、内外身心充分融合、精气神相互转化的境界，从而生发出大无外、小无内的混元（阴阳环抱的太极）现象。长此以往，全身的精力和物质力量逐渐凝结聚集，死后火化就可能会出现舍利子。但这种说法似乎太过玄奥。从历史文献和气功实践来看，不论是儒释道各家气功还是印度的瑜伽术，都从未有练习之人死后火化发现舍利子的记载。

■ 钙化结石

另一种说法是，舍利子实为结石。香港某报曾发表《佛门舍利子本是钙化结石》一文，该文认为："所谓舍利子，其实是人体内的结石，尤以肾结石和胆结石为多。"文中还揭示了舍利子的形成原因："因为僧人吃进体内的多是植物纤维，不易消化，加之长期取坐姿，体内纤维堆积过多，久而钙化成结石。"文中还举出了实例：在香港圆寂的保贤法师，火化后出现89粒舍利子。但是这种说法仍然存在着一个疑点：保贤是否有结石病？

而且，从现代医学角度来分析，凡患有此二种结石疾病之一者，必然会剧烈疼痛。肾结石患者有肾绞痛和血尿现象，胆结石患者也会现胆绞痛或黄疸，一般人根本无法忍受这种痛苦，一定会求医诊治。所以，如果舍利子是结石，无论是生在肾脏或胆囊，患者都不会没有反应。据文献记载，有些高僧死后火化所得舍利，数量竟达数百甚至数千颗。如此众多的舍利子，若说都是结石形成，试问体积有限的肾脏或胆囊如何容存？而且这些僧人生前都很健康，未闻有结石症状，这又如何解释？

佛陀涅槃图
公元前486年2月15日，80岁的释迦牟尼在桫椤双树下涅槃。

【百科链接】

佛教：
世界主要宗教之一，相传为古印度的迦毗罗卫国（今尼泊尔境内）王子释迦牟尼所创，广泛流传于亚洲的许多国家，东汉时传入我国。佛教与基督教、伊斯兰教并称为世界三大宗教。